KB235726

행복을 부르는 말씀

하느님께, 충성합니다

행복을 부르는 말씀

글 최기산

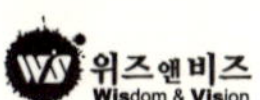

차 례

성경 묵상 1 ― 창세기에서 느헤미야기까지

성경은 변치 않는 주님의 말씀이다. 보석과도 같이 값진 보물이다.

주님께서는 성경을 통해, 과거에도 말씀하셨고, 지금도 말씀하고 계시고, 또 앞으로도 말씀하실 것이다. 우리는 성경을 통해 하느님이 누구신지 알 수 있으며, 하느님의 사랑을 깨닫게 된다. 더 나아가 하느님의 말씀에 감명을 받아 가슴이 뛰고, 기쁨에 젖어 행복해 한다. 어떤 이는 전철 안에서, 버스 안에서 성경을 읽으며 행복해 하고, 어떤 이는 성당에서 혹은 집에서 성경을 읽으며 행복해 한다. 읽는 이에게마다 풍성한 선물을 한 아름씩 안겨 주는 요술 상자와도 같은 것이 성경이다.

그런가 하면, 때때로 우리는 주님의 준엄한 경고의 말씀을 성경에서 들으며 잘못을 뉘우치고 눈물짓기도 한다.

우리가 어디서 와서 어디로 가는가? 성경은 분명하게 그 해답을 전해 준다. 우리는 성경을 통해, 인생의 목적은 무엇이어야 하는지를 분명히 깨닫게 된다. 주님은 성경으로 경고도 하시고, 위로와 격려도 하신다. 그러나 많은 경우, 우리의 귀가 열리지 못하여 아무리 성경을 읽어도 잘 알아듣지 못할 때가 많다.

바오로 사도는 이미 "성경은 그리스도 예수님에 대한 믿음을 통하여 구원을 얻는 지혜를 그대에게 줄 수 있습니다. 성경은 전부 하느님의 영감으로 쓰인 것으로, 가르치고 꾸짖고 바로잡고 의롭게 살도록 교육하는 데에 유익합니다. 그리하여 하느님의 사람이 온갖 선행을 할 능력을 갖춘 유능한 사람이 되게 해 줍니다"(2티모 3,15-17)라고 말했다.

성경이 오늘날처럼 한 권으로 완성된 것은 거의 천 년 이상의 세월이 걸렸다고 전해진다.

그러니까 새롭게 자료가 발견되면 또 집어넣고, 또 편집하고, 이렇게 오랜 세월을 거쳐 오늘 우리가 사용하는 성경이 한 권으로 발행되기에 이르렀다. 본래 히브리어, 아람어, 희랍어로 쓰여진 성경이 라틴어로 번역되고, 세계 유수의 언어들로 번역되면서 마침내 한글로도 번역되었다.

성경이 우리말로 번역되고 우리 손 안에 쥐어지기까지 참으로 오랜 세월이 걸렸다. 한국 천주교회는 2005년에 신·구약 성경을 번역하여 한 권으로 펴냈으니, 좀 늦은 감은 있으나 그만큼 신중에 신중을 기했다는 표시다. 한국에 천주교회가 전래된 지 200여 년이 지나서야 이룩한 쾌거라 아니할 수 없다.

부족한 이 사람이 펴내는 이 책은 성경연구서가 아니다.

나는 성경을 매일 읽는다. 몇 번을 읽었는지는 모른다. 반복하여 읽으면서 가슴에 와 닿는 말씀들을 남들과 나누고 싶어졌다. 특히 성경을 읽을 기회가 많지 않은 사람들에게 쉽게 성경을 이해하고 묵상하게 할 목적으로 이 묵상집을 생각하게 되었다.

내가 또 이렇게 책을 낼 생각을 하게 된 이유는 책을 준비하기 위해서 나 자신이 성경을 더 정성껏 세심하게 읽고 묵상할 수 있을 것 같아서였다. 어찌 보면 나 자신을 채찍질하기 위해서 내는 책이라고도 말할 수 있다.

이 묵상집은 내가 나름대로의 원칙을 세우고 묵상한 것을 나누는 성경묵상서다. 아주 쉽게 쓰려고 노력하였다. 때로는 몇 개의 장을 하나의 테마로 묶어서 묵상하였다. 왜냐하면 전체의 이야기를 묵상하기 위해서다. 때로는 한 구절을 선택하기도 하였다.

이 책의 제목을 『하느님께, 충성합니다』로 정한 이유는 이스라엘 백성이 고통을 당할 때는 언제나 하느님께 불충했기 때문인 것처럼, 우리도 하느님께 불충하면 불행이 닥쳐오기 때문에 충성해야 함을 강조하기 위해서이다. 우리는 하느님께 충성을 다해야 복된 인생을 살 수 있다. 구약의 역사는 하느님께 충성해야 함을 수백 번 아니 수천 번 강조하고 있다. 하느님을 떠나 다른 신을 섬기게 되면 불행은 유향연기처럼 모락모락 피어오르기 시작한다. 계속해서 경고가 이어지지만 경고마저 무시하다가 큰 코 다치게 된다. 그제야 사람들은 제정신을 차리고 주님께로 다시 돌아와 충성을 약속한다.

우선 창세기에서 느헤미야기까지를 한 권의 책으로 엮어 본다. 할 수 있다면 계속해서 끝까지 가볼 생각이다.

성경을 읽으면서 느끼는 것은, 성경의 내용이 거의 인간의 잘못과 하느님의 자비로 점철되어 있다는 것이다. 인간의 끊임없는 잘못으로 결국 하느님이 인간이 되어 오시어 죽으셨다.

성경에서 하느님의 사랑은 끝없이 펼쳐진다. 벌하시려다가도 인간이 빌면 다시 마음을 돌리시어 용서하시고, 끝까지 참아주시는 아버지 하느님이시다. 과연 하느님은 사랑이시다.

오늘날도 인간은 끊임없이 죄를 짓고 산다. 그 죄로 벌을 받게 되면 그제야 하느님을 필요로 하게 되어 하느님께 기도하는 것이다. 평소에는 기도 안 하던 사람도 고난 속에서는 어쩔 수 없이 기도한다.

죄인인 우리들에게 주님은 없어서는 안 되는 분이다. 구원자이시다. 이 세상은 죄 많은 곳, 결국 우리는 더 좋은 곳으로 가야만 하는 존재다. 불완전한 이곳에서 만족할 수 없다. 여기가 완성된 곳이라면, 그래서 인간이 다 성인 같다면, 주님께서 우리를 위하여 하실 일이 무엇이겠는가? 그러나 여기는 주님께서 하셔야 할 일이 너무 많은 곳이다. 이 세상은 불완전한 곳이기 때문이며 죄악이 가득한 곳이기 때문이다.

인간의 역사에 그분의 개입이 없다면 인간에게 희망은 무엇인가? 주님께서는 우리를 죽음이라는 세계를 지나 새로운 하늘과 새 땅으로 안내하실 것이다. 그 완성의 날까지 우리는 신음하며 주님의 도우심, 그분의 한없는 사랑을 필요로 할 수 밖에 없다. 그래서 주 하느님께 충성을 다하며 살아가는 지혜로운 사람이 되어야겠다.

최기산 보니파시오 주교

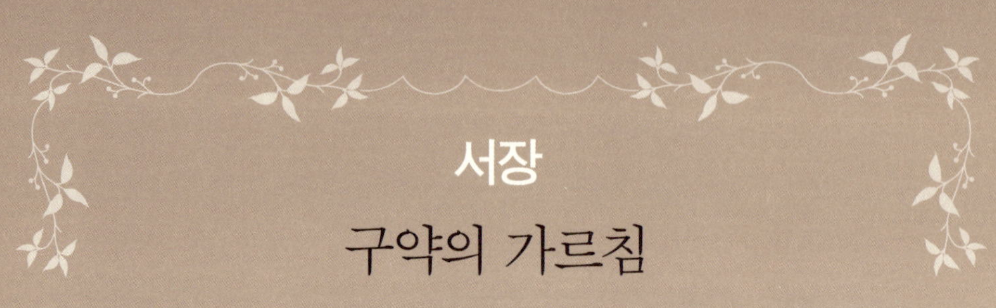

서장
구약의 가르침

"야훼를 생각하면 나의 마음은 기쁘다. 나의 하느님 생각만 하면 가슴이 뛴다"(이사 61,10: 공동번역).

과연 나는 하느님 생각을 하면 가슴이 뛰는가? 내 마음이 기쁜가? 가끔씩 나는 이 말씀을 되새긴다. 그리고 내 가슴이 뛰고 마음이 기쁨으로 가득하다면 내 얼굴은 어떠한가를 알아보기 위해서 거울을 보기도 한다. 때로는 내 얼굴이 기쁨이 아닌 슬픔이나 피로의 기색이 만연해 있음을 깨닫고 "이래서는 안 된다"라고 되뇌며 자신을 다시 추스른다.

이렇게 성경의 한 구절은 평생을 살아가면서 약이 된다. 지침이 된다.

한 구절만 더 소개한다.

"주님께 아룁니다. '당신은 저의 주님, 저의 행복 당신밖에 없습니다'"(시편 16,2).

이 말씀 역시 내가 좋아하는 말씀으로, 나 자신을 반성할 때 새겨보는 말씀이다. 과연 나는 행복을 어디서 찾고 있는가? 주님에게서 찾고 있는가?

이렇게 성경은 우리의 인생을 옳은 길로 안내한다. 한 구절이 한 사람의 인생을 바꾸게 하기도 하며 행복으로 안내하기도 한다.

구약성경은 하느님께서 우주만물과 인간을 어떻게 창조하셨는지, 인간이 어떻게 죄를 짓게 되고 어떤 벌을 받았는지부터 시작한다. 죄로 낙원에서 쫓겨난 인간에게 어떻게 복음이 전해지게 되었고, 복음의 성취가 어떻게 이루어지는지 그 과정을 상세히 서술한다.

구세주의 약속(원시복음) 성취를 위하여 이스라엘 백성이 선택되는데 그 과정이 소개되고 선민인 그들의 흥망성쇠가 기록되었다. 곧 구약성경은 이스라엘의 역사를 서술한 책이라고도 말할 수 있다. 그 민족에게서 메시아가 나오기까지의 내용이 전개된다.

하느님께서는 이스라엘 백성을 선택하시고 끊임없이 사랑하시는데, 이스라엘 백성은 그 사랑을 받아들이지 못하고 너무나 자주 반대로 나간다. 마치 청개구리 같은 이스라엘 백성들의 행위를 보면서, 안타까움을 느낄 때가 많지만 결국 그들의 이야기는 오늘 나의 이야기이고 우리 교회의 이야기라고 말할 수 있다.

이스라엘 백성의 끊임없는 하느님 배반은, 인간이 너무나 부족하기에 구세주가 꼭 오셔야 한다는 절박감을 가슴에 새기게 한다. 만일 이스라엘 백성들이 계속 하느님께 충성을 다하며 태평성대를 살았다면 구세주를 필요로 하지 않았을지도 모른다.

결국 이스라엘의 전 역사. 구약성경 전체가 구세주를 필요로 하고 있음을 강조한다. 구세주를 준비하는 과정이라고도 생각할 수 있을 것이다.

세월이 많이 변하고, 한국의 경제도 많이 좋아졌다. 공항에 가보면 외국으로 여행을 떠나는 사람들로 넘쳐난다. 이는 한국인의 살림살이가 좋아졌다는 증거 중 하나일 것이다.

요즘, 가톨릭 신자들 중에는 이스라엘로 성지순례를 가는 사람들이 많다. 성경 공부를 많이 하고 있고, 성경필사를 하고 있기 때문에, 우리 신앙의 발상지라고 할 수 있는 이스라엘에 가고 싶은 신자들의 수효는 계속 증가될 것으로 보인다. 이스라엘로 가는 방법은 여러 가지가 있다. 직접 이스라엘로 가는 그룹도 있지만, 많은 그룹은 우선 이집트로 가서 빛나는 고대 이집트의 역사를 보고, 거기서부터 버스로 이스라엘을 가는 코스를 채택하는 경우가 대부분이다.

버스로 이집트에서 이스라엘을 가려면, 이 구석 저 구석 구경하면서 가도 며칠 만에 갈 수 있다. 그러나 구약시대에 이스라엘 백성이 가나안까지 가기 위해서는 오랜 세월이 걸렸다. 그들은 광야에서 40년을 보냈다. 물론 당시의 운송수단은 말이나 나귀였으며, 대부분은 걸어서 다녔을 것이다. 또한 요즘처럼 도로도 좋지 않아서 걷는 데도 큰 불편을 겪었고, 오랜 시간이 걸리는 것은 당연하다. 그러나 그들이 가나안 복지까지 가는데 있어서 오랜 세월이 걸린 더 큰 이유는 하느님을 배반하였기 때문이다. 배반의 대가로 타민족과 전쟁을 하며 모진고생을 겪기도 하고, 끌려가기도 하였다. 때로는 많은 사람들이 죽기도 하였다. 정작 가야 하는 목적지에 빨리 도착하지 못한 이유는 하느님의 뜻을 거역했기 때문이다.

이스라엘 백성은 하느님을 배반한 벌로 고생을 죽도록 하고 나서야 "오, 주님! 한 번만 용서해 주세요. 다시는 주님을 배반하지 않겠습니다"라며 손에서 불이 나도록 싹싹 빌었다. 주님은 마음이 여리시어 다시 이스라엘 백성을 용서하여 주곤 하셨다.

얼마 동안 그들은 주님께 순명하며 잘 살았다. 그러나 태평성대가 계속되면서 서서히 주님 섬기기를 게을리 하기 시작하였다. 그들은 바알신이나 다른 신들에게 마음을 두고 숭배하기 시작하였다. 잘생긴 조강지처를 놔두고, 일그러진 얼굴에 냄새나는 이방 여인에게 다가가서 수작을 부리는 정신 나간 사람 같은 짓을 계속하였다.

결국 주님을 배반하고 다른 신에게 완전히 자신의 마음을 옮겼던 것이다. 이런 과정을 계속해서 반복하였다.

우리도 태평성대에는 주님을 배반하기 쉽다. 배반은 아니더라도 신앙생활을 게을리 하는 경우가 있다. 기도와 성사생활을 한 번 두 번 게을리 하다가 결국 냉담 하는 경우가 많다. 주일에 한두 번 성당에 안 가면 처음엔 죄스러운 마음에 가슴이 약간 답답하게 느껴지지만 몇 번 그렇게 빠지고 나면 점점 하느님도 별거 아니라는 엉뚱한 생각을 하게 되는 것이다.

그러다가 가정에 큰 고난이 닥치면 부랴부랴 성당에 나와서 주님께 잘못했다고 애걸하거나 다시는 안 그러겠다고 결심하기도 한다.

어디 그뿐인가! 기도를 조금 해보다가 자기 맘대로 되지 않으면 하느님보다는 다른 신을 찾아보겠다고 다른 종교를 기웃거리거나 혹은 신흥종교에 발을 들여 놓거나 굿을 하는 등 지푸라기를 잡으려고 이리 저리 헤매고 다니기도 한다.

참 인생길이 어디 있는가? 어디에 참 진리가 있는가? 어디에 참 생명이 있는가? 라고 질문하며 방황하는 사람들도 있다. 우리가 가야할 참 인생길은 하느님뿐이다. 그 분만이 참 진리이시다. 그 분만이 우리를 영생으로 인도하는 분이시며 우리 인생의 답이시다.

어딜 헤매고 다닐 이유가 없다. 답은 이미 나와 있다. 하느님께로 돌아가야 한다. 하느님께 무릎 꿇고 간구해야 한다. "당신만이 나의 희망이며 나의 피난처이십니다. 당신만을 믿습니다"라고 고백해야 한다.

이스라엘 백성은 하느님을 떠나서 다른 신을 섬기면 복이 쏟아지려니 하고, 하느님을 떠났다가 쓰라린 고통을 당한 바 있다. 주님을 떠나 살면 깨소금 맛이 나는 행복이 가득할 줄 알지만 막상 주님을 떠나 살아보면 지옥이다. 고통이다. 억압 속에 사는 것이다. 자유가 박탈되는 것이다.

이미 이스라엘 민족 그 이전, 아니 인간이 처음 창조되었을 때부터 경험한 바이다. 아담과 하와가 주님을 떠나서 사탄을 따라 나서면 대박이라도 터지는 줄 알았다. 그러나 그 결과는 처참하고 혹독하였다. 낙원에서 쫓겨나고 초성은혜와 과성은혜를 모두 잃었다. 죽음의 올가미가 계속 쫓아다녔다.

그뿐인가? 하느님께서 인간으로 오셔야 했다. 그리고 인간이 되신 하느님의 아들 예수님이 온갖 모욕을 다 받으셔야 했고 급기야 십자가를 지고 가셔야 했다. 결국 십자가에서 참혹히 죽으셔야 했다. 이것이다 인간이 주님을 떠나서 살아보겠다는 심보가 가져다 준 결과였다.

유명한 성 아우구스티노도 한때 주님을 떠나서 헤매고 다녔다. 어디에 길이 있겠지! 진리가 있겠지! 행복이 있겠지! 하면서 기웃거렸다. 그러나 그가 주님께 다시 돌아와서야 참 행복을 발견하였다. 그리고 말했다. "주님 안에 쉬기까지 안식이 없도다."

하느님을 떠나면 횡재를 만날 것처럼 생각할 때가 있다. 하느님을 떠나면 큰 자유를 누리며 내 맘대로 살아갈 수 있을 것이라고 착각할 때가 많이 있다. 그러나 하느님을 떠나지 않고 살 수 있는 사람만이 행복한 사람이다. 하느님과 함께 사는 사람이라야 안전하고 평화로운 삶을 살 수 있다. 진정한 자유란 하느님 안에 있을 때 있는 것이지 하느님 밖에 있는 것이 아니다.

구약성경을 묵상하면서 하느님께 충성을 다할 것을 깨닫는다면 큰 소득일 것이다. 하느님의 뜻대로 살 것을 결심한다면 큰 성공일 것이다. 하느님께 충성하는 사람은 성공한다. 분명히 성공한다. 인생이 성공으로 마감되는 것이다.

1장
창세기에서

창세기, 탈출기, 민수기, 레위기, 신명기를 모세가 쓴 5경이라고 일컫는다. 하나의 두루마리로 엮어진 것을 따로 분리하여 5권의 책으로 만들었으며 이를 『율법서』라고도 불렀다.

창세기는 하늘과 땅에 있는 모든 것들의 기원에 관한 책이며, 인간의 범죄와 범죄에 대한 하느님의 벌이 어떠한지를 보여주며 하느님께 순명하고 살아야 인생에 승리가 있음을 깨닫게 해 주는 책이다. 하느님의 주권은 영원하시며 우주의 주인이시고 그분께 의지하고 살 때에만 밝은 날을 보게 된다는 것을 깨닫게 해 주는 책이다.

창세기의 내용은 이야기 식으로 되어 있기 때문에 한 절, 혹은 두 절을 떼어서 설명하기 쉽지 않을 때가 있다. 그러므로 한두 절을 묵상하면서도 전체 내용을 함께 묵상하고자 한다.

무에서 유가 창조되는 순간이다. 아무것도 없었는데 하늘과 땅이 생겨났다. 하느님께서 시작하신 일이다. 지금도 창문 밖을 바라보면 나무도 보이고, 아파트도 보인다. 가끔씩 새도 날아다닌다. 하늘을 보니 가을이라 그런지 높은 구름이 흘러간다. 하느님께서 하신 일들이다.

내가 없다가 이 세상에 태어난 것처럼 그렇게 하늘과 땅도 없다가 생겨나게 된 것이다. 영원으로부터 창조가 이루어지고, 시간이 시작되었다. 과학자들도 이 우주에 얼마나 많은 별들이 떠 있는지 모른다. 하늘이 얼마나 넓은지 모른다. 이 우주의 신비가 아직 95%는 밝혀지지 않았다고 말하는 과학자도 있다고 들었다.

이 광대한 우주 전체를 하느님께서 창조하셨다고 창세기는 선언한다. 구약성경의 첫째 줄이 강조하는 것은 이 우주의 모든 것, 이 세상의 모든 것의 시발이 하느님께 있으며 그분의 작품이기에 그분을 잊어서는 안 된다고 강조한다. 어찌 인간이 하늘과 땅을 창조할 수 있겠는가?

창세기 첫 장부터 인간이 하느님께 의지하며 순종하며 살아야 한다는 것을 강조한다. 소위 쨉이 안 되니 감히 하느님께 대들려고 하지 말고 순종하면서 살아야 한다는 뜻이다.

인간의 두뇌는 과학을 발전시키고 있다. 원자탄도 만들고 우주선도 만든다. 그러나 전체 우주를 볼 때 인간이 놀고 있는 이 지구는 하나의 작은 티끌에 비유할 수밖에 없을 것이다. 그러므로 과학의 발전에 기뻐하면서도 너무나 교만에 빠져서는 곤란하다.

선과 악을 알게 하는 나무에서는 따 먹으면 안 된다.
그 열매를 따 먹는 날, 너는 반드시 죽을 것이다(창세 2,17).

하느님께서 창조사업을 마치시고 아담에게 에덴의 동산을 주셨다. 참으로 아름다운 곳이라고 성경은 표현하고 있다. 네 개의 강이 흐르고 있었다. 요즘으로 말하면 명당을 주셨다.

그런데 한 가지 조건을 붙이셨는데, 선과 악을 알게 하는 나무열매는 따 먹지 말라는 것이었다. 따 먹으면 반드시 죽는다고 강조해 말씀하셨다. 그러나 창세기 3장 4절에는 사탄이 하와에게 다가와 그 열매를 따 먹어도 "너희는 결코 죽지 않는다"고 속삭인다. 즉 하느님과 정반대의 이야기를 한다.

하느님이냐 사탄이냐? 누구의 말을 따를 것인가? 결국 하와는 사탄의 속임수에 넘어가고 말았다.

실제로 성경에는 하느님께서 하와에게 직접 "따 먹지 말라"고 말씀하신 적이 없다. 아담이 하와에게 "저 열매를 따 먹으면 죽는다"고 이야기했을 뿐이다. 하와는 사탄의 말에 솔깃해서 그 나무 열매를 따서 자기가 먹고, 함께 있는 남편에게 주었다. 만일 그녀가 그 열매를 딸 때, 먹을 때, 아니면 적어도 그에게 줄 때, 아담이 화를 내면서 하와를 나무랐다면 어찌 됐을까? 그 과일을 먹지 않았으면 어찌 됐을까? 창조적인 평설을 마음대로 해 볼 수 있을 것이다.

아마도 하느님의 사랑을 아담이 독차지하였을 것이고, 하와는 아담과 동등한 반려자가 아니라 종의 차원에서 살아가지 않았을까? 라고 가정을 해 볼 수도 있을 것이다. 어떤 이들은 무슨 억측을 그렇게 하느냐고 핀잔할 것이다. "창세기가 하나의 동화 같은 이야기로 당시의 문학형태를 통해서 우리에게 더 깊은 뜻을 전달해 주고자 하는 것 뿐 아니냐?"고 반문하는 사람도 있을 것이다.

자유로운, 창조적인 평설은 누구나 해 볼 수 있는 것이다.

아담이 하느님께로부터 들은 "그 열매를 따 먹는 날 너는 반드시 죽는다"라는 말을 잊었을 리가 없다. 아내에게도 수없이 말했을 것이다. 아담으로부터 "그 열매를 따 먹으면 죽는다"는 옐로우 카드를 받았을 텐데, 어찌하여 따 먹고 말았을까? 한 여인의 호기심이었을까? 하느님과 같아질 수 있다는 말, 즉 권세와 명예에 대한 유혹에 넘어간 것은 아닐까? 아니면 적어도 하느님과 동등하게 되어 하느님의 명령에서 해방되고 싶어서였을까?

하와는 그렇다 치고 아담은 어째서 하와가 따 준 과일을 아무 말 없이 먹었을까? 속으로 "나의 사랑하는 여인이 저 열매를 먹고 죽으면 나도 죽어야지, 나만 남아서 무엇 한단 말인가!"라고 말하는 공처가가 된 것은 아닌가!

아담이 여자에게 눈이 멀었던 게 분명하다. 하느님의 말씀보다는 아내의 다정한 속삭임이 더 근사하였을 것이다. 하느님의 말씀을 다 잊어버렸다. 그래서 아내가 주는 열매를 받아 먹었을 것이다. 하느님보다 아내를 더 소중하게 여겼다고나 할까! 창세기 2장 23절에는 하와가 아담에게 오자 너무나 감격하며 시 한 수를 읊었다. "이야말로 내 뼈에서 나온 뼈요. 내 살에서 나온 살이로구나." 아마도 하와가 나타나고 난 다음부터 온 마음이 그에게 쏠렸던가 보다! 하느님의 말씀보다 그녀의 말이 더 달콤했던 것은 아닌가?

이 세상의 그 누구이든, 그에게 온 마음이 쏠릴 때, 주님과의 거리는 점점 멀어질 수 있음을 기억해야 하지 않겠나! 이 세상에 그 무엇이든, 그것에 온 마음이 빼앗겼을 때, 주님과 나와의 거리는 점점 멀어지는 것이다. 시기하시는 하느님은 가족끼리라도 하느님보다 더 사랑하는 것을 원치 않으신다. 우리는 그분의 뜻을 헤아려야 한다.

그분은 우리에게 그런 사랑을 요구할 자격이 있으시다. 왜냐하면 그분은 우리를 창조하셨고 존재하게 하시며, 구원하셨기 때문이다. 인간끼리의 사랑도 중요하지만, 하느님보다 더 사랑하는 것은 곤란하다. 그것은 곧 불행의 싹이기 때문이다. 우린 하느님을 그 누구보다, 그 무엇보다 앞서서 생각하고 앞서 사랑하도록 해야 한다.

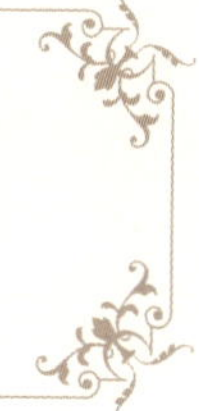

카인이 아우 아벨에게 "들로 나가자." 하고 말하였다.
그들이 들에 있을 때, 카인이 자기 아우 아벨에게
덤벼들어 그를 죽였다(창세 4,8).

카인은 농부로서 하느님께 쭉정이를 제물로 봉헌하였기에 하느님께서 받아들이지 않으셨다. 그러나 아벨은 양치기로서 제일 좋은 제물을 바쳐 하느님께서 기꺼이 받으셨다.

이에 화가 난 카인은 아우를 들로 데리고 나가서 죽였다. 사촌이 땅을 사면 배가 아프다는 말이 있다. 동생이 잘되니까 배가 아파서 도저히 견딜 수가 없었던지 그는 동생을 죽여 버렸다. 시기심이 빚어낸 첫 번째 살인이었다.

오늘도 얼마나 많은 사람들이 이렇게 시기 질투로 이를 갈며 살아가고 있는가? 때로는 살인마저 서슴지 않는다. 심지어 때로는 종교인들마저 시기심으로 분쟁이나 사회적 물의를 일으켜 사람들의 눈살을 찌푸리게 한다.

그런데 참으로 놀라운 것은, 카인이 벌을 받아 쫓겨날 때 그가 하느님께 아뢴다. 사람들이 자기를 죽이려 할 것이라고 엄살을 떤다. 하느님께서는 그가 하느님께 잘못을 아뢰며 청하자 "카인을 죽이는 자는 누구나 일곱 갑 절로 앙갚음을 받을 것이다"라고 선언하신다. 하느님께 잘못을 아뢰며 간구한 사람으로서 답을 얻지 못한 사람은 없다. 그분은 동정심이 많으시기 때문이다. 그러므로 언제고 절망해서는 안 된다. 살 길은 있는 것이다.

카인이 받은 벌은 주님 앞에서 물러 나와 에덴의 동쪽 놋 땅에서 사는 것이었다. 물론 척박한 땅이다. 그러나 죽음은 면했다.

여기서 요즈음 사형제도폐지운동의 일면을 생각하게 된다. 아무리 남을 죽인 자라도 죽음으로 척결하기보다는 놋 땅에서 평생을 살게 하는 것이 하느님 뜻이다. 사형을 통해서 범죄가 줄어든다는 연구는 없다. 오히려 잡히면, 죽으면 그만이라는 심리를 부추겨 더 흉악한 범죄를 조장할 수도 있지 않겠나 생각하게 된다. 생명을 죽이는 것보다는 오히려 한 평생을 속죄하며 살게 하는 것이 더 큰 형벌일 수도 있다. 물론 피해자로서는 동태복수법을 적용해 주기를 바랄 것이다. 그러나 한 개인이 사람을 죽이고, 그를 또 정부가 합법적으로 죽이면 악순환은 계속될 것이다. 인간의 생명은 그 주인이 하느님이시다. 우리가 다 나고 싶어 난 것이 아니다. 우린 그저 태어난 것이다. 우리 부모도 선택권이 없었다. 마음대로 이렇게 생긴 사람을 낳고 싶다고 낳아지는 것이 아니다. 그러므로 생명권은 천부의 권한이다.

그래서 전 세계의 120여 개 국가는 이미 사형제를 폐지하고 있고 앞으로도 많은 나라들이 폐지를 고려 중이다. 세간을 떠들썩하게 했던 살인 사건에서 아내, 자식을 잃은 피해자가 범죄자를 용서해 달라고 청원했는데, 놀라운 일이다. 결국 사랑만이 모든 문제의 해결이기 때문이다. 피해자의 고통은 이해하지만 범죄자를 죽임으로써 "시원하다"라고 생각할 수는 없지 않겠나 생각해 본다.

카인이 살인을 저질렀으나 하느님께서는 동태복수를 하지 않으시고 그를 멀리 보내시어 척박한 땅에서 뉘우치며 살게 하셨음을 생각해봐야 한다.

하느님은 용서하시는 하느님이시다. 살인자를 용서하시는 하느님이시다.

하느님께서는 노아에게 방주를 만들게 하시어 죄 많은 세상을 쓸어버리셨다. 살아남은 자들은 노아의 가족들이었다(베드로 전서 3장 20절에는 살아남은 자들은 8명이었다 한다).

노아의 홍수가 난 것은 노아가 600살 되던 때였다. 하느님의 말씀대로 전나무로 방주를 만들고 거기에 각종 동물 한 쌍씩 넣고 가족이 들어갔다. 비가 40일간 쏟아졌다. 지상의 모든 것이 잠기고 모든 것이 사라졌다. 며칠 동안 장대비가 계속 쏟아지면 한강이 범람할 것이다. 40일간 퍼부었다면 상상할 만하다.

물이 점점 빠지고 방주도 땅바닥에 안착하였다. 노아는 방주에서 나와 감사의 제사를 드렸다. 하느님께서는 계약을 맺으셨는데 다시는 물로 심판하지 않겠다는 표시로 무지개를 주셨다. 요즘에도 비가 오고 나면 아름다운 무지개가 뜬다. 참으로 아름답다. 그러나 우리가 무지개를 볼 때면 언젠가 올 종말에 물이 아닌 다른 것으로 심판하실 것임을 생각해봐야 한다. 그래서 불로 심판하시리라고 생각하는 것이다.

왜 하느님께서 노아와 그 가족을 제외한 사람들을 물론 심판하셨을까? 죄악이 만연하여 있었다. 하느님을 믿지 않았고 하느님의 명대로 살지 않았다. 퇴폐한 생활로 삶이 엉망진창이었다.

노아에게는 셈, 함, 야펫이라는 아들들이 있었다. 어느 날 농부인 노아는 포도주를 마시고 취하여 벌거벗은 채 자기 천막에 누워 자고 있었다. 그때 아들 함이 아버지의 알몸을 보고 두 형제에게 알렸다.

셈과 야펫은 아버지의 모습을 보지 않으려고 겉옷을 집어 둘이서 어깨에 걸치고 뒷걸음으로 들어가 아버지의 알몸을 덮어드렸다. 노아가 술에서 깨어나 벌거벗고 잔 자기에게 세 아들이 어떻게 했는지 확인하고는, 함에게는 저주를 내렸다. 그가 가나안 조상이 된 것이다. 그가 조용히 아버지에게 겉옷을 입혀드렸으면 좋았을 것이다.

사람이란 떠벌리는 것을 좋아한다. 남에게 치명적인 오명을 남기게 하는데도 재미삼아, 혹은 모욕을 주기 위해서 떠벌리는 사람들도 있다. 아버지의 치부를 떠벌리는 것이 좋을 리는 없었을 텐데!

탈출기 21장에는 아버지를 험담하면 죽어 마땅하다고 되어 있다. 그러니까 함이 살아있게 된 것만도 하느님의 크신 자비이다.

세월이 많이 흘렀다. 사람들은 홍수에 대한 대비를 해야겠다며 머리를 썼는데, 높은 탑을 쌓아 비가 오면 그곳에 올라가려고 하였다. 하느님께서 "보라, 저들은 한 겨레이고 모두 같은 말을 쓰고 있다. 이것은 그들이 하려는 일의 시작일 뿐, 이제 그들이 하고자 하는 것은 무엇이든 못할 일이 없을 것이다. 자, 우리가 내려가서 그들의 말을 뒤섞어 놓아, 서로 남의 말을 알아듣지 못하게 만들어 버리자"(창세 11,6-7)라고 말씀하셨다.

노아는 하느님과 함께 살아간 사람이었다. 하느님을 떠나지 않았다. 그분의 말씀을 듣고, 그분께 말씀드리고 산 사람이었다. 말하자면 하느님과 친한 사람이었다. 당시 노아와 한 지방에 살던 사람들은 하느님의 말씀을 귀담아듣지 않았다. 어떻게 하면 하느님과 멀리 담을 쌓고 살 수 있을까를 연구한 사람들 같았다. 우리도 주님과 거리가 멀어지지 않도록 노력해야 한다. 주님과 멀리 떨어져 있으면 그분의 말씀을 들을 수가 없다.

바벨탑을 쌓으려 했던 사람들, 그들은 한목소리로 힘을 모아 하느님께 대항하려 하였다. 그런데 하느님께서도 인간들이 힘을 모으면 대단한 일을 할 수 있음을 아셨다. 그래서 미리 차단하고자 하셨다. 그래서 서로 말이 통하지 않게 하셨다.

이 시대의 사람들은 어떠한가! 하나의 언어로 통일되고 있다. 그것은 인터넷으로 하는 통일이다. 이는 새로운 언어의 통합이 아닐까? 이로써 하느님께 대들면 안 된다. 전 세계가 인터넷 상에서 한목소리로 하느님을 모독한다든지, 악을 조장한다면 그것은 큰 문제이다. 하느님은 필요 없다는 소리가 우렁차게 될 때 그 결과는 무엇일까?

바벨탑의 교훈을 배워야 한다. 모두가 겸손히 노아의 믿음을 본받으며 살아야 한다. 그것이 이 시대의 지혜인 듯 싶다. 만일 통일된 언어로 하느님을 배반할 일을 꾸민다면 대단히 나쁜 결과를 얻게 될 것이 뻔하다.

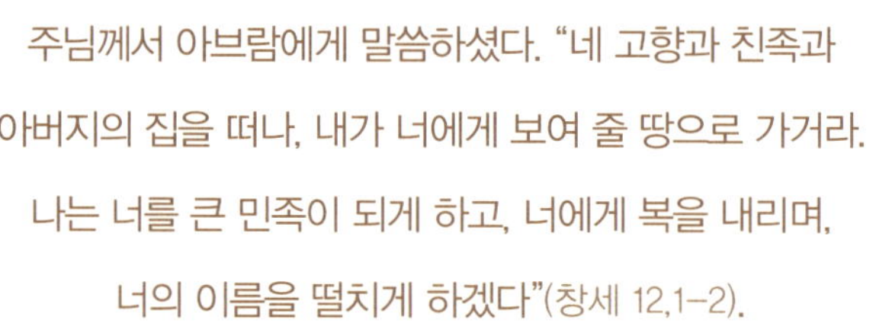

아브라함 이야기는 12장부터 18장까지 이어진다.

어느 날 주님께서 아브람에게 "고향과 친족과 아버지의 집을 떠나 내가 명하는 땅으로 가라" 하셨다. 그는 망설이지 않았다. 꿈과 소망과 사랑이 가득한 고향을 떠났다. 고향은 편안함이 있는 곳, 꿈에도 그리는 곳이다. 친구도 많고 그 누구를 만나도 어색함이 없는 곳이다. 이런 고향을 떠나, 어디로 가는지 목적도 없이 그냥 하느님만 믿고 길을 나섰다.

타향살이를 해본 사람은 그 고통을 안다. 지방색이 강한 곳에서는 그곳에 20년 30년을 살아도 타향사람이라고 '왕따'를 시킨다고 들었다. 내가 아는 어떤 교수가 어떤 섬에 가서 살아 보겠다고 이사를 갔는데, 그 마을에는 아직 수세식 화장실이 없던 때였다. 그는 시골집을 사서 개조를 했는데, 집 안에 수세식 화장실을 만들었다.

그런데 옆집에서 화장실을 밖에 만들고 그것을 쓰라고 시비를 걸었다. 이유는 화장실에서 나오는 물이 동네를 더럽힌다는 것이었다. 그것은 괜한 트집이었다. 정화조가 있기 때문에 더러운 물이 흘러나가지 않는다고 설명해도 소용이 없었다. 말한 사람은 마당가에 돼지를 키우면서 더러운 오물을 마구 흘려보내고 있었다. 그러면서도 남의 집 수세식 화장실을 옮기라고 우겨댔다. 동네 사람들도 한 통속이 되어 우겨대니 견뎌낼 수가 없었다. 하는 수 없이 그 교수는 이사를 하였다. 이것이 타향살이의 설움이다.

아브람은 타향살이가 어렵다 하더라도, 하느님께서 원하시면 무엇이든 하겠다는 결의에 차 있었다. 아브람은 참으로 하느님의 마음에 드는 사람이었다. 하느님을 전적으로 믿은 사람이었다. '팔자' 신자라고나 할까! 하느님의 용사였다.

창세기 22장을 보면 그는 자기 아들을 번제물로 바치라는 하느님의 말씀을 그대로 실행하려고 했던 사람이다. 자식이 중요하나 하느님보다는 귀중할 수가 없었다. 하느님께서 우리더러 네 집에 있는 땅문서를 갔다 하느님께 바치라든지, 네 자식을 하느님께 바치라고 하신다면 우리는 어떻게 대답할까? 하느님이 미쳤다고 할까? 아니면 무슨 말씀이라도 다 따르겠다고 할까?

아브람이 살던 이스라엘 땅에 기근이 들어 부인과 함께 이집트로 갔을 때였다. 이집트인들이 아브람의 아내 사라이를 보고 첫 눈에 반해버렸다. 그 소문이 파라오에게까지 전해졌다. 파라오가 그녀를 오게 하여 보니 과연 대단한 미인이었다. 그래서 그의 아내로 삼고 아브람에게는 많은 재산을 줬다. 아브람이 자신은 사라이의 오빠라고 했기 때문이었다.

아브람이 아비멜렉 왕을 만났을 때도 마찬가지로 자신이 사라이의 누이라고 하였다. 그래서 아비멜렉도 사라이를 데려갔던 것이다(창세 20장 참조). 그런데 따지고 보면 그 둘 사이는 배다른 동생이기도 했다.

그런데 사라이를 아내로 삼은 파라오에게 많은 재앙이 생겼다. 그래서 그 재앙의 원인이 무엇인지 캐보다가 아브람과 사라이가 부부라는 것을 알게 되었다. 파라오는 사라이를 내주며 어서 가라고 하였다. 그래서 네겝으로 갔다.

사라이는 미인이긴 했으나 아기를 낳지 못하였다. 그래서 자기 종 하가르를 아브람과 동침케 하여 아기를 낳아 대를 잇게 했다. 사라이의 남편에 대한 사랑은 지극하였다. 남편의 대를 이어 주기 위해서 다른 여인을 남편의 품에 안겨준다는 것이 얼마나 어려운 일이었겠는가! 그런데 막상 하가르가 아기를 갖자, 제 여주인을 업신여기기 시작하였다. 그리하여 결국 하가르는 쫓겨나게 되었다. 개구리가 올챙이였을 때를 잊어서는 안 된다. 우리도 과거에 비참하던 때를 돌아보면 오늘의 건강이나 부귀에 감사하지 않을 수 없다. 겸손한 사람이라야 이 세상이 필요로 한다는 것을 잊어서는 안 된다.

하느님께서는 아브람의 이름을 '아브라함'으로 바꾸어 주시며 계약을 맺으셨다. 곧 아브라함의 자손들 중 남자는 할례를 받아야 하고, 대신 하느님께서는 후손을 하늘의 별처럼 주시겠다는 계약이었다. 지금도 유다인들은 남자들이 태어나면 할례를 받는다.

아브라함이 소돔과 고모라로 내려갔을 때, 주님께서는 이 두 고장이 너무 죄악으로 가득하여 멸망시킬 결심을 내보이셨다. 그러나 아브라함은 하느님과 흥정을 하였다. "의인이 이 마을에 쉰 명 있어도 쓸어버리시겠습니까?"로부터 시작하여 "열 명이 있더라도 파멸시키시겠습니까?"까지 여쭙자 주님께서는 "열 명만 있어도 파멸시키지 않겠다"고 말씀하셨다. 결국 그 고장에는 10명의 의인이 없었다는 이야기다. 남자들은 정상적인 성을 즐기기보다 변태적으로 변해 있었다. 사회의 풍조가 그러하니 대부분의 사람들이 하느님의 뜻이 아닌, 죄악 속에서 악취를 풍겨대며 살아가고 있었다.

이 시대도 풍기문란이 도를 넘어서고 있다고들 한다. 동성끼리의 사랑은 흔한 이야기가 돼가고 있다. 스와핑이라는 새로운 낱말이 자주 등장하고 있다. 어디 인간으로서 낯을 들고 다닐 수 있는가? 개들이 비웃고 새들도 비웃을 것이다. "이 인간들아, 정신 차려라!" 하고 속으로 외치고 있을지도 모른다.

판관기 19장에도 비슷한 이야기가 나온다.

레위인인 한 사람이 에프라임 산악 지방에 살고 있었는데, 베들레헴에서 사는 어떤 여자를 소실로 맞았으나 그녀가 화가 치밀어 친정으로 도망을 가버렸다. 아마 여인들 사이에서 문제가 생겼지 않았나 생각된다. 어쨌든 남편은 그 여인을 찾기 위해서 떠났는데, 가는 도중 날이 저물어 기브아에 들어가 하룻밤을 묵으려했다. 그런데 인심이 사나워서 아무도 그들을 반겨주지 안았다. 그런데 어떤 노인이 그들을 맞아들였다. 그 집에서 먹고 마시고 있을 때 그 성읍의 남자들이, 곧 불량한 남자들이 그 집을 에워싸고 문을 두드리며, 그 집 주인에게 "당신 집에 든 남자를 내보내시오. 우리가 그자와 재미 좀 봐야 하겠소." 그러자 집주인이 밖으로 나가 그들에게 말하였다. "형제들, 안 되오. 제발 나쁜 짓 하지들 마시오. 저 사람이 내 집에 들어 온 이상, 그런 추잡한 짓을 해서는 안 되오. 자, 나의 처녀 딸과 저 사람의 소실을 내보낼 터이니, 그들을 욕보이면서 당신들 좋을 대로 하시오." 그러나 그 남자들은 그의 말을 들으려고 하지 않았다.

창세기의 이야기로 돌아 가 보자. 롯의 집에 든 두 천사는 사람의 모습을 하고 있었다. 그 도시의 남자들이 몰려와서 안에 든 남자 둘을 내놓으라고 롯에게 을러대자, 천사는 롯을 들어오게 한 다음, 밖에서 악다구니를 써가며 남자들을 내놓으라고 외치던 그들의 눈을 멀게 하였다. 롯은 아내와 두 딸을 데리고 그 성읍을 떠났다. 주님께서 소돔과 고모라에 불을 내리셨다. 그러나 그의 아내는 호기심이 가득하여 그만 뒤를 돌아보지 말아야 하는데도 뒤를 돌아보았기에 소금기둥이 되었다. 그 호기심이 신세를 망쳤다.

요즘에도 호기심으로 채팅을 하다가 파탄난 가정이 많다고 들었다. 호기심에 마약을 하다가 패가망신한 가정들도 있다고 들었다. 호기심에 홀짝 홀짝 술을 마시다가 인생을 망친 사람들도 많다. 선에 대한 호기심, 사랑에 대한 호기심이야 누가 말리겠는가만!

이사악과 레베카의 혼인(창세 24장)에 대한 이야기가 자세히 소개된다.
아브라함은 자신이 늙어 감을 느끼며 이사악을 혼인시키려 하였다.
그러나 며느리 될 사람은 가나안족의 딸들 중에 얻지 않고 친족들 가
운데서 얻으려 하였다. 그리하여 자기 종을 고향으로 보냈다.

그러나 막상 누구를 데려올 것인가? 막막하였다. "주님께서 점지
하여 주시겠지" 생각하며 아브라함의 고향에 당도하여, 그 종은 주님
께 이렇게 기도하였다. "제 주인 아브라함의 하느님이신 주님, 오늘
일이 잘되게 해 주십시오. 제 주인 아브라함에게 자애를 베풀어 주십
시오. 이제 제가 샘물 곁에 낙타들을 쉬게 하고 서 있으면, 성읍 주민
의 딸들이 물을 길으러 나올 것입니다. 제가 '그대의 물동이를 기울
여서, 내가 물을 마시게 해 주오' 하고 청할 때, '드십시오, 낙타들에
게도 제가 물을 먹이겠습니다' 하고 대답하는 바로 그 소녀가, 당신
께서 당신의 종 이사악을 위하여 정하신 여자이게 해 주십시오. 그것
으로 당신께서 제 주인에게 자애를 베푸신 줄 알겠습니다."

그가 기도하고 나자 부투엘의 딸 레베카가 물 길러 나왔는데 그는
아주 예쁜 처녀였다. 이렇게 하여 아브라함의 종은 그녀를 이사악의
배필로 삼기 위해 이사악에게 데려가게 되었다.

세상사는 모든 것이 주님께서 주관하시는 것이다. 한 사람이 성장

하여 배필을 얻을 때에도 그 많은 사람 중에 한 사람과 만나 한 생을 함께하게 되는데 이는 모두가 하느님의 섭리이다. 아브라함의 종은 이사악의 배필을 찾게 되자, 무릎을 꿇고 주님께 경배한 다음 이렇게 기도하였다. "나의 주인에게 당신 자애와 신의를 거절치 않으셨으니, 내 주인 아브라함의 하느님이신 주님께서는 찬미 받으소서. 주님께서는 이 몸을 내 주인의 아우 집에 이르는 길로 이끌어 주셨구나."

우리도 어떤 문제가 생길 때 기도하면서 주님께 간청하고, 그 문제가 해결되면 이 종처럼 무릎 꿇고 감사의 기도를 드려야 한다. 따지고 보면 이 우주의 모든 질서도 하느님의 손에 조종되고 있으며 세상사가 모두 그분의 뜻에 따라 움직이는 것이다.

때로는 우리가 어떤 것이 하느님의 뜻인지를 몰라 우왕좌왕할 수 있다. 때로는 막막할 때가 있다. 그럴 때 어떤 것이 하느님의 뜻인지를 분별하는 것은 쉽지 않다. 아브라함의 종이 이사악의 배필을 발견하기 위해서는 분별이 필요했다. 그는 어떤 기준을 내세우고 나서 그렇게 되면, 하느님의 뜻으로 여기겠다고 주님께 말씀드렸다. 그리고 하느님께 기도한 후 나타난 현상을 주님의 뜻으로 받아들였다.

우리도 어찌하면 좋을지, 어떤 것이 하느님의 뜻인지 분간 못할 때, 이 종이 쓴 방법을 써보는 것도 좋을 것이다.

야곱이 에사우의 복을 가로챘다는 이야기가 창세기 27장에서 자세히 설명되고 있다.

이사악이 늙어서 눈이 어두워 잘 볼 수 없게 되자, 이제 인생을 정리해야겠다 싶어, 큰 아들 에사우를 불러, "내가 죽기 전에 내가 좋아하는 별미를 먹고 싶으니 사냥을 해오너라. 그리고 별미를 만들어 가져오너라. 그것을 먹고 내가 죽기 전에 너에게 축복하겠다"고 말했다. 어머니 레베카는 이 말을 엿듣고 자기 맘에 드는 작은 아들 야곱에게 "어서 새끼 염소 두 마리를 가져오너라. 내가 음식을 만들어 줄 테니 아버지에게 큰 아들 에사우라고 말하고 음식을 대접해드려라. 그리고 장자권을 얻는 축복을 받아라. 아마도 아버지가 네 몸을 만져보면서 확인할지도 모른다. 그러니 염소 가죽을 손과 목둘레에 입혀주겠다"

이렇게 아버지를 속이고 음식을 대접하였다. 아버지는 아무래도 목소리가 이상하다며 손으로 만져보았다. 그러나 큰 아들의 손처럼 느껴질 정도로 털도 만져졌다. 그래서 음식을 맛있게 먹고는 복을 내렸다.

"하느님께서 네게 하늘의 이슬을 내려 주시리라. 땅을 기름지게 하시며 곡식과 풀을 풍성하게 해 주시리라. 뭇 민족이 너를 섬기고 겨레가 네 앞에 무릎을 꿇으리라. 너는 네 형제들의 지배자가 되고 네 어머니의 자식들은 네 앞에 무릎을 꿇으리라. 너를 저주하는 자는 저주를 받고 너에게 축복하는 자는 복을 받으리라"

여기서 어머니 레베카의 편애가 드러난다. 아무리 큰 아들이 밉기로서니 작은 아들과 한 통속이 되어 남편을 속이고, 자기가 원하는 작은 아들에게 장자권을 받게 하는 것이 이상하게 여겨진다. "이래도 되는 건가? 완전히 사기 아닌가!" 할 정도다. 그러나 자세히 살펴보면 이미 큰 아들은 불콩죽 한 그릇에 장자권을 동생에게 팔았다(창세 25,33 참조).

이토록 장자권을 중요하지 않게 생각하며, 동물처럼 먹는 것에 눈이 팔린 에사우에게 장자권을 맡기는 것은 그 개인에게만이 아니라 가문과 후손들에게 치명적인 우를 범하는 것이라고 생각했을 것이다. 그러고 보면 아버지는 이미 나이 늙어 오직 전통이라는 것에만 젖어 있어서 사람이 좋고 나쁘고를 가리지 않고, 그저 전통에 따라서만 일을 처리할 것이기 때문에 합리성이 부족한 상태였다. 그래서 합리적인 판단을 위하여 나탄 예언자까지 나섰다.

우리도 때로는 냉철한 현실인식에 근거한 판단이나 계획보다는 풍습이나 관행을 우선시하는 경우가 많이 있지 않은가? 또한 레베카가 에사우를 못마땅하게 생각한 것은 이방 여성들과 결혼했기 때문이었다. 이들이 레베카에게 근심거리가 되었던 것이다.(창세 26,34-35 참조) 이런 사고뭉치에게 장자권을 물려준다는 것은 가당찮은 일이었다.

여성으로서의 냉철함과 정확함이 돋보이는 대목이다. 우리 사회가 여성을 홀대한 과거사는 잊더라도, 이제는 여성의 똑똑함을 사회전반에서 이해하고, 적극적으로 사회발전에 기여하도록 길을 더 많이 여성들에게 열어주어야 하지 않겠는가! 그래야 장차 이 나라에 여성 대통령도 선출되지 않겠는가!

참으로 이상한 이야기이다. 어떻게 아버지가 데리고 산 여인과 동침을 했단 말인가?

성경에는 이루어지지 말아야 할 관계가 이루어지는 경우가 가끔 소개된다. 창세기 38장에는 야곱의 아들이었던 유다가 자기 며느리와 한 자리에 들게 되는, 그래서 아이를 낳게 되는 이야기가 소개된다. 물론 며느리가 자기 남편이 죽은 지 오래 됐고, 자기 시동생이 성장했는데도 자기에게 남편으로 넘겨주지 않았으며, 친정에서 머물러 있게 했기 때문에, 그런 사건이 일어났다. 어쨌든 참으로 기이한 일이 아닐 수 없다.

결국 인간의 나약함 때문이라고 설명할 수밖에 없을 것이다. 때로는 가족 간의 이러한 일이 벌어져서 평생을 가슴에 한으로 안고 사는 사람들도 있을 것이다. 미국의 어떤 조사에 의하면 많은 경우 거리의 여자들이 어린 시절 아버지로부터 성폭행을 당했기 때문이라고 한다. 아마도 마약 중독이나 알콜 중독에 걸린 사람들이, 제정신이 아닌 상태에서 그런 죄를 저질렀을 것이다. 참으로 인간이란 힘없고 보잘 것 없는 존재임이 드러난다. 평생을 한을 뿌려가면서 살아가야 하는 사람들을 인간 공동체는 서로 위로하면서, 도와가면서 살아가야 한다.

당시에는 결혼이란 자식을 많이 낳아 기르는 것이 그 첫째 목적이었을 것이다. 사랑은 뒷전으로 밀렸다. 그러므로 후손을 많게 하기 위해서는 오늘의 상식으로는 감히 상상할 수 없는 일들이 벌어지기도 했다. 결국 성경은 그 당시의 시대적 상황을 잘 인식할 때 더 깊이 이해할 수 있기에 성경 공부를 깊이 하는 것이다.

야곱의 아들들의 이야기(창세 37-47장 참조).

길고도 긴 가족사가 나온다. 야곱의 아들들의 이야기가 중요하고 흥미로운 것은 12아들을 통해서 이스라엘 민족의 혈족사가 구체화되고 그 민족 사이에서 그리스도가 탄생하게 된다는 데 있다.

열두 아들 중에 요셉이 뽑힌다. 전통에 의하면 큰아들이 뽑혀야 하나 하느님의 뜻은 인간들의 뜻, 관습을 초월한다. 그가 형제들의 시기 때문에 우여곡절을 겪고 이집트로 팔려간다. 그가 팔려간 값은 은

전 스무 닢이었다. 거기서 파라오의 내신으로 경호대장인 포티파르에게 또 팔린다.

그런데 요셉이 요즘으로 말하면 꽃미남이었던 모양이다. 성경은 "요셉은 몸매와 모습이 아름다웠다"(창세 39,6)라고 표현한다. 이런 꽃미남을 경호대장의 부인이 유혹하기 시작하였다. 그녀는 이상한 눈길을 보내며, 함께 자자고 졸라댔다. 그녀는 날마다 그렇게 졸라댔다. 그러나 요셉은 "마님은 주인 어른의 부인이십니다. 그런데 제가 어찌 이런 큰 악을 저지르고 하느님께 죄를 지을 수 있겠습니까?"(창세 39,9)라고 반문하였다.

아무리 졸라도 넘어가지 않자, 그 여자가 요셉의 옷을 붙잡고 늘어졌고, 그는 그냥 옷을 벗어둔 채 도망 나왔다.

여자의 복수는 무서웠다. 자존심이 상한 그녀는 순간적으로 돌변하여, 하인들을 불러 "저놈이 내게 나쁜 짓을 하려는 것을 내가 소리쳐 물리쳤더니, 자기 옷을 여기 이렇게 남겨두고 나갔다"고 말하였다. 참으로 무서운 것이 인간의 마음이지 않은가!

그녀는 자기 남편에게 그렇게 요셉을 모함하며 감옥에 넣었다. 그런데 요셉은 감옥에서 헌작시종장의 꿈을 잘 풀이하여 주었다. 그는 요셉의 풀이대로 다시 왕궁에서 시종장으로 일하게 됐는데, 마침 이집트의 왕 파라오가 이상한 꿈을 꾸어, 그 꿈을 풀이하기 위해서 왕궁이 뒤숭숭하였다. 왜냐하면 아무도 속 시원히 그의 꿈을 풀어주는 사람이 없었기 때문이었다. 그때에 헌작시종장이 자기의 꿈을 풀이해 준 요셉을 생각하고, "꿈을 잘 풀이하는 사람이 있습니다만, 그는 히브리 종으로서 감옥에 있습니다" 하고 말하니, 파라오는 꿈만 잘 푼다면 종이면 어떠냐며 빨리 그를 불러들이라고 하였다. 이렇게 해서 요셉이 불려나왔다. 그는 꿈의 내용을 듣고 두 가지 꿈이 같은 내용이라며 간단하게, 명쾌하게 풀이해 주었다.

꿈의 내용은 이러하였다. "나일 강가에 살진 암소 일곱 마리가 올라와서 풀을 뜯고 있는데 또 못생기고 야윈 암소 7곱 마리가 올라오더니 살진 암소들을 잡아먹는 것이었다. 또 하나의 꿈 내용은, 밀대 하나에서 살지고 좋은 이삭 일곱이 올라왔다. 그 뒤를 이어 야위고 샛바람에 바싹 마른 이삭 일곱이 올라왔다. 그런데 야윈 이삭들이 살진 이삭들을 삼켜버리는 것이었다"

요셉은 풀이했다. "앞으로 7년간 풍년입니다. 그러나 다음 7년은 지독한 흉년입니다. 그러하오니 풍년 때에 수확의 5분의 1을 거두시어 이를 비축하여 흉년을 준비하시는 것이 좋겠습니다."

파라오는 마음이 흡족하였다. 그리하여 요셉을 높이 올렸으니 이집트의 재상에까지 오르는 영광을 얻게 되었다.

그 후 그는 형제들이 곡식을 사러 이집트에 왔을 때, 형제들과 만나게 되었고 결국 부모님까지 모시고 와서 고센지방에서 살게 되었다.

요셉이 말한다. "하느님께서는 나를 여러분보다 앞서 보내시어, 여러분을 위하여 자손들을 이 땅에 일으켜 세우고, 구원받은 이들의 큰 무리가 되도록 여러분의 목숨을 지키게 하셨습니다. 그러니 나를 이곳으로 보낸 것은 여러분이 아니라 하느님이십니다."(창세45, 7-8)

우리가 사는 세상의 모든 역사, 좁게는 한 가문의 역사, 혹은 가정사에 이르기까지 모든 것이 하느님의 손 안에 있음을 알게 된다. 하느님의 섭리로 지금 이 시간 내가 여기 이렇게 존재하는 것이다. 10년 전에 태어났더라면 어찌 내가 지금 여기에 있겠는가?

요셉이 경호대장의 집으로 팔려갔을 때, 부인이 요셉을 바라보던 눈길, 졸라대던 말, "함께 자자"고 한 유혹의 문제는 과거의 문제만이 아니다. 요즘도 얼마나 많은 불륜 때문에 고생하는 사람들이 많을까? 경호대장의 부인도 "내가 왜 이럴까? 이래서는 안 되는데……" 하면서 자신을 수없이 나무랐을 것이다. 만일 자신의 소망이 이루어졌다 해도, '남편에게 발각되면 어떻게 하나?' 하며 괴로움은 끝 모르게 계속됐을 것이다. 그러면서도 그녀는 유혹을 이겨내기가 힘들었던가 보다.

우리가 살아가는 세상은 이렇게 육욕의 유혹을 이기기가 너무나 힘들다. "이러지 말아야 하는데……" 라면서도 빨려 들어가는 것이 육욕의 유혹이다. 인간은 나약하다.

인간이 존재한 이래로 성에 대한 궁금증은 시대를 초월하여 존재하였고 많은 문제를 일으켜왔다. 성적 욕망을 이겨내기 위해서는 주님의 도우심이 필요할 수밖에 없다.

주님은 나의 힘 나의 방패가 되시기 때문이다. 주님께 기도하고 성모님께 기도해야 한다. 유혹에서 승리하는 길은 기도뿐이다.

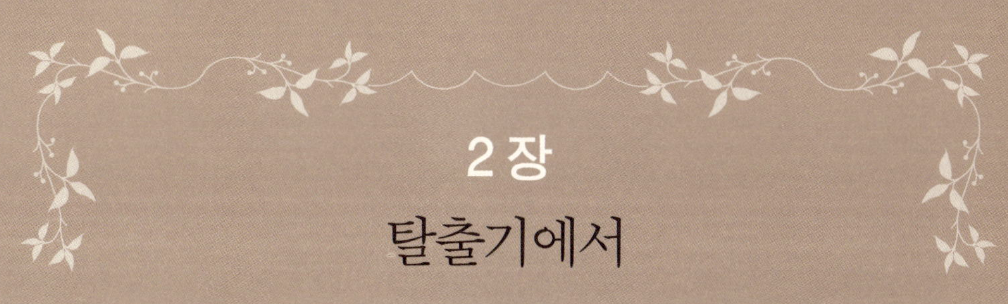

2장
탈출기에서

공동번역 성경은 "출애굽기"로 번역하였었는데, 새 번역서에는 "탈출기"라고 번역되었다. "탈출기"라는 말만 들었을 때는 잘 이해할 수가 없다. "출애굽기"는 애굽을 탈출했다는 의미가 확연히 드러난다. 어쨌든 탈출기는 이스라엘 배성이 노예살이를 하던 이집트에서 어떻게 탈출했는지를 이야기 하고 있다.

노예살이를 하던 이스라엘 백성을 하느님께서 모세를 통해 구출해 내시어 가나안 복지로 인도하시는 내용이 펼쳐진다. 하느님은 이스라엘 백성을 사랑하시어 함께 계신다. 장막은 하느님의 임재하시는 장소이다. 그들과 계약을 맺으시고, 그들이 지켜야 할 법을 주시고, 그들을 결국 약속하신 땅으로 인도하신다. 사랑의 하느님, 구원하시는 하느님, 약속을 지키시는 하느님이 제시된다.

모세이야기(탈출1-4장 참조)는 길게 이어진다.

인간 역사가 그러하듯 이스라엘의 역사도 모두 하느님의 뜻대로 된 것이다. 현재의 역사도 그분의 계획에 의해서 시작됐고 진행 중이며 끝날 것이다.

야곱의 후손들이 요셉의 힘을 입어 이집트에서 태평성대를 이루며 잘 살았다. 그들의 자손들은 자꾸만 불어났다. 이미 아브라함에게 하느님께서 약속하신 바였다. "바다의 모래알처럼 그렇게 후손이 번창하리라"고 하셨으니, 자식을 많이 낳고 번창하지 않을 수 없었다.

그런데 요셉과 그 가족들을 잘 이해하던 파라오가 죽고 나서 다른 이가 파라오가 되자 상황이 악화되었다. 그들은 야곱의 후손들을 경계하기 시작했다. 이방인들이 와서 자식을 많이 낳고 그들의 수가 많아지면 경계하지 않을 나라가 어디 있겠는가? 지금도 각 나라마다 소수 민족의 팽창을 경계하고 있지 않은가! 급기야 파라오는 그들에게 불이익을 주기 시작했다. 우선 계속 불어나는 사람들을 억제하기 위해서 강압적인 방법을 사용하였으니 아들이 태어나면 죽이라는 명이었다. 그리고 이스라엘 민족의 말살을 위해서 노예처럼 강제노역을 시켰다. 기운을 빼서 자식을 많이 못 낳게 하자는 목적도 있었을 것이다.

이런 좋지 않은 환경에서 모세는 태어났다. 그러나 그는 하느님께서 뽑으신 사람이었다. 그는 극적으로 파라오의 공주에게 발탁되어 물에서 건져졌고, 궁에서 마치 왕자처럼 교육받으며 성장했다. 그러나 그가 노역현장에서 이집트인들의 학대를 보고, 그만 참을 수가 없어서 히브리인을 압제하는 이집트인 한 사람을 죽이게 됐다. 이것이 발각되자 이집트를 떠나 미디안에 가서 정착하게 된다. 그리고 그곳 사제인 이트로의 딸을 배필로 삼아 살게 되었다. 하느님께서는 그를 뽑으시어 이스라엘 민족을 해방시키려 하셨다.

하느님께서 모세를 뽑으셨다. 하느님께서 그에게 해방자의 임무를 맡으라고 하시자 모세는 꾀를 부렸다. 그는 솔직하게 부족한 사람이라고 한 발 뺐었다. 대부분의 뽑힌 이들이 다 그러하였다. 예레미야도 자신은 말을 잘 못한다고 했고, 이사야는 입이 더러운 사람이라고 했다. 그들도 하느님의 부르심에 응답하고 싶지 않아 핑계를 댔었다.

그러나 하느님께서는 "내가 너와 함께 있겠다"(탈출 3,12)라고 말씀하셨다. 그리고 자신의 이름도 가르쳐주셨다. "나는 있는 나다." 존재하는 나, 곧 그분은 누구에 의하여 창조되지 않고 처음부터 있는 '자신'이시다.

모세는 자꾸만 꽁무니를 빼면서 주님의 부르심에 응답하지 않으려 하였다. "주님, 죄송합니다. 저는 말솜씨가 없는 사람입니다. 어제도 그제도 그러하였고, 〔…〕지금도 그러합니다. 저는 입도 무디고 혀도 무딥니다"(탈출 4,10).

그러자 주님께서는 "잔말 말고 가거라. 내가 도와주겠다" 하셨다. 그런데도 자꾸 다른 사람을 보내시라고 하자, 주님께서 모세에게 화를 내며 말씀하셨다. "너의 형 아론이 너 대신 말을 해 줄 것이다. 내가 도와 줄 것이니 걱정 말고 가라."

때로는 우리도, 주님께서 명령하실 때 발뺌을 하기 쉽다. 귀찮아서 혹은 겁이 나서 발뺌을 한다. 요즘 들어 각 성당에서는 구역장, 반장을 뽑기가 쉽지 않다고들 한다. 핑계를 대면서 하지 않겠다고 발뺌하는 신자들이 많기 때문이란다. 이장이나 통장, 동 대표는 하고 싶어 하면서 주님께서 뽑아 쓰시겠다는데 핑계를 대서는 곤란하지 않겠는가!

물론 모세가 핑계를 대는 이유가 있었다. 왜냐하면 이미 왕궁에서 살아봤기 때문에 파라오에게 맞선다는 것이 얼마나 어려운 일인지 알고 있었다. 마치 계란으로 바위를 치는 격이라는 사실을 알고 있었다. 인간적으로 생각하면 참으로 가당치 않은 일이었다. 그래서 자꾸만 뒤로 뺏을 것이다.

하느님께서는 모세가 자신의 능력만을 생각하며 겁을 먹고 있다는 것이 못마땅하셨다. 그래서 "내가 도와줄 텐데, 왜 그리 걱정이 많으냐?"고 야단치셨다.

우리의 능력은 한계가 있어서 늘 부족하다. 그러나 주님을 바라보면 그분은 능력이 넘치신다. 그분을 믿고, 그분을 바라보면서 앞으로 나아가면 된다. 승리한다. 소망을 이룰 수 있다. 나 자신을 돌아보면, 아니 지금의 나를 바라보면 어디 하나 만족할 만한 구석이 없다. 나를 바라보면 한심스럽다. 그래도 나를 뽑으신 이유는, 주님께서 도와주시려고 뽑으셨다는 것이다. 그래서 주님을 바라보면 힘을 얻는다. 그리고 감사를 드리게 된다.

아마도 나같이 부족한 사람을 뽑으셨기에 주님께서는 도와주시는 재미를 느끼실 것 같다.

> 그 뒤 모세와 아론이 파라오에게 가서 말하였다.
> "주 이스라엘의 하느님께서 말씀하셨습니다. '내 백성을
> 내보내어 그들이 광야에서 나를 위하여 축제를 지내게
> 하여라.'" 그러자 파라오가 대답하였다.
> "그 주님이 누구이기에 그의 말을 듣고 이스라엘을
> 내보내라는 것이냐? 나는 그 주님을 알지도 못할뿐더러,
> 이스라엘을 내보내지도 않겠다"(탈출 5,1-2).

이스라엘 민족의 탈출(탈출 5-12장 참조)에 대하여 7장에 걸쳐 장황하게 설명되고 있다.

모세와 아론은 하느님의 명을 받고 파라오에게 가서 이스라엘 백성을 해방시키라고 말한다. 물론 자신이 하느님의 명을 받아 온 사자임을 전한다. 그러나 파라오는 이스라엘 백성을 더 심하게 부린다. 흙벽돌을 만들 때는 짚을 썰어 넣어야 하는데 짚을 주지 않으면서 할당량을 채우게 했다. 뻑뻑한 진흙을 그냥 반죽하여 벽돌을 만드는 것은 여간 힘든 일이 아니다.

모세는 하느님을 만나 하소연을 하였다. 불평이나 마찬가지였다. 그러나 하느님은 모세의 불평을 달래며 다시 보내신다. "나는 주님이다. 내가 너에게 이르는 말을 모두 이집트 임금 파라오에게 전하여라."

모세는 다시 파라오에게 가서 하느님의 말씀대로 10가지 재앙을 보인다.

첫 번째 재앙은 지팡이로 나일 강을 쳐서 온 강을 피로 물들게 했다. 강의 물고기들은 죽고 악취가 진동하였다. 그래도 파라오는 꿈쩍 안 했다. 두 번째 재앙인 개구리를 많게 하였다. 개구리가 이집트 땅을 뒤덮었다. 세 번째 재앙은 모기를 많게 하는 재앙이었다. 지팡이로 먼지를 쳤는데 온 천지가 모기 투성이가 되었다. 그래도 파라오는 완고한 마음으로 모세의 말을 듣지 않았다. 네 번째 재앙은 등에 소동이었다. 온천지가 등에로 넘치게 하였다. 그러나 파라오의 마음은 변치 않았다. 다섯 번째 재앙은 가축병이었다. 온 이집트의 가축이 흑사병으로 죽게 되었다. 그래도 파라오의 마음은 변치 않았다. 여섯 번째 재앙은 종기였다. 가마에 있는 솥 그을음을 쥐고 있다가 공중으로 뿌리니 온 천지가 종기로 가득했다. 사람들은 궤양을 앓기도 했다. 일곱 번째 재앙은 우박이었다. 주먹만한 우박이 떨어져서 곡식을 황폐하게 했다. 여덟 번째 재앙은 메뚜기 소동이었다. 메뚜기가 온천지를 뒤덮어 땅의 풀을 모조리 먹어치웠다. 그래도 파라오는 변치 않았다. 아홉 번째 재앙은 어둠이었다. 온천지가 사흘 동안 서로 볼 수 없었다. 그러나 파라오는 이스라엘 백성을 풀어줄 마음이 없었다.

결국 열 번째 재앙이 내리게 되었다. 이스라엘 백성은 모두가 어린 양을 잡아 피를 문설주에 바르고, 준비하고 있었다. 그런데 죽음의 천사가 지나가며 피를 바르지 않은 이집트 사람들의 집안으로 들어가 맏아들을 죽였다. 짐승의 맏배들도 죽였다. 그래서 이집트 전역에 곡성이 터졌다.

드디어 파라오는 어서 너의 온 민족과 소유물들을 가지고 떠나라고 명하였다.

이스라엘 백성은 지난 430년간 이집트에서 산 것을 정리하고 이집트를 떠나 약속의 땅 가나안을 향했다. 장정만 60만가량이었다.

하느님께서 왜 10가지 재앙을 내리셨을까? 한 번에 파라오의 마음을 무너트릴 수 있는 마지막 재앙을 쓰시면 안 됐을까? 하고 생각해 볼 수도 있을 것이다. 그러나 하느님께서는 이집트 땅에서 여러 가지 기적을 행하심으로써 많은 사람들에게 당신의 영광을 드러내시기 원하셨다(탈출 11,9 참조).

파라오는 끝까지 버틴다. 한번 쥔 것을 포기한다는 것이 얼마나 어려운가! 우리는 어떠한가? 파라오가 하느님과 대결하여 여지없이 패한 것을 성경을 읽으며 깨달으면서도, 우리는 가끔 하느님과 대결해 보려는 생각을 갖지 않는가? 하느님의 뜻을 거스를 수 없다. 그분의 뜻을 따라야 한다. 하느님의 명을 순순히 따라야 하지만 쉽지 않다.

마치 소리 없이 찾아드는 계절처럼, 그렇게 하느님의 뜻은 이루어진다. 어찌 우리가 저물어가는 하루를 막을 수 있으며, 찾아오는 겨울을 손으로 막을 수 있는가? 하느님께 순명해야 한다.

이 시대에 하느님의 뜻은 생명 문제에서 찾아볼 수 있지 않을까? 하느님의 모상대로 창조된 인간 생명이 얼마나 많이 죽어가고 있는가? 낙태로, 자살로, 전쟁으로, 수많은 생명이 죽어간다. 더구나 배아복제를 시도하면서 얼마나 많은 생명이 죽어갈까?

하느님은 생명을 보존하는데 힘쓰라고 명하신다. 하느님을 거슬러서 남는 것은 재앙이다. 새겨둘 만한 내용이다. 인간이 마음대로 인간을 만들어 내려는 시도와 함께 생명을 죽이는 것은 인류에게 재앙으로 돌아 올 수 있을 것이다.

억압받던 이스라엘 민족은 60만의 장정, 어린이, 노인, 여인 등등 적어도 150만 명은 됐을 것이다. 그들이 야훼 하느님을 찬양하면서 광야로 나가는 광경은 상상해볼 만하다. 장관이었을 것이다. 그들의 얼굴에 희망과 기쁨이 넘치고 흥분과 감격이 넘쳐났을 것이다. 광야로 나가면서 그들에게는 넉넉한 식량이 있던 것도 아니었다. 오직 하느님만 믿고 떠났다.

아직도 많은 국가에서 자유와 해방을 그리워하며, 하느님을 마음 놓고 믿지 못하고 억눌려 사는 사람들이 있다. 아직도 어떤 나라에서는 종교 탄압을 하고 있다. 온 인류에게 이스라엘 민족의 해방의 기쁨처럼 그런 기쁨이 가득 넘쳤으면 얼마나 좋을까? 물론 우리 자신도 그 무엇엔가 억눌려 있다거나 속박되어 있다면 해방돼야 한다. 우리를 얽어매고 있는 것은 무엇일까? 바오로 사도가 말한 대로, 육적인 것이 나를 얽매고 있는지도 모른다. 물질, 명예, 취미, 요즘은 컴퓨터가 나를 얽어매고 있는지도 모른다. 하루 종일 그것이 나의 사고를 완전히 지배하고 있다면 그것은 나를 사로잡은 것이다. 나는 그것에 사로잡힌 것이다. 중독된 것이다. 어떤 것에서도 해방되어야 한다. 그럴 때 우리는 주님을 선택할 수 있다. 내가 그것들과 거리를 두고 서서 내 맘대로 선택 할 수 있을 때, 나는 해방된 사람일 것이다. 그래야 내가 가벼운 몸으로 주님께로 나아갈 수 있을 것이기 때문이다.

파스카 축제란 '거르고 지나간 축제'라는 말이다. 곧 죽음을 수행하던 천사가 이스라엘 백성의 집에 와서는 어린양의 피가 문설주에 칠해진 것을 보고, 거르고 지나 다음 집으로 간 것을 기념하는 축제다. 어린양이 그 집의 맏아들의 죽음을 대신하여 죽은 것이다. 이스라엘 백성의 해방을 결정적으로 이룬 그 사건에서 맏아들들의 죽음을 대신한 제물이다.

오늘날도 미사를 파스카의 제사라고 말한다. 곧 예수님은 어린양처럼 그렇게 피를 흘려 죽으심으로써 우리를 살리셨다는 뜻이다. 오늘날도 이스라엘 백성들이 누룩 없는 빵을 먹었듯이 성체를 이루는 빵은 누룩이 안 든 빵을 사용하는 것이다. 본시 이스라엘 백성이 해방되는 날을 준비할 때, 누룩 안 든 빵을 준비했다. 왜냐하면 긴급 상황인데 언제 빵을 부풀려서 만들어 먹을 수 있었겠는가?

이런 구약의 전통에서 그 의미를 살려, 오늘날도 미사 전례에서 사용하는 빵은 누룩 안든 빵을 사용하는 것이다.

이스라엘 민족의 참 해방(탈출14-16장 참조)이 전개된다.

하느님께 찬미가를 부르며 이집트를 빠져나온 이스라엘 백성들은 낮에는 구름기둥 속에서 길을 인도하시고, 밤에는 불기둥 속에서 인도하시는 하느님의 보호를 받으며 앞으로, 앞으로 행진하였다. 그러나 그들의 이런 환희도 잠시였다. 저 멀리서 이집트 군대가 쫓아오고 있다는 보고였다. 그들은 두려움에 사로잡혀 모세를 몰아세우며 불평불만을 터트렸다. 모세는 그들을 진정시키며 주님께서 승리를 주실 것이니 두려워말라고 하였다. 모세는 갈대 바다를 향해 손을 뻗었다. 주님께서 말씀하신 대로 한 것이다. 그러자 바닷물이 갈라졌다. 이리하여 이스라엘 민족은 마른 땅을 건너서 바다를 건넜다. 이집트 군대들도 건너고 있었다. 그러나 다시 모세가 손을 펴자 물이 합쳐졌다. 그리고 이집트 군대 모두가 죽었다.

모세는 이렇게 노래하였다. "나는 주님께 노래하리라. 그지없이 높으신 분, 말과 기병을 바다에 처 넣으셨네. 주님은 나의 힘, 나의 굳셈. 나에게 구원이 되어 주셨다"(탈출 15,1-2).

아론의 누이인 미르얌도 노래하였다. "주님께 노래하여라. 그지없이 높으신 분, 말과 기병을 바다에 처넣으셨네"(탈출 15,21).

그들이 갈대 바다를 건넌 다음, 사흘 동안 걸었는데 물이 떨어졌다. 겨우 발견한 물은 쓴물이었다. 그런데 주님께서 모세에게 "나무를 꺾어 물에 넣어라" 하시자 그렇게 하였다. 그러자 그 물은 좋은 물이 되었다.

이스라엘 백성은 갈대 바다를 건너기 전까지 완전히 해방됐다고 말할 수 없었다. 왜냐하면 언제라도 이집트 군인들이 쫓아와서, 다시 이집트로 끌고 가 노역을 시킬 수 있었기 때문이었다. 파라오는 자식을 장사지내고, 대신들과 회의를 했을 것이다. 그리고 아마도 "우리가 이미 자식까지 장사지냈는데 무엇이 두려워 그자들을 내보내야 하는가? 그들이 없으면 힘든 일은 누가 하며 하인 노릇은 누가 하겠는가?" 하며 이스라엘 백성을 다시 끌고 와야 한다고 목청을 높였을 것이다. 그리하여 이집트 군대를 동원하여 이스라엘 백성을 끌고 오려고 나섰다. 그러나 결론은 참혹하였다. 갈대 바다에 들어갔던 군인들이 모두 죽고 말았다.

이스라엘 백성에게는 바다를 건너는 순간 완전한 해방을 맞은 것이다. 다시는 이집트인들이 감히 자신들을 잡으러 올 수가 없었다. 그런 걱정은 사라졌다. 이스라엘민족에게 참 해방이 온 것이다.

우리는 이런 해방의 의미를 세례 때에 찾을 수 있다. 우리가 세례 때에 물로 씻는 것은 과거의 죄의 속박에서 완전히 해방된 사람이 된다는 것이다. 이제는 주님의 사람이 됐다는 것을 의미한다.

갈대 바다를 건너 가나안 복지를 향해 가는데 3일간 물이 없어 고생하다가 발견한 물은 쓴물이었으나 그 물을 단물이 되게 하는 기적을 주님께서 이루어 주셨다. 그들의 여행길에 주님의 은총이 항상 넘쳤다. 밤의 어둠을 불기둥으로 밝혀주셨고, 낮의 뜨거움은 구름기둥으로 가려주셨다. 참으로 주님의 보살핌은 가득 넘쳤다.

이런 생각을 하면서, 그 때는 주님의 사랑이 크게 넘쳤으나 요즘은 우리에게 그런 크신 은총을 주시지 않는다고 의심하는 사람들이 있을지 모른다. 그러나 천만의 말씀이다. 요즘도 주님께서는 우리에게 매일 흡족한 물을 주신다. 햇빛을 주신다. 밤이면 전기를 주셔서 밝혀 주신다. 참으로 너무 많은 은총에 우리는 주님의 은총을 깨닫지 못하고 살 때가 한두 번이 아니다. 나부터 반성해야겠다.

우리도 모세처럼, 미르얌처럼 주님의 크신 은혜를 찬미와 감사의 노래로 응답해야 하지 않겠나! "나 주님을 찬미하리라. 주님은 나의 힘, 나의 바위, 나의 피난처시오. 내가 힘들 때마다 내 곁에서 도와주시네. 나, 주님을 찬양하며 나, 주님께 감사하리" 하고 말이다.

모세가 다시 말하였다. "주님께서 너희에게 저녁에는 먹을 고기를 주시고, 아침에는 배불리 먹을 빵을 주실 것이다. 주님께서는 너희가 주님께 불평하는 소리를 들으셨다. 도대체 우리가 무엇이냐? 너희는 우리가 아니라 주님께 불평한 것이다"(탈출 16,8).

만나와 메추라기(탈출16장 참조) 이야기가 소상히 전개된다.

이스라엘 백성은 광야에서 만나를 주식으로 먹었다. 서리처럼 잔 알갱이들이 아침이면 눈처럼 쌓여 있었다. 그것은 고수풀 씨앗처럼 하얗고, 그 맛은 꿀 섞은 과자 같았다. 하루 먹을 만큼만 거두어다 먹어야 했다. 욕심을 부려 많이 가져다 먹고 남겨 놓은 것에선 구더기가 꾀고 고약한 냄새가 났다. 모세가 그렇게 당부했는데도 욕심을 부려 많이 거두어다가 쌓아 놓은 사람들이 있었던 것이다. 이에 대해 모세는 화를 내었다. 안식일 전 날에만 안식일에 먹을 것까지 거둘 수 있었다.

어디 그뿐인가! 그들은 고기가 먹고 싶다고 불평하였다. 주님께서는 메추리 떼를 보내 주셨다. 그래서 고기를 마음껏 먹게 해 주셨다.

이스라엘 백성은 가나안 정착지에 다다를 때까지 사십년 동안 만나를 먹었다.

우리는 주의 기도를 자주 한다. '오늘 우리에게 일용할 양식을 주시고……' 라는 대목을 생각해보면, 이스라엘 백성은 정말 매일 일용할 양식을 하늘에서 받았다. 약 150만 명이 매일 먹어대는 음식을 하늘에서 눈처럼 내려 주셨는데도 이스라엘 백성은 주님을 믿는데 부족함을 가끔 보였다. 불평불만을 계속 터트렸다. 참으로 어린이가 투정을 부리듯 그랬다. 만나만 먹으니 진절머리가 난다며 고기가 먹고 싶다고 불평하는 그들에게 메추리를 보내 주시어, 입에서 구린내가 나도록, 고기를 많이 먹게 해 주셨다.

우리에게도 매일 일용할 양식을 주신다. 그런데 전 세계적으로는 굶는 이들도 많이 있다. 그것은 주님께서 골고루 나누어 주라고 인류에게 주시는 양식을 잘 나누지 않기 때문에 생기는 일이다. 인간들에게 잘못이 있다. 곧 나에게 잘못이 있다. 나도 잘 나누지 못하기 때문이다. 하느님께서 우리에게 일용한 양식을 주시니 감사하는 기도와 함께 음식을 먹도록 해야 한다. 매일 먹는 음식을 앞에 두고 나는 얼마나 진심으로 감사하고 사는가? 반성을 많이 하게 된다.

> "이제 내가 저기 호렙의 바위 위에서 네 앞에 서 있겠다.
> 네가 그 바위를 치면 그곳에서 물이 터져 나와,
> 백성이 그것을 마시게 될 것이다." 모세는 이스라엘의
> 원로들이 보는 앞에서 그대로 하였다(탈출 17,6).

이스라엘 백성이 광야에서 행진을 계속했다. 그들이 르피딤에 이르렀을 때 물이 없었다. 백성들은 아우성을 쳤다. 왜 우리를 끌고 나와서 죽이려느냐고 소리쳤다. 틈만 나면 불평불만을 그치지 않는 백성들의 외침에 모세도 지쳤다. 모세는 또 하느님께 간청하였다. 하느님께서는 호렙의 바위를 치라셨다. 그대로 하자 물이 터져 나왔다.

그들이 "주님께서 우리 가운데 계시는가, 계시지 않는가?" 하면서 주님을 시험했다 하여 그곳을 "마싸와 므리바"라 했다.

우리는 어떠한가? 감사는 부족하고 불평은 가득하지 아니한가? 사실 우리가 불평하는 대부분은 사치스러운 불평들이다. 매사에 불

평보다는 감사하면서 살아야 한다. 사지가 멀쩡하면서도 입에서 나오는 말이 계속 불평불만이라면 안 될 말이다.

물이 없으면 인간은 죽는다. 아프리카의 어떤 지역에서, 때로는 물을 구하기 위해서 아녀자들이 수십 리를 걸어서 간다고 한다. 땀 흘리며 물통에 물을 담아 온다. 그런데 그 물이, 아주 더러운 물이다. 그래도 어쩔 수 없다. 그 외에 다른 방법이 없기 때문이다. 그 물을 마시고 어떤 이들은 병이 나고, 심지어 눈이 멀기도 한다고 들었다. 아프리카에 우물을 하나 파 주는데 약 250만 원이 든다고 한다. 하나쯤 파줄 수 있는 사람은 많을 것이다.

우리는 얼마나 좋은 물을 마음껏 마시고 있는가! 한국의 경우 수돗물을 마실 수 있다. 그런데도 많은 사람들은 생수를 사서 마시지 않는가! 시원한 물을 마실 때마다, 샤워를 할 때마다 우리는 감사해야 한다. 주님께 감사하면서 사는 기회가 많을수록 우리의 행복도 더해진다.

> "너는 야곱 집안에게 이렇게 말하여라. 이스라엘 자손들에게 알려 주어라. 너희는 내가 이집트인들에게 무엇을 하고 어떻게 너희를 독수리 날개에 태워 나에게 데려왔는지 보았다. 이제 너희가 내 말을 듣고 내 계약을 지키면, 너희는 모든 민족들 가운데에서 나의 소유가 될 것이다. 온 세상이 나의 것이다. 그리고 너희는 나에게 사제들의 나라가 되고 거룩한 민족이 될 것이다"(탈출 19,3-6).

탈출기 19장에서 20장까지에는 시나이 산에서의 계약이 상세히 소개된다. 우리가 오늘도 중요시하는 십계명이 선포된다.

이스라엘 백성이 이집트에서 탈출한 지 셋째 달 바로 그날, 그들은 시나이 광야에 도착하였다. 모세는 하느님의 부르심을 받고 시나이 산으로 올라가서 십계명을 받았다. 내용은 "하나이신 하느님을 공경해야 한다. 어떤 신상이나 다른 신을 섬겨서는 안 된다. 하느님의 이름을 부당하게 불러서는 안 된다. 안식일을 거룩하게 지켜야 한다. 부모를 공경하여라. 그러면 장수할 것이다. 살인해서는 안 된다. 간음해서는 안 된다. 도둑질해서는 안 된다. 이웃에게 불리한 거짓증언을 해서는 안 된다. 이웃의 집을 탐내서는 안 된다. 이웃의 아내나 남종이나 여종, 소나 나귀 할 것 없이 이웃의 소유는 무엇이든 탐내서는 안 된다"이다.

하느님께서는 우리가 십계명을 잘 지키면, "모든 민족들 가운데서 하느님의 소유가 될 것이고 너희는 나에게 사제들의 나라가 되고 거룩한 민족이 될 것이다"라고 말씀하셨다. 오늘날도 십계명을 잘 지키는 사람은 하느님의 소유가 될 것이다. 그러나 스스로 십계명을 어기면서 하느님으로부터 떨어져 나가기를 원하는 사람은 악마의 소유가 되기 쉬울 것이다.

하느님께서 주신 십계명의 셋째 계명까지는 하느님께 관한 것이고, 넷째 계명부터는 인간에 관한 것이다. 그런데 성경을 보면 셋째 계명까지에 관한 설명이 길게 되어 있다. 나머지 계명들은 아주 간단하게 언급되어 있다. 그만큼 하느님께 관한 것, 하느님을 사랑하는 일에 관한 것이 중요한 것이다.

예수님은 구약의 율법을 귀하게 여기셨다. 그리고 우리더러 율법의 한 획도 거부해서는 안 된다고 가르치셨다. 우리도 우리가 한 일에 대한 윤리적인 판단을 할 때, 우리의 양심을 성찰할 때, 십계명을 기준으로 따져 보는 것은 큰 도움이 될 것이다.

사람을 때려서 죽인 자는

사형을 받아야 한다(탈출 21,12).

탈출기 21장에는 폭력에 관한 법이 구체적으로 설명되고 있다.

자기 아버지나 어머니를 때린 자는 사형을 받아야 한다. 사람을 유괴한 자는 그 사람을 팔았든 데리고 있든 사형을 받아야 한다. 자기 아버지나 어머니를 욕하는 자는 사형을 받아야 한다. 주술쟁이 여자는 죽여야 한다. 짐승과 교접하는 자는 누구든지 사형을 받아야 한다. 주님 말고 다른 신들에게 제사를 지내는 자는 처형을 받아야 한다.

자기 부모를 때린 자는 사형을 받아야 한다는 것은 조금은 이해할 수 있으나 욕하는 자도 사형을 받아야 한다는 것에 대해 '너무한 것이 아닌가?' 하는 생각을 하게 된다. 그러나 아마 그 당시에는 부모에게 대한 절대복종이 요구됐던 것 같다. 왜냐하면 전통적으로 가부장적 제도하에서는 아버지의 권위가 없으면 대가족을 통솔해 나갈 수 없었기 때문에 부모가 잘났든 못났든 절대복종해야 한다고 강조했을 것이다. 만일 자기 부모를 욕하는 분위기의 가정이라면, 그 가정은 이미 무너진 가정이 된 것이다. 그러므로 사회적 안정을 위해서라도 가차 없는 처단을 했던 것 같다.

또한 주술쟁이 여자는 죽여야 한다고 했는데, 왜 남자 주술쟁이는 죽여야 한다는 말이 없을까? 특이하다. 주로 주술쟁이들은 여성들이었던가 보다. 혹은 남성위주의 문화에서 비롯됐는지도 모른다.

그런데 요즘은 우리나라의 경우, 마치 주술의 나라가 된 듯하다. 신문의 하단부는 관상, 점술, 도사 등등의 단어가 매일 빼곡히 채워진다. 박정희 대통령은 우리나라가 가난에서 허덕이는 원인 중에 하나가 많은 이들이 미신에 빠져있었고, 가난을 운명이라 여기며, 삶의 적극적인 도전 정신이 부족한 때문이라고 생각했다. 그래서 미신을 타파하고자 했고, 공적으로 미신행위를 못하게 했다. 그러나 요즘은 잠수했던 미신이 솟구쳐서 활개를 치고 있다.

짐승과 교접하는 자, 사형을 받아야 한다고 했다. 참으로 해괴한 짓이 당시에 유행했었던가 보다. 한 사회를 바로 잡기 위해서 해괴한 짓을 하는 자를 가차 없이 처단하여 그 싹을 없애고자 했던 같다.

정의 실현에 관한 법(탈출 23장 참조)이 구체적으로 제시된다.

헛소문을 퍼뜨려서는 안 되고, 거짓증인이 돼서도 안 된다. 얼마나 많은 사람들이 헛소문을 퍼뜨린 결과로 극심한 고통을 당하고 있는지 모른다. 요즘은 인터넷에 악플을 마구 뿌려서 어떤 사람은 정신적 충격을 당하다가 병원신세를 지기도 한다. 특히 정치권과 언론에서 이런 헛소문을 많이 이용하는 것 같다.

군중심리에 휩싸여 정의를 왜곡하는 증언을 해서도 안 된다. 힘없는 이라 해도 법 앞에 우대해서는 안 된다. 원수의 짐승이 헤매고 있으면 그 임자에게 데려다 줘야 한다. 너희를 미워하는 자가 나귀의 짐에 쓰러져 있을 때 그를 나귀와 함께 일으켜줘야 한다. 재판할 때 가난한 자의 권리를 왜곡해서는 안 된다. 거짓고소를 멀리하고 뇌물을 받아서는 안 된다. 뇌물은 눈을 멀게 하여 의로운 이들의 송사를 뒤엎기 때문이다.

법대로 해야지 인정에 따라서 법을 집행해서는 안 된다고 강조한다. 사람의 죄는 미워하되 사람을 미워해서는 안 된다는 것도 강조한다. 특히 뇌물을 주고받으면서 정당한 법 집행이 혼란해지면 안 된다고 강조한다.

이러한 원칙들은 오늘날도 해당되는 것이다. 특히 뇌물을 주고, 받음으로써 여러 잘못된 판결이 이루어진다는 것이 많은 이들의 생각이다. 그래서 "무전유죄 유전무죄"라는 말도 생겨나지 않았나 생각된다. 돈이 없는 것도 서러운데 불이익을 당하기도 하다니! 어이없고 서러운 일이다.

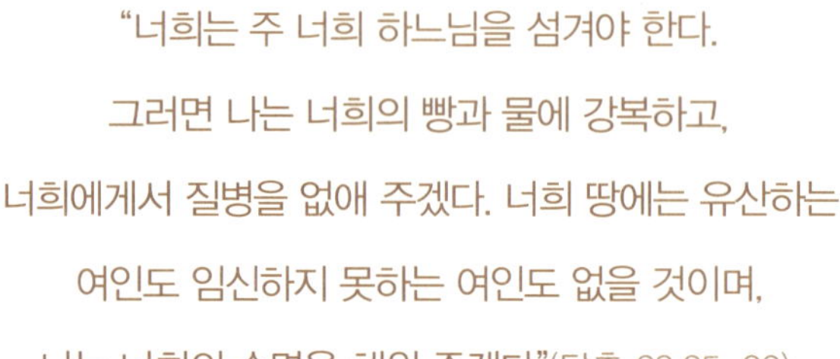

하느님만 충실히 섬긴다면, 좋은 빵을 마음껏 먹도록 강복하고 시원한 물을 마음껏 마시도록 강복하고, 병도 없애 주겠다고 약속하셨다. 이 약속은 사라진 약속인가? 아니다. 성경은 언제나 오늘의 이야기이기 때문에, 오늘도 우리가 하느님을 충실히 섬긴다면 그렇게 해 주실 것이다. 믿음만 있다면 산도 옮길 수 있다고 예수님도 말씀하셨다.

문제는 믿음이다. 오직 주님께 모든 것을 다 바치는 믿음, 의심치 않는 믿음, 그런 믿음이 우리에게 필요하다.

어디가 아플 때, 나는 무엇부터 생각하는가? 무슨 약을 먹으면 될까? 라고 생각하지 않는가? 먼저 주님께 조용히 말씀드리는 것이 우선이다. "어떻게 하면 좋을까요?" 하고 여쭈어보는 것도 좋을 것이다. "주님, 낫게 해 주세요"라고 말씀드리든지 혹은 "주님, 제가 주님께 충실치 못했습니다. 자비를 베푸소서" 라고 기도하면 주님께서는 응답하실 것이다. 무슨 이유인지 말씀해 주실 수도 있다. 주님의 말씀을 들을 귀를 가지고 있어야 한다. 내 영혼에게 말씀하시는 그 소리, 내 마음 깊은 곳에서 말씀하시는 그 소리를 들으려면 내가 그만한 경지를 이루어야 할 것이다.

"너희의 병이 낫고자 하면 너희는 주 너희 하느님을 섬겨야 한다."

양다리 걸치면서, 즉 이 세상을 섬기거나 우상을 섬기면서, 더 나아가 자기 자신을 최우선으로 생각하고, 나머지 정성을 하느님께 드리면서도 병은 낫게 해 달라고 떼를 써서야 도리가 아닐 것이다. 낫기를 기대하지도 말아야 할 것이다.

아론이 그 금을 그들 손에서 받아 거푸집에 부어
수송아지 상을 만들자, 사람들이 외쳤다.
"이스라엘아, 이분이 너를 이집트 땅에서
데리고 올라오신 너의 신이시다"(탈출 32.4).

탈출기 32장은 금송아지 사건이 자세히 소개된다. 모세가 십계 판을 받은 것은 시나이 산에서 40일을 지내던 중 일어난 사건이었다.

그런데 기다리던 백성들은 모세가 오래도록 내려오지 않자, 아론에게 와서 신을 만들어 달라고 외쳤다. 그러자 아론이 금을 가져오라고 했다, 사람들은 금귀고리를 가져왔다. 그것들을 거푸집에 집어넣어 금송아지를 만들었다. 금으로 된 수송아지를 보자, 사람들이 "이스라엘아, 이분이 너를 이집트 땅에서 데리고 올라오신 너의 신이시다" 하고 외쳤다. 하느님께서 이를 아시고 모세에게 "어서 가거라. 내 백성이 금송아지를 섬기고 있다. 정말 목이 뻣뻣한 백성이다. 내가 그들을 쳐서 삼켜버리겠다"고 말씀하시자 모세가 손이 닳토록 빌었다. "당신께서 아브라함과 이사악에게 하늘의 별처럼 후손을 많게 해 주겠다고 하셨는데, 이를 기억해 주시고 용서하여 주십시오." 이렇게 모세가 빌자 하느님께서 당신 백성에게 내리시려던 재앙을 거두셨다.

모세는 십계판을 들고 시나이 산에서 내려와, 수송아지 상 앞에서 춤추는 사람들을 보면서 화가 치밀어 올랐다. 그래서 십계 판을 그들에게 내던져 깨버리고, 수송아지를 불에 태워 그 가루를 빻아 이스라엘 백성이 마시게 했다. 그리고 레위인들에게 시켜 그들을 처단하였으니 삼천 명가량이나 죽었다.

기다림, 인내, 끈기, 변치 않음, 이런 내용들을 생각해보지 않을 수 없다. 이스라엘 백성은 모세가 십계 판을 받기 위해 시나이 산에 가 있는 동안 어찌할 바를 몰라 했다. 초심을 잊어버렸다. 하느님께서 다 알아서 해 주신다는 믿음을 상실해 버렸다. 그리고 혼란스러운 마음으로 어디엔가 의지할 곳을 찾았다. 눈에 보이는 무엇을 요구하였다. 그리고 수송아지를 만들어 열광하였다.

하느님을 믿고 세례를 받아 그 자녀가 됐을 때, 든든하고 행복하고 평화스럽지만 세월이 지나면서 보이지 않는 하느님께 대한 의탁보다는, 보이는 무엇을 원하는 위험이 우리에게도 도사리고 있다.

하느님께 한 번 드린 마음을 변치 않도록 해야 한다. 그들이 하느님 대신 금송아지에 기대를 걸었다는 것처럼 오늘날도 많은 이들이 하느님을 믿고 의지하다가 세월이 지나면서 황금을 더 숭상하게 되는 경우가 있다. 그래서 어떤 이들은 물질이 신의 영역을 침입하고 있다고 말한다. 어떤 이들은 사탄이 물질을 통해서 인간을 유혹하고 있다고 말하기도 한다.

지도자였던 아론도 군중심리에 합세했다. 대중심리에 영합하는 것은 좋아 보인다. 민중을 위해서라면 이 몸도 바치리! 그러나 진리의 길은 혼자라도 굳건히 가야한다. 다른 나라도 마찬가지이겠지만, 우리 사회는 진리의 길보다는 인기주의, 군중주의에 따라서 움직이는 정치인들이 많이 있는 것 같다.

돌팔매를 맞더라도 옳은 길을 꾸준히 갈 때 그는 성공하는 인생길을 가는 것이다. 사람들은 인기주의에 영합한 사람을 끝내는 버리고, 진리의 길을 가는 사람을 따르게 되어 있다.

그래서 결국 진리는 승리하는 것이다.

모세는 주님과 함께 말씀을 나누어 자기 얼굴의 살갗이
빛나게 되었으나, 그것을 알지 못하였다(탈출 34,29).

모세는 하느님을 보고 싶었다. 그러나 하느님께서는 보이지 않는 모습으로 함께하시겠다고 약속하셨다. 왜냐하면 하느님을 보는 사람은 아무도 살 수 없기 때문이었다(탈출 33,20 참조).

하느님께서는 당신께서 함께하시는 대신, 다른 신을 섬겨서는 안 된다고 강조하셨다.

다른 신의 신상을 만들어도 안 되고, 무교절을 지내면서 모든 생명의 첫 새끼는 나의 것이니 나에게 바쳐야 하고 안식일은 쉬어야 한다고 하셨다. 또한 새끼 염소를 그 젖과 함께 삶아서는 안 된다고 강조하셨다.

이렇게 모세가 시나이 산에서 40일을 먹지도 마시지도 않으면서 살다가 십계 판을 받아 가지고 백성에게 내려왔다. 그런데 사람들이 보니 그 모습이 너무나 빛이 나서 모세는 너울로 얼굴을 가리고 다녔다.

구약시대에는 하느님을 볼 수 없었다. 그도 그럴 것이 하느님은 물질이 아니라 신이시기 때문이다. 그러나 신약에는 하느님을 볼 수 있게 되었다. 곧 하느님께서 이 세상에 인간으로 오셨기 때문이다. 하느님은 인간으로서 오셔서 우리와 같은 슬픔과 고통을 함께하셨으며, 기쁨을 함께 나누셨다. 그리고 이제는 부활 승천하심으로써 우리 눈으로 그분을 직접 뵐 수는 없게 되었다. 종말의 날에 그분은 다시 심판자로 오실 것이다. 우리는 두 눈으로 그분을 뵐 수 있을 것이다. 얼마나 흥미진진한가! 하느님을 눈으로 보게 되다니 말이다. 그래서 천국에서의 첫 번째 행복은 지복직관이라고 한다.

하느님께서는 스스로 당신을 질투하는 신으로 표현하셨다(탈출 34,14 참조). 그분께서는 인간들이 다른 신을 섬기는 것을 싫어하신다. 우리는 과연 하느님 말고 다른 신을 섬기고 있지는 않는가? 요즘은 '물신'을 섬기는 사람들이 많다고 한다. 사탄, 혹은 마귀, 혹은 악령은 구약성경에서는 인간이 제일 좋아하는 뱀에게 들어가서 인간을 유혹했다고 전한다. 그러나 요즘은 악령이 무엇에게 들어가서 현혹할까? 많은 사람들은 황금 즉 물질에 들어가서 유혹한다고들 말한다. 나는 물질을 점령하고 사는가? 아니면 점령당하고 사는가?

모세는 40일간 먹지도 않고 마시지도 않으면서 시나이 산에서 있었다. 완전히 하느님의 보호 아래, 하느님과의 통교 아래 있었기에 가능했다. 그러므로 그의 살결이 보통의 사람들과 완전히 달랐다. 빛났다. 너무 빛이 나서 너울을 가리어야 했다. 요즘도 주님과 하나 되는 사람은 그렇게 빛이 나야 하지 않겠는가? 더욱이 영성체로 주님과 하나가 되는 사람의 모습이 추한 모습이라면, 하나도 변한 것이 없다면 안 되지 않겠는가! 물론 나의 영혼이 빛나면 나의 육신도 아름답게 보일 것이다. 열심히 사는 사람들의 얼굴에서는 무언가 설명할 수 없는 아름다움을 느낄 때가 있다.

나의 모습 안에 하느님의 빛이 빛나고 있는 것인가! 조용히 묵상해 봐야 할 것이다.

낮에는 주님의 구름이 성막 위에 있고, 밤에는
불이 그 구름 가운데에 자리를 잡았다(탈출 40,38).

이스라엘 백성이 가나안 복지를 향해 나아가는 여정 중에 성막을 만들었다. 그 성막은 하느님께서 머무시는 장소였다. 거기에 십계 판을 모셔놓았다. 모세는 그 안으로 들어가서 제사를 드렸다. 그곳은 하느님을 만나는 장소였다.

하느님께서 장막에 머무시는 동안에는 구름이 성막을 덮고 주님의 영광이 성막에 가득 찼다. 그때는 모세도 천막으로 들어갈 수 없었다. 구름이 천막에 머무는 동안에는 이스라엘 백성이 길을 떠나지 않았다. 구름이 천막을 떠나면 길을 떠났다. 낮에는 주님의 구름이 성막 위에 있고, 밤에는 불이 그 구름 가운데에 자리를 잡았다.

이스라엘 백성이 광야에서 가나안 복지를 향해 걸을 때, 많은 고통이 있었을 것이다. 마른 땅에서 먼지는 얼마나 났을까? 백만이 넘는 사람들이 걸었을 터인데, 뒤에서 걷는 사람들은 황사 같은 먼지를 마시며 걸었을 것이다. 아무리 물이 있다 해도 마음 놓고 물을 쓸 수는 없었을 것이다. 그리고 매일 만나를 먹어야 하는 것도 어려움이었을 것이다. 매일 같은 음식을 먹는다는 것이 쉬운 일이 아닐 것이다. 요즘 우리들에게 매일 세끼, 자장면만 준다면 맛있다고 먹겠는가? 아무리 불 갈비가 맛있다 한들 매일 먹을 수는 없는 일이다.

그러나 여러 가지 어려움을 이겨낼 수 있었던 요인은, 바로 하느님의 현존체험이었다. 눈으로 하느님의 임재를 보면서 힘을 낼 수 있었다. 곧 낮에는 구름이 주님을 위해 마련된 천막 위에 있고, 밤에는 불이 그 구름 가운데 있었다. 다른 곳에는 구름 한 점 없는데 천막에만 가득했다면, 얼마나 신기한 일인가! 더욱이 어두운 밤, 천막을 중심으로 불기둥이 뻗쳐 있었다면 하느님을 어찌 믿지 않을 수 있겠는가!

이런 이야기를 들으면서, 주님께서 그런 확실한 증거를 우리에게도 지금 보여주시면 얼마나 좋을까? 하고 생각하는 사람들이 있을 것이다. 성당 제대에 빨간 불기둥이 서려있다든지 하얀 구름 기둥이 가로질러 있다면 어떨까? 하고 생각할 수도 있을 것이다.

그러나 곰곰이 생각해보면, 눈에 보이는 기적, 곧 하느님 임재하심의 기적은 우리 가운데 얼마든지 있다. 아침이면 해가 뜨고, 저녁에는 아름다운 노을을 남기고 서쪽으로 해가 지는데 이 어찌 하느님의 기적이 아니겠는가! 사계절이 어김없이 찾아오는 것도 깨달은 눈으로 바라보면, 하느님이 계신다는 증거가 아닌가!

세상을 바라보는 발상의 전환이 있어야 한다. 그래야 모든 사물, 사건의 속을 깊이 바라볼 수 있을 것이며, 결국 하느님의 임재하심을 깨닫게 될 것이다.

3장
레위기에서

레위기는 말 그대로 레위들이 하는 일을 중심으로 엮어진다. 레위지파는 백성 가운데서 사제의 기능을 하기 위해서 뽑힌 지파다. 곧 레위들은 제사를 드리는 임무를 맡았는데 제사를 지내기 위해서는 사제들이 몸과 마음이 깨끗해져야 한다. "야훼께서 거룩하신 것처럼 거룩한 사람이 되어라"(레위 19,2 참조) 모든 이가 거룩해야 하나 특히 사제들은 그러하다.

제사 과정의 일들이 소상히 소개되고, 제사의 여러 가지 법규들이 열거된다. 오늘도 사제들은 축성된다. 제사를 지내기 위해서 예나 지금이나 똑같이 성스러운 생활이 계속돼야 한다는 의미에서 사제들에게 도움이 될 것이다. 더 나아가 신약의 모든 세례 받은 백성들은 그리스도와 함께 그리스도를 하느님께 봉헌하는 사제직에 참여하기에 모든 신자들도 레위기를 잘 읽고 묵상해야 한다.

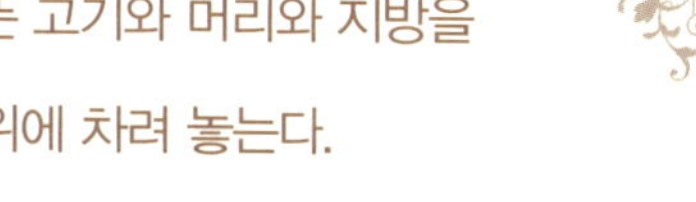

구약의 사제들은 백정의 임무수행(레위 1장 참조)을 하였다고나 할까?

어떤 이가 번제물을 바치고자 할 때, "그가 주님 앞에서 그 소를 잡으면, 아론의 사제들은 그 피를 가져다가, 만남의 천막 어귀에 있는 제단을 돌며 거기에 그 피를 뿌린다"(레위1.5).

"사제는 그 날짐승을 제단으로 가져다가, 머리를 떼고 제단 위에서 연기로 바치고, 피는 제단 벽에 대고 짜낸다"(레위1.15).

구약의 사제의 임무는, 제물로 소를 잡으면 그 피를 받아 뿌리는 역할, 각을 뜨면 그 고기를 가져다가 태우는 역할, 더 나아가 날짐승은 직접 잡아서 머리를 떼어 제단에서 바치고 피를 뿌리는 역할이었다. 그러니까 말하자면 백정의 역할을 하였던 것이다.

백정이라 하면 조선 시대에 얼마나 천민이었는가! 오늘날 인도의 불가촉천민(카스트 계급제도에조차 들지 못한 하층민)처럼, 마치 짐승처럼 취급되던 존재가 아닌가? 사제가 그런 직분을 맡았다는 데에 놀랍다.

오늘날의 사제는 고상하고, 높은 직분을 맡은 것으로만 생각하기

쉽다. 나 자신도 그런 생각에 빠져있다고 봐야 한다. 그러나 구약의 사제란 본시 백정의 역할을 하는 것이다. 짐승을 잡을 때, 튀는 피의 냄새는 얼마나 지독하였을까? 피비린내라고 하지 않던가! 그 피비린 내를 맡으면서, 피를 뿌리는 일이 사제가 맡은 일이었다. 어디 그뿐 인가? "황소의 가죽과 모든 살, 머리와 다리, 내장과 똥, 곧 그 황소 의 나머지는 모두 진영 밖 깨끗한 곳에 있는, 재를 쌓아 두는 정결한 곳으로 내다가 장작불 위에 올려놓고 태운다"(레위 4,11-12).

오늘날도 이 세상 사람들이 싫어하는 일을 하는 것이 사제의 일이 다. 아무도 들어가기 싫어하는 환자의 방이 있다면 사제는 들어가야 한다. 과연 나는 그러한가? 사제란 하느님 앞에 아주 낮은 존재로서 하느님을 위해서, 사람들을 위해서 살라고 뽑힌 존재이다.

신자들도 넓은 의미에서 세례로 사제직에 참여하기 때문에 세상 사람들이 싫어하는 봉사를 계속해야 할 것이다. 이 시대에는 신자 모 두가 구약의 사제들이 맡았던 봉사의 역할을 얼마나 잘하느냐가 선 교의 관건이 될 것이다.

새의 것이든 짐승의 것이든 어떤 피도
먹어서는 안 된다(레위 7,26).
레위 17,22-27에도
"피는 먹지 못한다"라고 강조한다.

피는 곧 생명을 의미하기 때문에 먹지 말라 하셨다. 그러나 한국에

서는 사슴 피를 먹는 사람도 있고, 자라 피를 먹는 사람도 있다. 요즘은 또 혈압에 오리 피가 좋다 하여 먹는 사람도 있는 것 같다. 더구나 순대를 먹지 않는 한국인은 많지 않을 것이다. 그리고 보면 우리는 대부분이 구약의 정신과는 멀리 사는 것이다. 그러나 우린 예수님을 뒤를 따르는 사람들인데 그분은 모든 음식이 나쁘지 않다고 말씀하셨다.

아주 오래 전에 대만에 간 적이 있다. 친구 신부와 함께 뱀 거리 구경을 나갔다. 집집마다 많은 뱀을 팔고 있었다. 살아있는 뱀들, 특히 고개를 번쩍 든 코부라도 많이 있었다. 어떤 집에서는 큰 구렁이를 토막 내 큰 솥에 삶고 있었다. 어떤 대만인들은 그런 집에 들어가서 뱀 피를 술에 타서 마시고 갔다. 어떤 가족은 여럿이 와서 구렁이 탕을 한 그릇씩 먹고 갔다. 같이 간 신부가 내게 "우리도 한번 먹어볼까?" 하고 나를 유혹하였다. 그러나 나는 비위가 상해서 도저히 먹지 못할 것 같아 고개를 설레설레 저었다. 그 친구는 못내 아쉬워하였다.

이 세상에는 희한한 음식을 먹는 사람들이 있다. 개고기를 먹는 우리나라 사람부터, 원숭이 골을 먹는다는 중국사람, 달팽이를 먹는 프랑스 사람, 어디 그뿐이겠는가?

유다인들은 먹어야 하는 음식과 먹지 말아야 하는 음식을 구별하였고 그대로 실행하였다.

우리가 이 시대에 태어난 것은, 구약의 피를 먹지 말라는 굴레에서 해방되었기에 행운이다. 예수님은 사람의 입으로 들어가는 것이 문제가 아니라, 입에서 나오는 것이 문제라고 말씀하셨다. 마음에 있는 것이 입을 통해 나오는 것이기 때문이다. 사기, 방탕, 탐욕 등이 인간을 더럽히는 것이지 음식이 사람을 더럽히는 것이 아니기 때문이다. (마르 7,18-19 참조)

그렇다고 해서 피를 먹는 것을 자랑으로 여길 수는 없을 것이다. 세계의 대부분의 사람들이 먹지 않는다는 것은 그 자체가 그리 좋은 것이 아닐 것이기 때문이다. 세계화되어 가는 오늘, 우리도 먹는 것을 세계화시킬 필요는 있을 것이다.

어쩌다 식당에 가서 추어탕을 먹거나 메기탕을 먹을 때, 혹은 복탕이나 아구탕을 먹을 때 이 말씀이 생각난다. 어쩌다 장어구이를 먹을라 치면 왜 구약성경에서 이렇게 고소한 것을 먹지 못하게 하였을까? 하고 반문하게 된다. 구약에 살았다면 먹지 못했을 것을……

신약시대에 태어난 것만도 행운이 아닐 수 없다. 그런데 요즘 성경 공부를 많이 하면서 신자들 중에는 앞에 열거한 음식을 먹어야 하는가, 아니면 먹지 말아야 하는가, 혼돈스러워하고 있는가 보다.

구약성경에는 물고기뿐 아니라 여러 동물에 대하여 먹을 수 있는 동물인지 아닌지를 소상하게 밝히고 있다. 그 이유는 이방인들이 그런 음식을 먹고 있으니 이스라엘 민족은 그들과 구별된 음식을 먹어야 한다는 의미가 있었을 것이다.

이 시대에, 새로운 이스라엘 백성으로 뽑힌 우리는 이방인들과 무엇으로 구분을 해야 할까? 복음을 믿었으니, 거룩한 삶으로 구분돼야 한다는 것을 알아야 할 것이다. 이방인들과 똑같은 생활을 하면서 어찌 뽑힌 자, 믿는 자라고 할 수 있겠는가!

사도행전 10장 9-16절에는 베드로가 환시를 보는데, 하느님께서 깨끗하게 만드신 것을 속되다고 하지 말고 먹으라는 말씀을 내리신다. 앞서도 언급한 것처럼 인간의 입으로 들어가는 것이 인간을 더럽히는 것이 아니라 인간의 마음에서 나오는 것들이 인간을 더럽힌다는 것을 알아야 할 것이다.

> 나, 주 너희 하느님이 거룩하니 너희도
> 거룩한 사람이 되어야 한다(레위 19,2).

이미 레위기 11장 45절에도 같은 말씀을 하느님께서 주셨다. 우린 거룩한 사람이 되도록 초대받았다. 거룩한 사람이 되려면 어떻게 해야 하나?

레위기 19장은 구체적으로 소개한다.

"부모에게 효도할 것, 안식일을 잘 지킬 것, 우상을 섬기지 말 것, 땅의 소출을 거둘 때 가난한 자를 위해 이삭을 다 거두지 말 것, 도둑질이나 남을 속이는 짓을 하지 말 것이며, 남을 억누르거나 남의 것을 빼앗아서는 안 된다. 귀먹은 사람에게 악담해서는 안 된다. 눈 먼이 앞에 장애물을 놓아두어서는 안 된다. 재판은 공정해야지, 가난하다고 봐주고 세력 있다고 우대해서는 안 된다. 남을 중상하고 돌아다녀서는 안 된다. 네 형제를 마음으로 미워해도 안 되고 앙갚음을 하거나 앙심을 품어서는 안 된다. 점을 치거나 요술을 부려서도 안 된다. 문신을 해서도 안 되고 딸을 창녀로 팔아서는 안 된다. 영매들과 점쟁이들에게 가서는 안 되고, 노인을 존경해야 한다."

이러한 구체적 방안은 구약에만 통용되는 것이 아니다. 오늘날에도 이렇게만 산다면 거룩한 사람, 훌륭한 사람이 될 것이다. 산 성인이라는 말이 있다. 바로 산 성인이라는 말을 들을 수 있을 것이다.

물론 신약에 와서는 거룩하게 된다는 것이 인간의 노력보다는 더 근본적으로 예수그리스도의 구속공로로 이루어졌음을 우선적으로 생각해야 한다.

누구든지 자기 아버지나 어머니를 욕하면,
그는 사형을 받아야 한다(레위 20,9).

부모에게 효도해야 한다는 명령은 이해할 수 있다. 혹은 아버지나 어머니를 살해하는 사람, 아니면 학대하는 사람은 사형을 받아야 한다는 말은 이해할 수 있다. 그러나 아버지나 어머니를 욕하는 사람은 사형을 받아야 한다니!

당시 이스라엘에서는 부모는 하느님의 권위를 대신하는 존재였다. 그러니까 부모에게 욕을 하는 자 곧 부모를 경멸하는 자는 하느님을 경멸하는 자라는 것이다. 그런 자는 죽어 마땅하다는 것이다.

우리의 현실은 어떠한가? 부모에게 불효하는 사람들이 많이 있다. 돈 때문에 부모와 재판을 하는 사람도 있고, 부모를 모시고 싶지 않아서, 양로원 앞에 버리고 가버리는 무정한 자식들도 있다. 못 배운 사람들이 아니라 아주 많이 배운 사람들이 주로 그 짓을 한다고 들었다.

부모를 사랑해야 복을 받는다는 것을 깨달을 때, 이 사회는 더 복된 사회가 될 것이다. 복을 많이 받고자 하면, 장수하고자 하면 답은 간단하다. 효도하면 된다. 요즘 얼마나 많은 사람들이 장수하고 건강하게 살기 위해서 피나는 노력을 하는가? 아마도 건강식품이나 건강 스포츠 산업을 경제적으로 따진다면 천문학적일 것이다. 그러나 그렇게 많은 시간과 돈을 투자하고도 실제로 장수하는 경우는 많지 않아 보인다. 부모에게 효도하는 사람이 장수한다는 진리를 알고 실천하면 된다. 자세히 주변을 살펴보자. 복 받고 장수하는 사람들이 어떤 사람들인지! 대부분은 효도하는 사람 혹은 과거에 효도한 사람들일 것이다.

> **골절은 골절로, 눈은 눈으로, 이는 이로 갚는다.**
>
> (레위24.20)

구약의 사상은 받는 대로 갚는 것이었다.

상대방이 내 얼굴을 쳐서, 우두둑! 소리와 함께 입에서 피가 나고 이빨 두 개가 나갔으면, 나도 당연히 그의 이빨 두 개를 분질러 버릴 권리가 있다고 생각했다. 어떤 사람이 나에게 주먹질을 해, 내 눈에 시퍼런 멍이 들었으면, 나도 똑같이 그의 눈두덩을 내질러 시퍼렇게 피멍을 낼 권리가 있었다.

구약의 이러한 동태복수법은 나쁜 것처럼 생각되기도 하지만, 이는 사회를 안정시키기 위한 사랑의 정신이 깃든 법이기도 했다. 만일 되로 받은 것을 말로 주기 시작하면 사회는 걷잡을 수 없게 된다. 상대방이 내 이빨을 하나 분질러 놨을 때, 내가 그의 아래윗니 전부를 분질러 버린다면, 보복이 더 큰 보복을 낳고, 폭력의 악순환이 이어질 것이다. 그런 의미에서 동태복수법 역시 사랑의 법이다.

예수님은 원수를 사랑하라 명하셨다. 그리고 몸소 실천하셨다. 십자가에 못 박혀 돌아가시면서, 자신을 못 박은 사람들을 용서하셨다. 예수님의 말씀을 실천하기란 쉽지 않다. 우리는 오히려 동태복수를 하기 원한다. 아니 한 발 더 나가기를 원한다. 어떤 사람이 내 눈을 찔러 한 눈이 멀게 됐다면, 그의 눈을 찔러 똑같이 갚아주는 것이 아니라 두 눈을 찔러 멀게 하기를 바란다.

되로 왔으면 말로 갚기를 바란다. 동태복수법보다 한 수 위인 원수를 사랑하는 법이야말로 이상적인 법이다. 그러나 이를 실천에 옮긴다는 것이 쉽지는 않아 보인다. 신앙으로 무장되고, 심신이 잘 수련돼야 가능할 것이다.

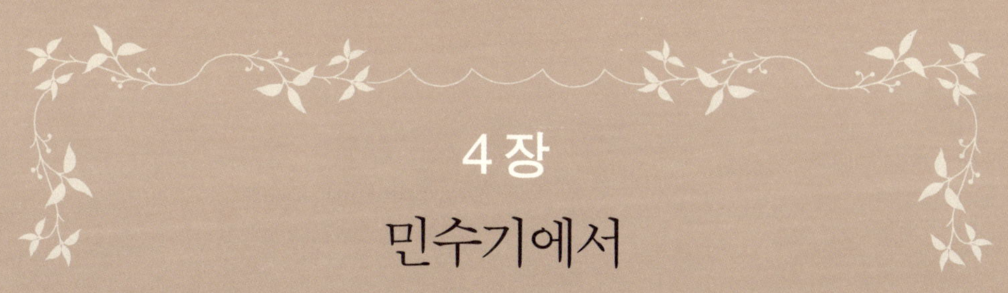

4장
민수기에서

사람의 수를 센다는 의미에서 민수기이다. 약속의 땅을 향하여 가기에 앞서 도대체 몇 명이나 백성의 수가 되는지를 알기 위해서 인구조사를 했으며, 그 후 40여 년이 지난 뒤 약속의 땅이 가까워 오자 다시 인구를 조사했다.

이스라엘 백성이 12지파로 나뉘어서 각기 자기 지파에 속한 공동체의 일원으로서 행동하는데, 그 중심에는 하느님께서 함께 임재하시는 표시인 계약의 궤가 있다. 계약의 궤가 움직이면 이스라엘 백성도 움직인다. 곧 하느님께서 움직이시면 백성도 함께 움직인다는 뜻이다. 또한 민수기는 이스라엘 백성이 40년간 광야에서 어떻게 살아갔는지를 소상히 밝힌다.

병적조사가 끝난 뒤 각 가문은 깃발을 마련하여 질서 있게 행진하였다. 그리고 쉴 때는 그 깃발 아래 모여 쉬고 야영을 하였다. 수십만 아니 장정만 60만이라 했으니 훨씬 더 많은 백성이 움직였다. 백만이 넘는 백성이 움직였음을 상상해본다면 그 길이가 얼마나 됐을지 짐작할 수 있다.

레위지파는 특별한 임무를 부여받았다. 성막을 보살피면서 백성들이 움직일 때는 성막을 거두어 움직였으며 백성들이 머무를 때에는 함께 머물면서 성막을 마련하였다. 성막은 하느님의 임재 장소였다. 그곳에서 일한다는 것은 특별한 사명이었다.

오늘날도 사제들은 특별한 사명으로 성체 안에 계신 주님을 보호해 드리고, 주님을 위하여 봉사한다. 아무나 성사를 거행할 수 있는 것이 아니다. 아무나 성체를 만지고 모셔가는 것이 아니다. 그런데 요즘 사제들의 수가 부족하다 보니 평신도들이 영성체를 해 주도록 특별한 권한을 주고 있다. 그런데 이는 사제들의 임무를 한시적으로 부여받은 특별한 것이다. 그러므로 평신도들은 함부로 성체를 다루거나 해서는 안 되며, 몸과 마음을 특별히 관리하면서 조금도 소홀함이 없도록 해야 할 것이다.

너무나 야박한 처사다. 그러나 많은 사람들이 움직이는데 그들을 격리하지 않으면 많은 사람에게 전염되고 말 것이다. 대를 위해서 소가 희생해야 한다는 것이다. 아무리 그렇더라도 사랑하는 가족을 떠나야 하는 그 슬픔은 어떠했을까? 통곡하며 떠나는 남편, 혹은 아내를 바라보는 그 마음은 어떠했을까? 가슴이 미어졌을 것이다.

신약에 와서 예수님은 한센병환자를 따듯하게 대하신다. 그들에게 손을 대시며 낫게 하신다(마르 1,40-45 참조). 사랑의 주님이시다. 주님의 사랑에 감명을 받아 오늘날도 한센병환자들을 따듯하게 어루만지며 감싸주고 돌봐주는 사랑의 천사들이 있다. 칭찬받아 마땅한 사람들이다.

이 시대의 새로운 이스라엘 백성은 곧 세례 받은 신자들이다.

아론과 아론의 후손들이 당시의 사제였다면 오늘의 신부들은 이 시대의 사제 곧 아론의 후예들이라고 말할 수 있을 것이다. 오늘의 사제들도 백성을 위해서 복을 빌어주면 주님께서는 복을 내리실 것이다.

때때로 사람들이 축복해 달라며 사제에게 머리를 내밀 때가 있다. 특히 필리핀 사람들은 사제를 만나면 자신의 머리에 손을 얹어주기를 바란다. 사제가 축복을 주는 사람으로 인식이 되어 있기 때문일 것이다.

어떤 사제는 신자들이 기도해 달라고 머리를 내밀면 당황하면서,

마지못해 십자를 표해 주기도 한다. 사제의 당황하거나 자신 없는 행동을 신자들은 좋아하지 않는다.

어떤 사제의 아버지에게 들은 이야기다. "가족들이 다 모여서 감사하는 축일을 지내는 날이었습니다. 아들 신부에게 기도를 부탁했는데 너무 간단한 기도 한마디를 하고 끝냈습니다. 너무도 아쉬웠습니다." 아마도 그 아버지는 특별한 가족 모임이니까 아들 신부가 감사와 찬양의 기도를 정성스럽게 좀 오래 하고 가정의 축복과 형제들의 건강을 위해서도 기도해 주기를 바랐을 것이다.

그 아버지가 내게 그런 이야기를 한 이유는 신학교에서 신부 되기 전에 그런 공부, 즉 기도 공부를 하고 나오게 해 달라는 은근한 부탁이었다. 신자들은 좀 더 확신이 있는 기도를 듣고 싶고, 위로를 받고 싶어 한다. 그럴 때, 모세에게 말씀하신 위의 기도로 축복을 빌어주는 것이 좋을 것이다.

"주님께서 그대에게 복을 내리시고
그대를 지켜 주시리라.
주님께서 그대에게 당신 얼굴을 들어 보이시고
그대에게 평화를 베푸시리라."
이런 기도를 듣는 사람들은 주님의 사람이 내게 해 준 기도가 꼭 이루어지리라고 확신하며 돌아갈 것이다.

구름이 머무는 것을 보면서 이스라엘 백성은 하느님의 현존을 느꼈을 것이다. 하느님께서 함께하심을 체험한 그들은 하느님과 가까워졌을 것이다.

오늘의 우리는 어떠한가? 때로는 구름이 우리 집을 감싸주시면 나도 잘 믿을 수 있을 텐데! 라고 말할 사람도 있을 것이다. 그러나 결국 이 세상에서 일어나는 것들은 모두가 하느님께서 하시는 일이지 않은가! 비가 오고 바람이 불 때, 봄이 오고 꽃이 필 때, 그 모든 것을 하시는 분은 하느님이시다.

우리가 있는 자리, 거기에서 누구든 하느님을 발견할 수 있다. 마음의 눈만 뜨고 있으면 말이다. 오늘도 해는 동편에서 떠오른다. 기적이다. 인간이 할 수 없는 기적이 매일 계속되는 것이다. 어디서 하느님을 찾을 것인가? 바람 부는 언덕에서, 해 저무는 저 서쪽 하늘의 아름다운 노을에서 하느님을 만나야 하지 않겠는가! 여기서, 지금 찾아야 하지 않겠는가!

하느님께서는 "은 나팔을 두 개 만들라" 하시고 집회를 소집할 때, 적과 싸우러 나갈 때, 잔치 날과 축일과 매달 초하룻날에 제사를 올리면서 나팔을 불라 하셨다.

요즘도 소방차가 경적을 울리거나, 경찰차가 사이렌을 울리면 무슨 일인가 하여 정신을 쓰게 한다.

우리가 전례를 할 때에도 이런 점을 감안하여 나팔을 분다면 도움이 되지 않을까 생각한다. 사제들이 나팔을 하나씩 들고 입당을 하면서 멋지게 분다면 우리의 전례는 어떠할까? 성체거동을 할 때에도 사제들이 나팔을 불면서 걷는다면 어떠할까?

우리는 사제로서 너무 고상한 직무만 생각하고 있는 것은 아닌지 생각해 볼 일이다. 물론 이 시대의 사제는 그리스도의 대리인으로서 성사를 거행하기 때문에 구약의 사제와 다른 것은 분명하다. 어쨌든 백성들을 위해서라면 나팔이든 피리든 불지 못할 것이 어디 있겠는가!

이스라엘 백성은 만나만 먹는데 지쳤다며 고기를 달라고 불평하였다. 모세는 하느님께 백성들이 저렇게 고기를 달라고 보채는데 어떻

게 자신이 고기를 줄 수 있느냐며 차라리 죽여 달라고 애걸하였다.(민수 11,13-15 참조)

하느님께서는 고기를 주겠다고 약속하셨다. 그것도 한 번만이 아니라 콧구멍에서 고기가 나와 구역질이 날 때까지 주겠다고 약속하셨다. 하느님의 약속은 이루어졌다. 메추라기를 몰아다가 떨어트려 그들이 먹게 하였으나 그들이 고기를 다 씹기도 전에 주님께서 그들을 치셨다. 그들이 불평불만만 하였기 때문이었다.

인간 생활에 있어서 육식은 꼭 필요한 것이 아니다. 그런데 마치 그것을 없어서는 안 되는 것처럼 절대시한 데에 문제가 있었다. 오히려 요즘에는 육식이 건강에 좋지 않다고 하여 채식을 하는 사람들이 많이 늘어나고 있는 형편이다.

이스라엘 백성이 광야에서 먹은 만나는, 특별히 하느님께서 마련하신 음식이다. 그것에 대한 가치를 부정하고 마치 쓰레기를 먹는 것처럼 생각한 것은, 그것을 마련하신 하느님께 큰 실례이다.

우리는 어떠한가? 때때로 하느님께서 주시는 음식을 불평하지는 않는가? 어떤 나라에서는 지금도 사람들이 굶어죽어 간다. 그런가 하면 우리나라처럼 살을 빼기 위해서 많은 노력을 기울이는 나라들이 많이 있다. 음식을 먹으면서 감사해야 하지 않겠는가?

한 소년이 달려와서, "엘닷과 메닷이 진영에서 예언하고 있습니다." 하고 모세에게 알렸다(민수 11,27).

모세는 하느님께, 자신이 온 백성을 혼자서 안고 갈 수 없다고, 너무나 무겁다고 말씀 드렸다. 이에 하느님께서는 원로 70명을 모아 성막으로 데리고 오면, 내가 너에게 머물러 있던 영을 조금씩 떼어서 그들에게 나누어 주겠다고 약속하셨다. 모세가 70명을 모아 성막 주위에 세우자 하느님께서 그들에게 영을 내려주셨다. 그런데 마침 엘닷과 메닷은 성막에 가지 못했다. 자기 진영에 남아 있었는데도 하느님의 영이 그들에게 내렸다. 그래서 한 소년이 달려와서 아뢴 것이다. 이에 대하여 여호수아는 모세에게, 막으셔야 한다고 말했다. 그러나 모세는 "무슨 말이냐? 그대가 그들을 시기하여 그렇게 말하느냐?" 말씀하시면서 모든 사람들이 모두 영을 받아 예언자가 됐으면 좋겠다고 말씀하였다.

공동번역서에는 그들이 야훼의 영을 받고 '입신'하였다고 표현하였다. 아름다운 표현이라고 생각한다. 우리가 세례를 받거나 견진성사를 받을 때 성령을 받는다. 우리는 입신하는 것이다. 성령은 곧 성신이시기 때문이다.

여호수아는 속 좁은 마음을 가지고 있었다. 영을 받는 것은 뽑힌 자들만, 선택된 사람들만의 특권이라고 생각하였다. 은근히 자기 외에 너무 많은 사람이 영을 받으면 자신의 주가가 떨어지지 않겠느냐는 생각을 가졌었던가 보다.

재력가들은 자신들만이 타는 차가 있기를 바랄 것이다. 이 사람 저 사람이 다 자신들과 같은 차를 타면 자신들의 권위가 상한다는 생각을 가질지도 모른다. 은근히 자신은 특별한 선택을 받아 남들로부터 존경과 박수를 받고자 하는 마음이 있다면 그것은 아직 모세의 마음을 닮은 것은 아니다.

하느님께서는 모든 사람이 최고의 선물인 하느님의 영을 받기를 바라신다. 문제는 하느님의 영을 받을 자리를 마련하고 있느냐일 것이다.

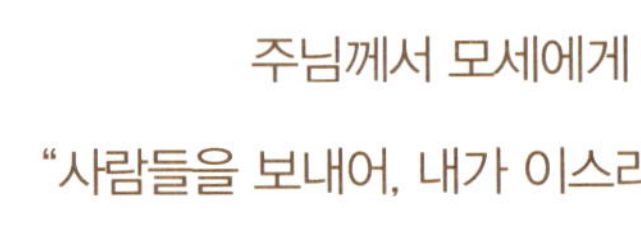

어느덧 광야생활을 마무리할 수 있는 가나안 땅이 멀지 않았다. 그래서 모세는 12지파의 대표들을 뽑아 가나안 땅을 정찰하라고 보냈다. 과연 젖과 꿀이 흐르는 곳인지 확인하고 싶었기 때문이다.

그들은 40일간 이곳 저곳을 정찰한 다음 돌아와서 보고하였다. "그 땅은 거창한 성체로 되어있고 그곳에는 가나안족뿐 아니라 아말렉족, 히타이트족, 여부스족, 아모리족이 살고 있으며 그곳이야말로 젖과 꿀이 흐르는 땅이었습니다."

여러 부족이 살고 있다는 말에 백성들이 설왕설래하자, 유다지파 소속인 칼렙이 어서 올라가서 치자고 하였다. 함께 갔던 사람들은 그들은 강하다며 갔다가는 국물도 없다는 식으로 소문을 퍼트렸다.

선동가가 선동하면 군중은 흔들리게 마련이다. 군중은 "우리가 차라리 이집트서 죽었더라면! 아니면 이 광야서 죽었더라면!" 하면서 반란을 일으켰다. 그들은 우두머리를 따로 세워 다시 이집트로 돌아 가자고 아우성쳤다.

그러자 여호수아와 칼렙이 나서서 "우리는 승리할 수 있다. 우리 가 주님만 거역치 않으면 거기 사는 사람들은 우리의 밥입니다" 하고 그들은 소리쳤다. "주님께서 우리와 함께 계십니다. 그들을 두려워하지 마십시오"라고 소리쳤다.

하느님께서 모세에게 말씀하셨다. "이 백성은 언제까지 나를 업신여길 것인가? 그 많은 기적을 보여 왔는데 믿음이 없다니? 괘씸한 이들을 흑사병으로 쳐버리고 말겠다."

모세는 하느님께서 하시려는 일을 만류하였다. "만일 그렇게 된다면 이집트인들이 약속의 땅으로 데리고 갈 능력이 없어서 그들을 광야서 몰살시켰다고 말할 것입니다. 여기에 오기까지 이 백성을 용서하셨듯이 이 백성의 죄악을 용서하여 주십시오."

그러나 하느님께서는 정찰하러 갔던 사람들 중 여호수아와 칼렙만 살아남게 하셨다. 하느님의 처사는 매우 분명하시다. 하느님을 믿지 못하고 사는 사람들은 벌을 받는 것이다.

하느님의 뜻에 따라서 살아야 한다. 왜 10명의 사람들은 가나안 복지를 가지 말자고 했을까? 두려웠을 것이다. 키가 큰 사람들이 있었고 성벽도 높았다. 그러나 그들은 잊은 것이 있었다. 주님께서 지금까지 도와주셔서 여기까지 왔고, 매일 만나를 주셔서 먹고 있고, 언제나 주님께서 함께 계신다는 것을 잊고 있었다.

그들은 주님을 믿지 못했다. 자신들의 능력만을 믿고 있었다. 아직도 주님의 능력을 의심하고 있었던 것이다.

백성이 만용을 부리다(민수 14,39-45).

이스라엘 백성은 하느님께서 어떤 생각을 가지고 계시는지 여쭙지 않고, 무작정 가나안을 향해 쳐 올라가자고 했다. 모세는 "주님의 계약 궤와 모세가 진영을 떠나지 않았는데도 만용을 부려 쳐 올라갔다간 성공하지 못 한다"고 충언하였다. 그런데도 무모하게 행동하다가 망했다. 주님께서 함께 하시지 않는 전쟁은 백전 백패였다. 그들은 산악지방에서 쫓겨 호르마까지 쫓겨나고 말았다.

하느님과 상의해 보고 나서 무슨 일이라도 하는 습관을 들이는 것이 중요하다. 만용은 안 된다. 겨우 태권도 노란 띠를 딴 사람이 태권도 6단의 사범에게 도전을 한다면 그것은 만용이다. 시합이 시작되자마자 한방 얻어맞고 나둥그러질 것이다.

그러나 우리는 얼마나 많은 만용을 부리고 있는가! 마치 우리가 이 우주의 주인인 것처럼, 내 인생의 주인 것처럼 만용을 부려서는 안 된다. 주님께서 마련해 주신 세상이다. 주님께서 원하시면 내일이라도 우리는 하느님 나라로 가야 한다. 우리가 원하든 원하지 않든, 우리는 나이를 먹어가고 늙어간다. 어찌 우리가 우리의 주인일 수 있겠는가? 우리가 주인이라면 늙지도 않아야 하고 병들지도 말아야 하지 않겠는가? 만용은 금물이다. 수많은 사람들이 만용을 부리다가 죽었고, 실패했다.

이스라엘 백성들이 광야에 있을 때 안식일에 나무를 줍는 사람이 있었는데 그를 모세와 아론과 온 공동체에 데리고 갔다. 어떻게 처리하면 좋을지 몰라서 우선 가두어 두었다. 그런 사람이 없었기 때문이다. 주님께 여쭙자 주님께서 "그 사람은 사형을 받아야 한다"라고 말씀하시어 그를 진영 밖으로 데려다가 공동체가 돌을 던져 죽였다.

이런 말씀을 들을 때면 겁나지 않을 수 없다. 주일에 나무 좀 했다고 사형을 받아야 하다니! 오늘 날 같으면 많은 신자들이 주일에 묵은 빨래를 하고 청소를 하고, 힘든 일을 찾아서 하는데 말이다.

구약의 하느님은 엄한 하느님으로 표현된다. 잘못한 자에 대한 가차 없는 벌을 내림으로써 공동체의 기강을 잡게 하셨으며 하느님을 섬기는 데 있어서 딴 마음을 먹지 못하게 하셨던 것이다. 억센 민중을 느슨하게 다스리다간 엉망진창이 될 가능성이 있었기에 법을 엄격하게 집행하여 질서를 유지하려 하셨다.

안식일에 불을 피우지 말라하셨는데 나무를 한다는 것은 곧 하느님의 계명을 어기겠다는 뜻으로 여겼다. 주일을 거룩하게 지킨다는 것은 육적인 일을 삼가고 영적인 일, 사랑을 실천하는 일을 하라는 것이다.

요즘 주일을 마치 육신의 안식을 위해서만 있는 것으로 생각하여,

하느님께 감사의 제사를 지내는 일, 곧 미사를 봉헌하지도 않거나, 혹은 찌꺼기 시간을 가져다가 바치는 사람들이 많아진다. 미사가 반쯤 자났을 때 억지로 나타났다가 미사가 끝나기도 전에 나가는 사람, 그에게 안식일이 과연 하느님의 날이라는 의식이 있을까?

어떤 이들은 말한다. 주일에 제일 좋은 시간에, 제일 귀한 시간에 미사를 봉헌해야 한다고!

왜냐하면 다른 모든 것보다 먼저 해야 하는 것이 바로 미사이기 때문이라는 것이다. 깊이 생각해볼 만한 이야기이다. 제일 좋은 시간을 하느님께 바치도록 해야 한다. 주일은 주님의 날이다. 영혼의 양식을 많이 먹게 하는 날이다.

땅은 입을 벌려 그들과 그들 집안, 그리고 코라에게 딸린 모든 사람과 모든 재산을 삼켜 버렸다(민수 16,32).

레위의 증손자인 코라, 르우벤의 자손들인 엘리압의 아들 다탄과 아비람, 그리고 펠렛의 아들 온이 함께 모세와 아론에게 대들며, 맞서 일어났다.

그들은 주님께서 공동체 안에 계시는데, 왜 당신들은 회중 위에 군림하는가? 말하면서 대들었다. 말하자면 모세와 아론이 지도자 노릇을 하는 것이 눈꼴사납다는 것이었다. 모세는 코라에게 "어찌하여 그대는 레위의 자손으로서 이런 짓을 하느냐?" 하면서, 레위도 부족하여 사제까지 되고 싶으냐고 나무랐다.

모세는 그들의 말이 옳은지 그른지 판가름하기 위해서 향로를 가지고 오라고 했다. 향을 피워 주님께서 받으시는지, 안 받으시는지 보자는 것이었다. 결과는 참담하였다. 그들과 그들 가족, 그들의 재산들이 땅이 갈라지며 모두 사라졌다. 이들을 따르는 자들이 250명이나 되었는데, 그들이 향을 바치고 있을 때 불이 나와 그들도 모두 죽고 말았다.

모세가 에티오피아 여자를 아내로 맞았다고 하여 미르얌과 아론이 모세를 비방하였다. 이에 하느님께서 그들에게 진노하셨다. 결국 미르얌은 피부가 하얗게 되었다. 악성 피부병 때문에 7일간 진영 밖에서 살아야 했다(민수 12장 참조).

하느님께서 뽑으신 사람을 비방해서는 안 된다. 그를 판단하는 것은 주님이시다. 벌을 주시는 것도 주님께서 하실 일이다. 그래서 다윗도, 하느님께서 뽑으셨던 사울을 끝까지 보호하려고 했다.

"당신들은 주님의 백성을 죽였소."
하며 투덜거렸다(민수 17,6).

모세와 아론을 반대하던 250명의 이스라엘 백성들이 코라와 다탄, 아비람과 함께 저승길로 가버리자, 백성들은 모세와 아론에게 다시 대들며 투덜거렸다. 아직도 정신을 못 차렸던 것이다. 하느님의 뜻이 어디에 있는지 간파하지 못했던 것이다. 이에 하느님께서는 대노하

셨으니 재앙이 시작되었다. 이로 인해서 죽은 자가 만 사천칠백 명이
나 되었다.

하느님의 뜻을 빨리 간파하고 그분의 뜻을 따라야 함에도, 감정이
나 군중심리에 휩쓸려 쓸데없는 고집을 부리다간 낭패를 당하기 마
련이다.

하느님께서는, 당신에게 대드는 사람들에게 엄격한 처벌을 내리신다.

우리도 하느님께 투덜거려서는 안 된다. 인과응보라는 말이 있다.
잘못하면 그 결과가 좋지 않은 것은 당연하다. 오늘날도 하느님의 뜻
을 어기고 사는 사람은 그 결과를 책임져야 한다. 많은 경우에 우리
가 당하는 고난이 우리가 하느님의 뜻을 어긴 때문에 생기는 것이다.
예를 들면 하느님께서는 위를 만드실 때 적당한 음식, 적당한 술을
먹고 마실 수 있도록 하셨다. 그런데도 하느님께서 한계지어 놓으신
것 이상을 먹고 마시게 되면 아프게 된다. 하느님의 뜻을 어겼기 때
문에 당연히 아파야 한다. 아마도 인생의 구석구석에 이런 하느님의
뜻을 어기고 당하는 어려움들이 많이 서려 있을 것이다.

그런 의미에서도 하느님과 대결해서는 안 된다. 하느님께는 순종
만 있을 뿐이다. 하느님의 명령인 십계명을 우리는 잘 지키고 있는지
반성해볼 일이다.

레위 집안을 대표한 아론의 막대기에 싹이 나 있는 것이었다.
싹이 나오고 꽃이 피고 편도 열매가 이미 익어 있었다

(민수 17,23).

이스라엘 백성이 모세와 아론에 대해 너무나 불평을 해대자, 모세는 각 지파에서 지팡이를 하나씩 마련하여 가지고 오라고 명했다. 12지파에서 각 하나씩 가지고 왔다. 모세는 12개의 지팡이를 성막 안, 주님 계신 곳 앞에 놓았다. 아론의 것도 거기 있었다.

그러자 아론의 지팡이에서 싹이 나고 꽃이 피고 열매까지 열렸다. 참으로 기이한 일이었다. 이를 보고, 투덜거리는 사람들이 입을 다물게 하시려고 하느님께서 하신 일이었다. 모두들 그 지팡이를 보고 놀라, 모세와 아론을 우습게보지 않게 되었다. 하느님께서 뽑으신 사람들임을 깨닫고 그들의 명을 따랐다.

이스라엘 백성의 마음이 무디어져서 매일 먹는 만나가 하늘에서 쏟아지는데도, 자꾸 하느님을 무시하기 때문에 이런 기적을 보이신 것이다. 그 지팡이를 볼 때마다 백성들은 다시 마음을 가다듬었을 것이다. 하느님께서 뽑으신 사람들이 우리를 인도하고 있으니 괜한 의심이나 시기를 해서는 안 된다는 다짐을 했을 것이다.

우리도 하느님께 쓸데없는 불평불만을 터트릴 때가 많다. 감사보다는 불평이 많은 사람은 불행하다. 하느님의 권위에 도전하는 사람은 실패한다. 스스로 화를 자초하는 것이다.

아론의 자손들은 제사 지내는 일을, 레위의 자손들은 성막 안에서 아론의 자손들 시중을 들게 했다. 그들은 성소의 기물들이나 제단에 가까이 가서는 안 되었다. 그것은 아론의 자손들의 몫이었다. 성전에서 일할 때에 자신이 맡은 부분이 있다. 오늘날 주님의 제단에서 봉사할 때에도 자신이 맡은 영역을 초월해서는 안 된다. 곧 평신도의 성직자화가 그것이다.

예를 들어, 자신이 성체를 분배할 자격이 없는데도 굳이 그 일만은 자신의 명예를 위해서 한다면 그것은 잘못된 일이다.

아론의 자손에게는 땅의 상속을 주지 않으셨다. 그 이유는 그들의 상속은 곧 주님이시기 때문이었다. 레위인들은 다른 부족이 십일조를 바치면 그것을 나누어 썼다. 그리고 그들이 받은 것 중에서 십일조를 떼어 주님께 예물로 드려야 했다. 하느님의 선물에서 십분의 일을 하느님께 다시 봉헌하는 것이 예물의 정신이다.

가톨릭 교회는 사제들이 혼자 살기 때문에 교회가 의식주를 다 책임진다. 그러다 보니 사제들은 돈에 대한 걱정을 별로 하지 않는다. 아마도 그런 이유로 십일조에 대한 교육을 잘 시키지 못하고 있는 것 같다. 하느님께 찌끄러기를 바쳐서는 안 된다. 카인처럼 그렇게 바치는 사람은 많지 않겠지만 그렇다고 아벨처럼 그렇게 최고의 수확을 하느님께 바치는 사람도 많지 않아 보인다. 정성을 모아 바쳐야 신심도 굳어질 것이다.

> "이 반항자들아, 들어라. 우리가 이 바위에서
> 너희가 마실 물을 나오게 해 주랴?"
> 그러고 나서 모세가 손을 들어 지팡이로 그 바위를 치자,
> 많은 물이 터져 나왔다(민수 20,10-11).

이스라엘 백성들은 모세와 아론에게 몰려가서 또 불평을 터뜨렸다.

목이 마르니 물을 달라는 것이었다. 그러면서 왜 우리를 이집트에서 데리고 나왔느냐고 닦달하였다. 하느님께 대한 원망을 모세에게 대신 하는 것이다. 하느님께서 그들을 이집트에서 해방시키셨으니 말이다. 이러한 불평과 불만은 결국 하느님께 대한 믿음이 부족한 때문에 생긴 것이었다.

백성이 너무나 세게 몰아붙이니까, 모세와 아론의 믿음도 흔들렸다.

하느님께서는 모세와 아론에게 "지팡이로 바위를 쳐라"라고 명하시지 않고 단지 "바위더러 물을 내라고 명령하여라"라고 명하셨을 뿐이다(민수 20,7-8참조). 그러나 모세와 아론은 하느님의 말씀을 제대로 따르지 않고 지팡이로 두 번이나 바위를 쳤다. 어쨌든 물은 나왔다. 그 물을 므리바의 물이라 하였다. 즉 주님과 이스라엘 자손들이 시비를 한 물이다.

이 일로 모세와 아론은 약속의 땅인 가나안 복지를 바라만 보고 들어가지 못하게 되었다. 한 번의 실수도 엄하게 다루시는 주님이시다. 그렇게도 오랫동안 주님을 모셨는데, 한 번의 실수가 엄벌로 다스려졌다.

구약에서 하느님은 원칙대로 벌하시고, 법대로 처리하시는 엄하신 분으로 드러난다. 아마도 이렇게 엄한 원칙이 지켜지지 않으면, 그 많은 사람들을 다스리기도 힘들고, 영이 서지 않았을 것이다. 일벌백계가 조직의 질서를 세우는 것이다. 더구나 지도자로 뽑힌 자가 믿음이 없이 행동한다는 것은 용납될 수 없었다. 이는 성직자나 수도자가 깊이 새겨야 할 대목이다.

목마른 경험을 해본 사람은 물이 얼마나 중요한지 알 것이다. 그러나 우리나라의 경우, 어디를 파든 대부분의 땅에서 물은 나오게 마련이다. 물론 요즘은 토양이 심각하게 오염되어 아무 물이나 마실 수는 없지만, 그래도 우리나라만큼 자연수를 마실 수 있는 나라는 드물 것이다. 우리가 물을 마실 때에 혹은 세수를 하거나 샤워를 할 때 한번쯤 생각해야 한다. 더러운 물을 마시는 사람들, 씻을 물이 부족한 사람들을 말이다. 축복의 물을 사용하면서도 감사함이 없다면 깨어있지 못함이 아닐까!

주님께서 백성에게 불 뱀들을 보내셨다. 그것들이 백성을 물어, 많은 이스라엘 백성이 죽었다(민수 21,6).

이스라엘 백성들이 호르산을 떠나 갈대 바다로 가는 길이었는데 또 하느님과 모세에게 불평을 터트렸다. "이집트를 왜 나오게 하여 이 광야에서 죽게 하느냐? 이 만나만 먹으니 이제 진저리가 난다"며 불평하였다.

하느님께서는 그들에게 불 뱀을 보내셨다. 많은 백성이 물려 죽었다. 불 뱀, 어떤 뱀이었을까? 빨간 뱀, 뜨거운 뱀, 이 뱀이 와서 물면 고통이 어떠했을까? 살타는 냄새가 진동하였을 것이다. 백성이 살려달라 애원하였다. 모세가 하느님께 또 자비를 베풀어달라고 아뢰었다. 그러자 주님께서, 구리로 뱀을 만들어 그것을 쳐다보는 자는 살리라고 말씀하셨다. 그래서 구리로 뱀을 만들어 매달았다.

당시에는 제사의식, 정화예식을 바칠 때, 죄인이 제물의 머리 위에 손을 얹음으로 자신의 죄가 대신 제물에 씌워지고 그 제물을 살라 바침으로 죄를 사함 받을 수 있다는 생각이었다. 그러니까 불 뱀을 만질 수는 없고, 구리로 뱀을 만들어 그 뱀에 손을 얹음으로 죄를 그 뱀에 전가시키기를 바랐다. 그러나 원체 사람들이 많았기 때문에 뱀을 매달아 그것을 보는 사람은 정화되도록 한 것이다.

이는 후대에 와서 신학적인 해석을 하였으니, 예수님이 십자가에 못 박혀 매달리셨고, 그분을 바라보는 사람, 그분을 믿는 사람은 구원된다는 것을 미리 예견한 것으로 이해한다.

뱀은 원죄의 과정에서 나쁘게 등장한다. 유혹자로 말이다. 그러나 한국 사람들에게 뱀은 정력제로 통한다. 그래서 이 나라 저 나라에서 뱀을 사다가 먹는 모양이다.

사람들마다 뱀을 보는 눈이 다르다. 어떤 사람들은 자지러지게 놀라고, 어떤 이들은 침을 삼키니 말이다. 매사가 보는 눈에 따라 달라지는 모양이다.

유혹자로 대표되는 뱀에게 물렸다는 것은, 오늘날도 우리가 좋아하는 것에게 당할 수도 있다는 것을, 물릴 수도 있다는 것을 암시한다고 생각할 수 있다. 오늘날 인간이 좋아하는 것이 언젠가는 인간을 향해서 독을 뿜고 달려들 수도 있음을 알아야 한다. 주님께 충성을 다하고 살아야 한다. 주님과 멀리 떨어져 있으면 유혹자의 공격에서 승리할 수 없음은 분명하다.

모압 임금 발락이 이스라엘 백성의 등장을 보고 겁이 나서, 발라암에게 사람들을 보내어 어서 와 이 백성들을 저주하여 주시라고 청하였다. 그런데 발라암은 이것저것 망설이다가 발락에게 가고 있었다. 그러자 천사가 발라암이 탄 나귀를 막아섰다. 나귀는 꼼짝없이 갈 수가 없어서 그냥 주저앉아 버렸다. 그것도 모르고 발라암은 나귀를 자꾸 때렸다. 그러자 주님께서 나귀의 입을 열어 주시어 나귀가 말을 하기 시작하였다. "내가 당신께 어쨌기에 나를 이렇게 세 번씩이나 때리십니까?" 나귀의 말을 듣고 나서야 그는 깨달았다. 주님께서 그의 눈을 열어주셨기 때문이다. 발라암은 천사가 일러 주는 대로 발락에게 가서 말하였다. 그는 네 번에 걸쳐 신탁을 선포한다. 그 내용은 이스라엘 백성에 대한 축복이었다. 발락이 그럴 수 있느냐고 하자, 그는 "주님께서 일러 주시는 것밖에는 아무 말도 하지 못한다"고 대답하였다.

하느님의 보호 아래 있는 백성, 하느님의 사랑받는 사람은 아무리 반대자들이 없애려고 해도 없어지지 않는다. 망하라고 저주하려 해도 동물마저 말을 하면서 막는다. 하느님께서 뽑으신 새 백성인 우리도, 주님의 마음에 드는 삶을 살기만 하면 그 누구도 우리를 해할 수 없다. 반대자들이 무슨 수를 쓴다 해도, 동물마저 우리를 보호하기 위해서 나설 것이다. 곧 천사를 통해서 주님께서는 늘 우리를 보호해 주시기 때문이다.

시팀에 있을 때, 이스라엘 백성과 모압 백성이 섞여 살았을 것이다. 남정네들은 자기 백성의 여인들에 대한 감정보다 다른 민족의 여인들에 대하여 많은 호기심을 가졌을 것이다. 모압의 여자들은 자신들이 드리는 제사에 이스라엘 남정네들을 초대하였다. 헬렐레, 넋이 빠진 이스라엘 남자들이 몰려가서 그들이 주는 음식을 먹고 마시며 그들이 시키는 대로 바알 신에게 경배를 드렸던 것이다. 당시 이방인들의 종교예식은 남녀가 성행위를 하는 것으로 구성되어 있었다고 한다. 그러니까 물론 성행위도 했을 것이다.

이에 하느님께서는 노하셨다. 그리하여 엄한 벌이 내려졌다. 하느님께서 "너는 백성의 우두머리들을 모두 잡아다가 대낮에 주님 앞에서 목을 매달아, 주님의 타오르는 분노가 이스라엘에게서 물러가게 하여라" 하고 명하셨다.

엄청나고 오싹한 벌이었다. 이 일로 인해서 죽은 이스라엘 백성이 이만 사천 명에 이르렀다. 욕정에 눈이 어두웠던 사람들이 어찌되는지 큰 교훈이 되었다.

이쯤 되면 하느님은 어떤 분인지 알 수 있다. 시기하시는 하느님, 질투하시는 하느님이시다(신명 5,9 참조). 짝사랑을 싫어하시는 분이시다. 당신이 사랑해 주신 만큼 사랑받기를 원하셨다.

여인의 유혹에 넘어가 범죄하는 경우가 얼마나 많은가? 아마도 이런 말을 하면, 반문하는 분들도 많을 것이다. 남자의 유혹에 넘어가 범죄하는 여인도 많다고!

원죄의 경우, 남자는 여인이 주는 것을 받아먹었다고 성경은 기록하고 있다.

어릴 적에 우리 집에 키우던 고양이가 암내가 났었다. 밤새도록 울어댔다. 그러더니 어디서 나타났는지 엄청 큰 수고양이가 나타나서 함께 울어댔다. 사랑의 노래였던가 보다. 당시 고양이가 약으로 쓰인다고 말하는 사람들이 많아서였는지 아버님과 당숙께서는 이 수고양이를 잡고자 하였다. 그래서 암고양이를 앞마당에서 안고 있고, 대문 밑에 작은 구멍을 내 놓고는 거기에 긴 자루를 씌워놓았다. 그런데 아니나 다를까, 사랑하는 여인을 보고 싶어 애가 타던 그 수고양이는 저돌적으로 밀고 들어왔다. 그 고양이는 자루 안에 갇혔고 그 결과는 뻔하였다. 그래서 그 고양이는 약이 되어 사람들의 위장으로 들어가고 말았다.

사랑하는 님을 위하여 돌진하다가 죽은 고양이가 지금도 생각난다. 암놈의 구애에 한 목숨 넘어가는 것도 모르고 저돌적으로 돌진하던 그 고양이처럼 오늘날도 많은 남성들이 거리를 헤맨다고 들었다. 한국의 남정네들이 아시아의 많은 땅을 기웃거리는데 아마도 성욕을 채우고자 함이라고 한다.

하느님을 믿는 사람들은 그런 사람들과 휩싸여 다녀서는 안 된다. 거리의 여성은 전 세계의 문제이다. 요즘엔 거리의 남성들도 많은가 보다. 우리나라도 외국의 남성들이 거리의 남성으로 변하여 활보하는 경우가 있다고 하니 참으로 세상은 무서운 세상이다. 정신을 바짝 차리고 하느님을 피난처로 삼아 살아야 하겠다.

모세는 물을 달라는 백성들의 아우성을 들으며, 하느님을 의심하였기 때문에, 가나안 복지를 갈 수 없었다. 그래서 자신의 후임을 주시기를 하느님께 청하였다. 하느님께서는 여호수아를 뽑으셨다. 그는 영을 지닌 사람이었다.

모세는 그에게 안수하였다. 연속성을 의미하였다. 요즘도 주교 서품이 거행될 때는, 선임주교가 주교서품예식을 주례하면서 안수한다. 이 또한 연속성을 의미하는 것이다. 여호수아는 모세가 가던 길을 계속 갈 것이다. 그러나 여호수아는 모세와 달랐다. 모세는 하느님과 직접 대화한 사람이다. 그래서 그의 얼굴에 광채가 나서 얼굴을 가리고 다녔다. 물론 여호수아도 모세의 협조자로서 많은 일을 거들며 배운 사람이다. 또한 정탐꾼으로 가나안에 들어갔던 사람이다. 그러나 그는 하느님과 직접 대화하지 못했다. 어찌 보면 사제직의 약화라고 말할 수도 있을 것이다.

주님께 바치는 제사는 여러 종류였다. 매일 번제를 바쳐야 하고,

안식일과 매달 초하룻날에 제사를 바쳤다. 또한 이스라엘의 3대 축제인 파스카축제, 주간절, 초막절에도 제사를 바쳐야 했다. 또한 이스라엘의 절기에는 속죄일이 있는데, 속죄일은 신년 열흘째 되는 날로 속죄 제사를 바쳤다. 초막절, 즉 일곱째 달(티쉬리달, 음력 9월경) 열닷새날에도 제사를 바쳤다. 제물로는 황소나 숫양, 기름을 섞은 고운 곡식 가루, 거기다가 술을 바쳤다.

특히 일일 번제물을 바칠 때에 독주를 바쳤는데, 그 술이 얼마나 독한 술이었는지는 알 수 없다. 때로는 포도주도 바쳤는데, 이러한 생각은 아마도 인간이 술을 좋아하니까 하느님도 술을 좋아하시리라는 생각에서 바쳤을 것이다. 그리고 당시 술이란 비싼 것이니까 바쳤을 것이다.

어쨌든 어떤 제사에서도 술은 좋은 음식에 속했다. 문제는 술을 먹고 깽판을 치는 사람들이다. 얼마나 많은 가정들이 술로 인해서 고통을 당하는가? 어떤 사람은 평소에 너무나 얌전하고 예의 바르고 가족에게 잘한다. 그러나 술이 들어가면 포악해진다. 소리 지르고, 부순다. 도저히 이해할 수 없는 인간이 돼버린다. 가족들은 저녁에 가장이 술이 취해 왔는지 아닌지를 살피고, 술이 취해왔으면 긴장하기 시작한다. 울고, 또 울고, 이혼을 해야 하나 마나, 고민하는 사람들이 많다. 술이 인간을 지배해서는 안 된다. 인간이 술을 지배해야 사회와 가정이 안정을 이룰 것이다.

가나안 땅에는 오래 전부터 살던 사람들이 있었다. 그들 중에는 어린이들도 부녀자들도 있었다. 그들도 다 하느님의 모상으로 창조된 사람들이다. 그런데 그들을 다 쫓아내고 이스라엘 백성들에게 그 땅을 주라고 하느님께서 모세에게 말씀하신다. 왜 그러셨을까? 왜 이스라엘 백성만 사랑하시는가?

그러나 곰곰이 생각해보면, 가나안 땅에는 수많은 우상들이 돌에 새겨있었고 신상들도 여기저기에 많이 만들어 놓았다. 그리고 곳곳마다 신들을 섬기는 산당들이 즐비했었다. 하느님께서는 질투하시는 하느님이시다. 그들이 그렇게 우상을 섬기는 것을 보시고 이스라엘 백성을 투입하시어 말끔히 정리하시고자 하심이다.

가나안 땅에 살던 부족의 족장들의 잘못이 클 것이다. 임진란 때 일본군이 쳐들어오자 선조는 백성을 내팽개치고 북으로 올라가서, 명나라에 기대며 도와 달라고 하였다. 여기서 한발 더 나아가 명나라에 예속이 아닌 합병을 건의하기도 했단다. 기막힌 일이다. 그가 수도를 떠날 때 그의 행차를 바라보던 민중들은, 화가 치밀어 불을 지르고, 나라의 임금이 우리를 버리고 떠나니 우리는 누굴 믿고 사느냐며 대성통곡을 했다는데, 그런 민중을 내버리고 제 살 궁리만 했던 것이 당시 우리의 왕이다. 그런가 하면 임해군 곧 세자로서 왕이 될 사람이 일본군에 잡혀 있을 때, 남한 땅을 어디든 떼어 바칠 테니 살려만 주고, 풀어만 달라고 애원했다니!

권력자들이 어떻게 하느냐가 중요하다. 그들이 창조주의 뜻을 헤아리고 그분만을 믿고 의지하면서 살았다면 가나안 땅은 누구의 것이 됐을까? 생각해볼 일이다. 하느님께서는 아마도 다른 우상을 섬기는 곳을 선택하지 않으셨을까? 믿거나 말거나 한 생각이다.

우리는 어떠한가? 우리의 주변, 아니 내 마음은 어떠한가? 하느님의 뜻을 따라 말끔히 청소하고 오직 하느님만을 섬기는 장소가 되고 있는가? 아니면 하느님을 멀리하고 이상한 우상, 신상을 가득 채우고 있는 것은 아닌가! 아니면 가면을 쓴 우상이 정교하게 내 마음을 가득 채우고 있는 것은 아닌가? 주님만이 오직 나의 전부이시요, 나의 힘이시고 나의 기쁨이시며 나의 희망이신가? 그분이 정말 나의 주인이신지? 깊이 생각해볼 일이다.

만일 내가 하느님을 멀리하고 다른 신, 다른 그 어떤 것을 신처럼 섬기며 산다면 나는 버림 받을 것이다. 내게 주셨던 축복도 다른 사람에게 돌아갈 것이다.

사람이 감정을 잃으면 법을 따지기 전에 우선 보복을 하게 되기 쉽다. 왜 사람을 죽였는지 냉정하게 따지기 전에 우선 내 자식이, 내 친구가 죽었으니 무조건 죽인 자를 죽일 수 있다. 이런 위험을 피하기 위해서 만든 안식처가 필요했다.

실수로 사람을 죽였을 경우에 사형을 면할 수 있는 것이다. 그런 사람이 우선 몸을 피할 곳이 바로 이 도피성이다. 신명기 19장에는 실수로 이웃을 죽인 자, 나무를 찍으려고 도끼를 휘두르다가 그만 도끼날이 빠져나가서 옆에 사람을 치는 바람에 죽인 경우, 도피성으로 가면 살 수 있다고 전한다. 그러나 고의적으로 사람을 죽인 다음 도피성으로 피한 자는 그를 잡아다가 보복자의 손에 넘겨 죽게 했다. 가차 없이 벌하여 이스라엘에 무죄한 자의 피가 흐르지 않게 하려는 것이었다(신명 19,11-13 참조).

도피성은 곤란에 처한 사람의 생명을 보호하고자 하는 인권적 차원에서 마련한 장치들이다. 구약시대에도 참으로 인간 중심의 장치들이 많이 눈에 뜨인다.

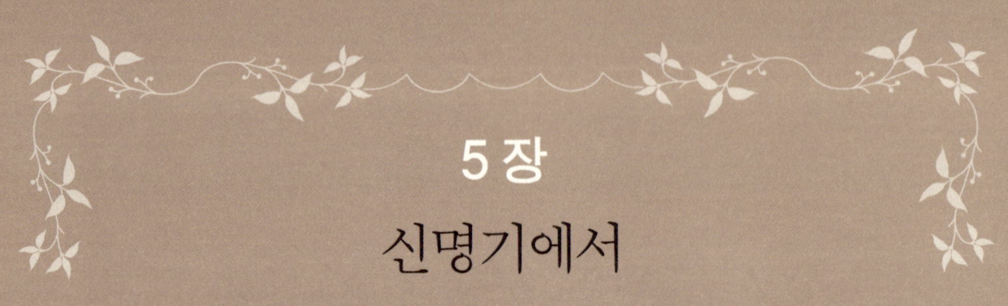

5장
신명기에서

신명기는 율법의 반복이라고 부를 수 있는데, 약속의 땅에 사는 이스라엘 백성들의 생활에 적용하여 다시 제시하기 때문이다. 하느님의 계명은 이미 제시됐으나 이스라엘 백성에게 더 자세히 설명해 주는 책이다.

신명기의 핵심은, 이스라엘 백성이 하느님과 맺은 계약에 충실하면 복을 받아 행복하게 살고 불충실하면 불행해진다는 것이다. 그러므로 이미 앞서의 내용이 반복되어 설명하기도 한다.

모세는 세 번의 설교를 통해서 이스라엘 백성이 어떻게 살아야 하는지를 자세히 설명한다.

신명기는 모세 5경의 종합판이라고나 할까? 이미 설명됐던 것을 반복하는 경우가 많다.

그것은 곧 거듭 거듭 강조하고자 함이었다. 하느님께 충성하라는 것이다. 그러면 복을 받을 것이지만 불충하면 벌을 받을 것이라고 강조한다.

우리가 믿는 하느님, 그분은 저 하늘 끝에 계셔서 우리가 부르면 며칠 있다가 대답하시는 그런 하느님이 아니시다. 그분은 즉각 내답을 하시는 분이시고, 나를 언제나 보고 계시는 하느님이시다. 내가 어디에 있든 나를 보고 계시고, 나를 사랑하시고, 나를 도와주시려고 준비하고 계시는 분이시다. 그분은 공포를 불러일으키는 분도 아니며 자비로운 하느님이시오 용서하시는 하느님이시다.

인간을 사랑하시어 인간이 되시고, 가난한 인간, 고통 당하는 인간들을 사랑하시어 고통을 당하시고 가난하게 되시고, 그리하여 인간과 친구가 되고자 하신 분이시다. 그런 사랑의 신을 모신 백성이 어디 있겠는가! 세상엔 막연한 신을 섬기는 사람들도 많이 있다. 또한 신도 아닌 인간을 신화화해서 섬기도록 강요하거나 섬기는 사람들도 있다. 교묘하게 정신세계를 파고들어 범신론과 인간의 정신을 얽어 매고는 종교라는 이름으로, 혹은 사상이라는 이름으로 사람들을 현혹하는 경우도 있다.

우리는 인격적 신을 모신 사람들이다. 우리가 말씀 드리면 들어주

시는 하느님이시다. 사랑해 주시는 하느님이시다. 우주의 창조주이
시며 인간과 함께하시는 하느님, 신 중의 최고의 신으로서 모든 것이
그분으로부터 존재하는 바로 그분! 원 존재 자체이신 분이라고나 표
현해야 할까? 바로 그런 사랑의 하느님을 우리는 믿고 희망하고 사
랑하고 있는 것이다.

이스라엘아, 들어라! 주 우리 하느님은 한 분이신
주님이시다. 너희는 마음을 다하고 목숨을 다하고 힘을
다하여 주 너희 하느님을 사랑해야 한다(신명 6,4-5).

유다인들의 집에는 마치 우리나라의 시골집에 문패처럼, 대문에
달린 것이 있다. 호텔에도 각 방마다 그렇게 달려있다. 그 안에 무엇
이 있을까? 바로 신명기 6장 4-7절의 말씀을 적은 종이를 돌돌 말아
거기에 넣어 두었다. 그리고 방에 들어갈 때나 나올 때에 그곳에 키
스하는 것이다. 곧 그 말씀을 머리에, 가슴에 깊이 새기자는 것이다.
어린이들의 경우 그곳에 입이 닿지 않기 때문에 부모가 손으로 그곳
을 만지고 나서 그 손을 어린이의 입에 대준다. 이렇게 하여 어린이
들도 계속 이 말씀을 가슴에 새기게 한다.

'쉐마'라는 이스라엘 백성의 신앙고백의 핵심내용이 그 안에 들어
있다. 바로 하느님 한 분이시며 그분을 마음을 다해, 정성을 다해, 힘
을 다해, 목숨을 다해 사랑해야 한다. 자신의 전 존재를 바쳐 그분을
사랑해야 한다. 일부를 떼어놓고 사랑해서는 안 되며, 갈라진 마음,

갈라진 정성을 드려서도 안 된다고 강조하는 내용이 들어 있다.

이 내용은 구약의 신앙고백문만이 아니다. 신약에도, 현재의 우리에게도 지켜져야 하는 내용이다. 우리도 자녀의 신앙교육을 이런 식으로 할 수 있다면 확실하게 신앙을 심어줄 수 있지 않을까?

옛날에는 부모들이 어린이들과 함께 조과, 만과를 한 시간씩 바쳤다. 졸면서도 그 기도를 계속하다 보면, 자연히 신앙이 가슴 깊이 새겨지게 되는 효과를 거두었던 것이다.

신앙도 자녀가 자유로이 선택하도록 해야 한다고 이야기하는 요즘의 부모들의 이론은, 자칫 신앙을 한낱 한 학문의 일부로 생각하는 결과에서 나온 것이 아닌가 생각될 때가 있다.

> 너희가 배불리 먹으며 좋은 집들을 짓고 살게 될 때, 또 너희 소 떼와 양 떼가 불어나고 너희에게 은과 금이 많이 생기며, 너희가 가진 모든 것이 불어날 때, 너희 마음이 교만해져, 너희를 이집트 땅, 종살이하던 집에서 이끌어 내신 주 너희 하느님을 잊지 않도록 하여라(신명 8,12-14).

헝그리복서라는 말을 들어본 적이 있을 것이다. 가난을 이겨내기 위해서 최선을 다하지만 챔피언이 되어 돈을 벌고 나면 피나는 노력이 없어지고 결국 타이틀을 잃게 되는 경우가 많다. 마찬가지로 태평성대에는 하느님을 잊기 쉬우므로 경계를 늦춰서는 안 된다는 것이다.

집에 고난이 닥치면 열심히 기도하고 성당에도 빠지지 않지만, 집에 아무 문제가 없으면 만사가 다 내가 잘해서 그렇게 되는 줄을 알고 하느님을 조금씩 무시하게 되고, 결국 냉담하게 되는 것이다. 많은 사람들이 가난할 때, 몸이 아플 때는 많은 기도를 바친다. 주님께 두 손을 모으고 애걸한다. 성모님께도 매일 성가실 정도로 기도한다. 성모님을 수도 없이 부르고 또 부른다. 그러나 만사가 다 잘되고 나면, 내가 언제 그랬느냐며 큰 소리를 치기 시작한다. 하느님께 바칠 시간은 점점 작아진다. 성모님을 부르는 소리도 점점 줄어든다.

바빠서 못한다고 말한다. 뻔뻔하기 이를 데 없다. 하느님께서 주신 시간인데 바쁘다니! 내가 만든 시간처럼 말이다. 정신 차려야 한다.

아마도 이스라엘 백성들도 그랬던가 보다. 그래서 모세는 경고한다. 겸손한 마음으로 언제나 하느님 앞에 고개를 숙이고 그분을 사랑하고 그분께 충성을 다하며 살라고 말이다.

"정녕 너희는 목이 뻣뻣한 백성이다"(신명 9.6)라는 말씀을 보면 이스라엘 백성이 틈만 나면 목이 뻣뻣하게 되어 하느님께 불충하고, 오만함이 깊숙이 자리 잡고 있었던 것 같다.

하느님 앞에 겸손한 사람만이 그분의 복을 많이 받을 것이다. 하느님께 충성해야 한다. 한 번 드린 마음인데 영원히 변함이 없어야 한다.

하느님께서 이스라엘에게 요구하신 것, 그것은 오늘 우리에게도 요구하시는 것이다. 하느님 두려운 줄 알고, 그분을 높이 우러러 섬기며 그분께서 제시하시는 길을 가고, 그분을 사랑하고 마음과 목숨을 바쳐 그분을 섬기는 것이라고 말씀하신다.

이 내용은 이미 신명기 6장을 묵상할 때 한 '쉐마'의 내용과 같다. 구약성경은 끊임없이 강조한다. 하느님을 이 세상의 그 무엇보다 먼저 사랑하고, 마음과 목숨을 다해, 곧 전 존재를 다해 섬기고 사랑해야 한다는 것이다.

과연 나는 그렇게 하고 있는가? 모든 것에 앞서 생각하고 섬기며, 목숨 바쳐 사랑하고 있는가? 아니면 찌끄러기 정성, 찌끄러기 마음, 찌끄러기 사랑을 드리고 있지는 않은지 돌아봐야 하겠다.

이 말씀으로 왜 하느님께서 가나안 땅을, 목이 뻣뻣한 이스라엘 백성에게 주시려하시는지 알 수 있다. 그들은 주님께서 역겨워하시는 온갖 나쁜 짓을 다하고, 심지어 자신들의 아들딸마저 불에 살라 저희 신에게 바쳤다. 아마도 그것을 자신들의 신에게 바치는 최고의 제사라고 생각해서 바쳤을 것이다. 만일 가나안을 이스라엘 백성에게 주시지 않으셨다면 얼마나 많은 자식들이 제물로 바쳐졌을지?

멕시코의 과달루페에는 유명한 성모님 발현성지가 있다. 성모님께서 후안 디에고라는 순박한 농부에게 나타나셔서, 그곳에 대성전을 지으라는 말을 교구장에게 전하라 하신다. 그가 성모님께, 교구장을 만나서 이야기해봤자 믿어주지 않을 것이라고 말하자, 장미꽃이 없는 시기인데도 장미꽃을 한아름 주시면서 이 꽃을 보이면 믿어줄 것이라고 하신다. 후안 디에고는 장미꽃을 자기 앞치마에 싸가지고 가서, 주교님께 보이며 이것이 표징이라고 하며, 펼쳐보이자 꽃은 없어지고 그곳에 성모님의 모습이 새겨져 있었다. 지금도 그곳 대성당에 가면 그 성모님의 모습이 그려진 달마띠까를 볼 수 있다. 선명하게 성모님의 모습을 볼 수 있다.

그곳 교구장도 성모님의 말씀임을 믿고 선포하였다. 그리하여 수많은 사람들이 주님께로 회개하여 돌아왔는데, 그 당시 멕시코에는 자식을 자신들의 신에게 제사 지내는 고약한 신앙이 퍼져 있었던 것이다. 성모님께서는 그곳의 나쁜 관습을 뜯어 고쳐주시어, 죽어가는 사람들을 살리시려고 나타나셨던 것이다.

우리 가정에, 우리 교회에, 우리나라에 하느님의 뜻을 너무나 훼손하는 일들이 넘쳐 나면 주님께서는 가만 두지 않으실 것이다. 우리를 멀리 보내 버리실 지도 모른다.

성모님도 많은 생명들이 죽어 가면 가만히 보고만 계시지 않을 것이다. 나타나시어 큰 변화를 주실 것이다.

> 너희 가운데에서 예언자나 환몽가가 나타나 너희에게
> 표징이나 기적을 예고하고, 그가 말한 표징이나 기적이
> 일어나더라도, 너희가 알지 못하는 다른 신들을 따라가
> 그들을 섬기자.' 하고 그가 말하거든, 너희는
> 그 예언자나 환몽가의 말을 들어서는 안 된다(신명 13,2-4).

예언을 하는 자들, 꿈을 풀어 미래를 맞춘다는 사람들의 말을 들어서는 안 된다. 때로는 앞서 언급된 대로 표징이나 기적이 일어날 수도 있다. 그런 작은 기적에 현혹되어서는 안 된다. 사탄은 사람을 죽이기까지 할 수 있는 힘을 갖고 있다. 그러나 살리는 능력은 없다. 그 정도의 힘이 있는 사탄의 힘을 빌린 자들이라면 얼마든지 표징이나 기적도 보일 수 있을 것이다. 파라오 앞에서 모세가 기적을 보였을 때 바알신의 예언자들도 기적을 하여 보였음을 탈출기를 통해서 알

고 있다.

오늘날 얼마나 많은 무속자들이 우후죽순처럼 솟아나고 있는지?

점보는 사람, 사주보는 사람, 운명을 점치는 사람들이 점점 늘어난다. 때로는 무당이 되어 그 일을 하기도 하고, 사주팔자 보는 법을 공부해서 돈벌이로 그 일을 하기도 한다. 박 정권 때는 '미신타파'라고 하여 그들을 다 몰아냈다. 왜냐하면 우리나라가 발전하려면 그런 것에서 헤어나야 한다는 생각에서였다. 그들은 모두 수면으로 내려앉았다. 그러더니 언제부턴가 서서히 수면으로 올라오더니, 이제는 신문, 잡지 광고의 많은 부분을 그들이 차지하고 있다.

우리의 미래는 하느님의 손에 달려있다. 하느님께 모든 것을 맡기면 된다. 어떤 이들은 이름이 나빠서 성공을 못한다면서 이름도 바꾸는데, 외국 사람은 어떻게 이름을 풀겠는가? 우리보다 잘사는 나라의 사람들은 그런 것에서 이미 벗어났다. 그들은 이름을 아무렇게나 지어도 잘만 산다. 미신에 속아서는 안 된다.

세상이 허황된 것에 빠질 때, 난세가 될 때, 거짓 예언자들의 출현도 많아진다. 미래를 맞춘다는 사람들이 많아진다. 사람들은 미래가 궁금하다. 그래서 미래를 맞춘다는 사람이 있으면 줄을 서서 기다린다. 그래서 미래를 맞춘다는 사람들의 비즈니스는 점점 번창하고 있는가 보다. 이는 하층 계급의 사람들만 현혹되는 것이 아니다. 정치인, 경제인, 사회의 지도층들도 몰래 점집을 찾아다닌다는 것은 다 알려진 사실이다. 허긴 사울왕도 무당을 찾았으니 말이다.

하느님만 충실히 믿으면 만사형통이다. 그분이 이 세상, 저 세상의 주인이시기 때문이다.

왜 십일조를 바치는가? 하느님 몫이라는 것이다. 자신이 열심히 노력해서 수확을 많이 걷기는 했지만 하느님께서 비를, 태양을, 바람을 주셨기에 수확했으니 하느님의 것을 떼어 바쳐야 한다는 것이다. 십분의 일은 하느님 제단에서 일하는 레위지파 사람들이 사용하였다. 또한 하느님께 올리는 특별한 축제 때에 드리는 십일조, 그리고 삼년에 한 번씩 십일조를 봉헌하여 가난한 사람들을 위하여 사용하였다. 그러니까 십일조가 많았다.

우리는 십분의 일을 하느님께 바치는 데 용기를 내지 못하고 있다. 아까워하기 때문이다. 아벨의 제물이 아니라 카인의 제물을 자꾸 드리려고 한다. 정성 어린 예물이 아니라 찌끄러기 예물을 드리려고 한다. 가톨릭신자들 중 많은 이들은 십일조를 하면 가정이 망한다고 생각한다. 생각이 달라도 너무나 다르다.

하느님의 것을 하느님께 돌려드리는 것이 중요하다. 모든 것을 내 것으로 하려는 욕심은 곧 더 큰 욕심을 내게 마련이다. 자신에게 중요하고 귀한 것을 하느님께 봉헌하는 사람은 자신을 봉헌하는 것이다. 그런 사람이 복을 못 받으면 누가 받겠는가?

이웃에게 빚을 준 사람은 7년째 되던 해에는 모두 탕감해 주어야 한다는 것이다. 이로써 동족이 가난하게 사는 것을 방지하고 모두가 선민으로서 품위를 지켜나가도록 하기 위함이었다. 뿐만 아니라 동족에게 종이 되었던 사람들이 해방될 수 있었다. 7이란 숫자는 그래서 좋은 숫자였다.

오늘 우리에게 화급한 문제는 바로 빈부의 격차이다. 빈익빈 부익부의 현상은 점점 심화되어 가고 있다. 부의 대물림도 계속되고 있다. 그것은 곧 빈곤의 대물림이 심화되고 있다는 뜻이다. 가난해도 머리 좋은 사람은 성공할 확률이 많았지만, 오늘의 세계는 그렇지 않은 것이 문제이다. 이런 때에 하느님의 뜻대로 7년마다 빚을 탕감 해 주는 제도가 생겨난다면 얼마나 좋겠는가? 부자들은 꾸어준 돈을 받지 않아도 가난한 사람보다는 부자이니까 그렇게 해 봄 직하지 않을까?

신명기에는 가난한 이들에게 매정한 마음을 품거나 인색하게 굴어서는 안 된다고 강조한다(신명 15,7 참조).

맏배의 수컷이 때로는 많을 수도 있을 것이다. 왜냐하면 계속해서

소유한 암소나 암양이 수컷을 낳을 수도 있을 테니까. 그러나 아까워해서는 안 된다. 하느님께 봉헌하는 것을 아까워해서는 안 된다. 하느님의 것을 하느님께 돌려드리는 것은 당연하다. 아까운 마음으로 찌꺼기나 바치려 해서는 안 된다.

중국교회를 방문해보면 미래가 어둡게 여겨진다. 왜냐하면 신자들이 헌금을 아예 하지 않기 때문이다. 반면, 다른 교회에서는 헌금의 정신을 잘 교육시켜서 그 돈으로 여러 가지 사업을 하고 교회도 수리하고 발전을 거듭하고 있다.

중국 어떤 교구의 총대리 신부를 만날 기회가 있어서, "중국의 천주교회가 발전하기 위해서는 동전 하나라도 하느님께 감사하는 마음을 가지고 헌금하도록 지금부터 교육해야 합니다"라고 말한 적이 있다. 자기의 것은 아까워하면서 남의 것에만 의존하다 보면 신앙도 잘못 되어가기 마련이다. 남미의 경우도 많은 사람들이 천주교회에서 이탈하고 있다고 전해진다. 반면 다른 교회들은 번창하는데 그 이유는 풍부한 자금력으로 사회복지 사업을 지속적으로 하며 가난한 사람들을 잘 돌보기 때문이란다. 보살핌을 받은 사람들이 감사하여 십일조를 바치고 그 돈으로 또 가난한 사람들을 돌보는 것이다.

하느님께 감사하지 못하고 하느님의 것을 자기의 것인 양 생각하는 것은 곧 퇴보를 의미한다. 십일조의 정신은 하느님께서 내리신 법의 정신이다. 하느님의 것을 하느님께 감사하는 정신이다. 이 세상의 모든 것이 하느님의 것임을 깨닫는 정신이다. 지금 한국가톨릭교회는 자립의 길을 가고 있기는 하다. 그러나 감사의 정신, 십일조의 정신은 부족하다. 가난하면 가난한 대로, 부유하면 부유한 대로 십일조의 정신을 잘 지켜 하느님께 봉헌한다면 사회에 많은 봉사를 할 수 있을 것이고, 선교에도 많은 계획을 세울 수 있을 것이다. 집회서에는 십일조를 하는 사람은 7배를 받는다고 말한다. 하느님께 감사하는 사람은 더 많은 복을 받는다. 그런데도 그것을 실천하기가 쉽지 않다. 1년에 한 달, 혹은 두 달 그렇게 실천하면서 정말 주님께서 7배로 갚아주시는지 확인해볼 수도 있을 것이다. 나는 그렇다고 믿는 사람이다. 내가 그렇게 받고 있으니까.

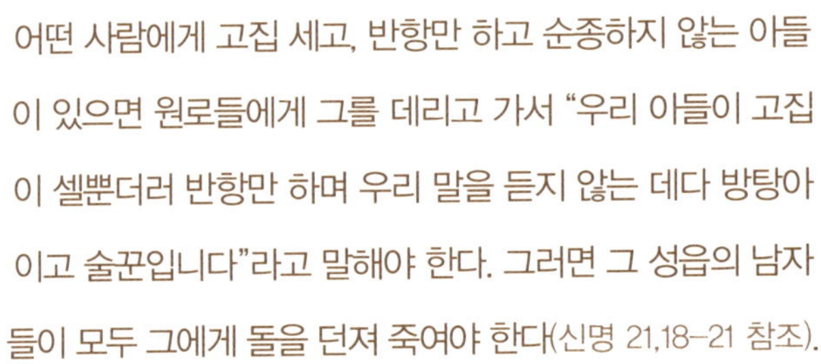

어떤 사람에게 고집 세고, 반항만 하고 순종하지 않는 아들이 있으면 원로들에게 그를 데리고 가서 "우리 아들이 고집이 셀뿐더러 반항만 하며 우리 말을 듣지 않는 데다 방탕아이고 술꾼입니다"라고 말해야 한다. 그러면 그 성읍의 남자들이 모두 그에게 돌을 던져 죽여야 한다(신명 21,18-21 참조).

무시무시하다. 요즘 같으면 돌에 맞아 죽을 사람들이 많을 것이다. 요즘 부모의 애간장을 녹이면서 방탕하고 술에 찌들어 사는 자식이 얼마나 많은가? 부모가 애걸을 하면서 "제발 좀 정신을 차리라"고 해도 소귀에 경 읽는 것처럼 무시해 버리는 자식들이 많지 않은가?

그런데 구약에 이런 자들은 돌에 맞아 죽게 하였다. 처벌은 단호하였다. 구약에 태어났으면 돌에 맞아 요절날 사람들이 많이 있다. 신약에 사니 천만다행이라고나 할까? 젊은이들은 부모에게 효도해야 한다.

왜 이렇게 순종치 않는 자식을 모질게 대해야 했을까? 당시는 대가족 제도였을 것이므로 부모에게 효도하지 않을 때 그 가정은 엉망진창이 된다는 것을 인식하고, 미리 방지하기 위해서였을 것이다. 기강이 흐려진 사회는 모두가 살기 힘들어진다. 그래서 법은 철저히 집행돼야 한다. 이것이 모두의 행복을 위한 길이기도 하다. 십계명에도 4번째 계명이 부모에게 효도하는 것이다. 부모에게 불효하면서 잘되기를 바란다는 것은 바다 물에 벼를 심는 것과 마찬가지일 것이다.

> 여자가 남자 복장을 해서도 안 되고,
>
> 남자가 여자 옷을 입어서도 안 된다(신명 22,5).

요즘은 여자들이 청바지를 많이 입고 다닌다. 남자와 거의 비슷한 옷을 입는 것이다.

신약에 사는 것이 다행이라고나 할까! 구약에는 어림없었다. 왜 구약시대에는 남녀의 복장을 분명히 구분지으라고 했을까? 당시 가나안에는 성이 개방되어 있어서 성문란은 물론, 이미 그 때에도 동성연애가 있었다고 한다. 이러한 문란한 성적행태를 바로잡기 위해서는 분명한 원칙이 있어야 했다.

본시 하느님께서는 남녀를 따로 창조하셨다. 역할과 구분이 다르게 창조된 것이다. 남자가 아이를 낳을 수는 없지 않은가? 그러므로 창조주의 목적에 따라 성적인 특성대로 살아야지, 뒤죽박죽된 성생활은 문제라는 것이다. 창조주의 뜻이 무엇보다도 먼저 고려되어야 한다는 것이다. 오늘날 창조주께서 남녀 각자에게 주신 사명을 제대로 하고 있는가?

거꾸로 가고 있는지도 모른다. 동성자들이 결혼을 하고 또 자식을 원하고, 하느님 보시기에 정도로 가고 있다고 말할 수 없을 것이다. 더구나 줄기세포연구로 인해서 인간을 만들어 내고자 하는 시도라든지, 시험관 아기 등은 창조주의 뜻이 아니다.

인간이 인간임을 포기하고 신이 되고자 하는 시도는 창조주께 대한 도전이며 엄청난 재앙으로 되돌아 올 수 있음을 알아야 할 것이다.

어떤 여자가 결혼하였는데 남편이 아내를 미워하게 되자, 여자가 처녀가 아니었다고 비방을 하면, 처녀의 부모가 처녀성을 입증하는 물증을 성문으로 가지고 가서 원로들에게 보여야 한다. 그것이 증면되면 은 100세켈을 처녀의 아버지에게 벌금으로 내게 해야 한다. 그러나 물증이 없으면 그 여자는 돌에 맞아 죽어야 한다(신명 22,13-21 참조).

처녀성이 얼마나 중요한가? 그것이 증명되어야 생명을 부지하니 말이다. 그러나 오늘날의 상황은 어떠한가? 계약결혼이 있는가 하면, 살아보다가 마음에 들면 결혼하는 세상이다.

남편에 대한 이야기는 없다. 남자가 총각이었는지 아닌지에 대한 논란이 없다. 그런 의미에서는 여성들에게 불리한 내용이다.

어쨌든 오늘날 결혼하는 사람들 중 숫처녀, 숫총각들이 얼마나 많을까? 누가 결혼하기 전에 숫처녀인지 숫총각인지를 검사하는가? 그러고 보면 오늘날의 성적인 차원은 이미 구약보다는 한 단계 낮아졌다고 봐야 할 것이다.

순결을 큰 가치로 여기고 결혼하는 사회야말로 결혼이 주는 아름다움과 신비함, 숭고함을 느끼고 기뻐할 것이다. 그런 의미에서 보면 오늘날 많은 이혼은 성의 개방으로 인한 신비함의 부재, 숭고함에 대한 인식부족이 원인이 아니겠나 생각하게 한다.

오늘날 우리 사회는 이혼을 마치 무슨 유행처럼 생각하고 있다. 자녀들 생각은 조금도 하지 않는다. 어쩌자고 이렇게 되어가고 있는 것인가! 이혼하면 80%가 후회한다고 한다. 그런데도 왜 서로 참지 않는가?

아마도 많은 이혼의 이유가 성격, 경제에 두지만 부부 서로간의 외도에도 있다는 것이다. 남편도 아내도 나가서 딴 사람과 관계를 가진다는 것이다. 이 어찌 말세가 아니란 말인가?

세상이 이렇게 돌아가도 되는 것인지? 이렇게 성이 천박스럽게 돼가고 있는데도 매스컴은 마치 선도자로서 나선 것처럼 부추기는 프로그램을 내보낸다. 이래서는 안 된다.

우리나라 농촌의 1960년대는 가난이 마을마다 빼곡히 배어있었다. 그래서 벼농사가 끝나고 나면 논에 나가서 떨어진 벼이삭도 주웠다. 한 톨이라도 더 챙기겠다는 마음에서였다. 당시에는 너무 배고파하며 살았기 한 톨의 쌀이라도 귀했기 때문에 그랬던 것이다. 이스라엘 백성들도 마찬가지였던가 보다.

모세는 그러지 말라고 규정하였다. 왜냐하면 더 가난한 이방인, 고아와 과부들이 그것이라도 주워 먹어야 살아갈 수 있기 때문이었다. 가난한 사람들에게도 그것을 헤쳐 나갈 길을 열어주어야 한다는 뜻이 담긴 것이다. 사회가 이런 통로를 마련하지 못하면 결국 배고픈 사람은 남의 것을 도둑질하게 만드는 것이다. 사흘 굶고 도둑질하지 않는 사람이 없다지 않은가? 우리의 사회 안전망은 어떠한가? 부유한 사람들도 자신들이 잘 살아가기 위해서는 가난한 사람들에 대한 탈출구를 열어 놔야 한다는 것을 알아야 한다. 그것이 장시간 확보되지 못한 채 가난한 사람들을 무시하고 괴롭히다간 한 순간에 폭발하여 사회가 아수라장이 되기 쉽기 때문이다.

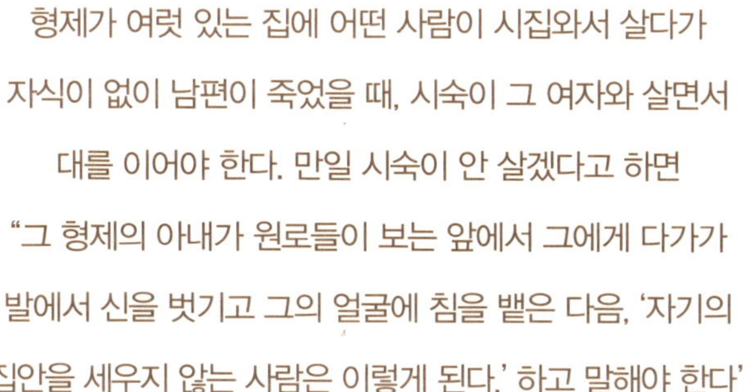

오늘의 관습으로 보면 해괴한 짓이라 아니할 수 없다. 어찌 형과 살다가 형이 죽었다고 시동생이 형수를 데리고 살 수 있다는 말인가!

대를 잇는다는 한 가지를 위해서 성은 이용될 수 있었던 것이다. 그러니까 성보다는 인간이 태어나는 것이 우선이라는 가치 우선의 의미를 이해하지 못하면 이해하기 힘들다.

어찌 시동생이 형수와 함께 산단 말인가?

성은 그 자체가 의미 있다기보다는 생명을 탄생시키는 하나의 수단으로써 의미가 있었던 것이다. 대를 잇는다는 데에 큰 의미를 두었던 것이다.

요즘에는 그 반대인 것 같다. 인간이 태어나는 것을 억제하기 위해서 온갖 수단을 다 써가면서 성을 탐하고 있기 때문이다. 성을 위해서는 인간이 희생되고 있기 때문이다. 많은 생명들이 낙태로 죽어가고 있는데 우리나라의 경우 많은 때는 1년에 150만까지 낙태되었다고 한다. 그러면 4년이면 나치가 죽인 유다인보다 많은 수이다. 그것도 부모가 자식을 죽인 수가 말이다. 그러면서도 이렇게 나라가 부강하게 되고 잘 살아 가고 있는 것을 보면 하느님은 참으로 참을성이 많으시고 사랑이 풍부하시며 용서가 한량없으신 분이시다.

열두 가지 저주(신명 27,14-26 참조).

모세는 요르단을 건넌 뒤에 백성들에게 12가지를 조심해야 한다고 레위들의 입을 빌려 선포했다.

우상을 섬기지 말 것, 부모를 업신여기지 말 것, 이웃의 경계를 밀어내지 말 것, 눈 먼 이를 잘못 인도하지 말 것, 이방인과 고아와 과부의 권리를 왜곡하지 말 것, 짐승과 관계하지 말 것. 아마도 당시에 이런 추잡한 일들이 이방사회에서 있었던 것 같다. 아버지의 아내와 동침하거나(이런 경우는 첩들을 의미할 것이다) 혹은 아버지의 옷자락을 들추는 일을 하지 말 것, 제 누이와 동침하지 말 것, 장모와 동침하지 말 것, 이웃을 은밀한 곳에서 쳐 죽이지 말 것, 청부살인을 하지 말 것.

이런 짓을 저지르면 저주를 받을 것이다. 그러나 하느님께 순명하며 그분의 말씀대로 살아가는 자는 복을 받는다. 이것들이 어찌 구약에만 해당되는 일이겠는가? 오늘날도 이런 일을 하는 자는 벌을 받을 것이다.

과연 오늘 우리 사회는 생명을 선택하고 있는가? 죽음의 문화가 널리 퍼져있다. 자살자가 날로 늘어간다. 특히 한국은 세계에서 자살률 1위를 달리고 있다. 어찌 나쁜 것만 1위를 달리는가? 이혼율도 1위, 저 출산 국가로서도 금메달을 따고 있다고 한다. 이런 것은 꼴지를 해야 하는데 말이다.

낙태도, 살인도 죽음의 문화의 원인들이다. 더구나 의술의 발달로 태어나기 전에 미리 남 · 여를 알아 볼 수 있다는 것이 태아살인의 원인이 되고 있다. 의술이 살인을 조장하는 셈이다.

더구나 줄기세포연구로 인해서 많은 생명들이 폐기 처분될 위기에 놓여있다. 인간이 이대로 가다가는 스스로 바벨탑을 쌓는 것이다. 그리고 스스로 멸망을 자청하게 될 수도 있을 것이다. 우리는 생명을 보호하는데 앞장서야 한다. 생명은 곧 하느님의 숨결이 들어 있는 존재이다. 한 명의 생명이라도 살려낼 수만 있다면 그보다 보람된 일이 또 어디에 있겠는가?

6 장
여호수아기에서

모세는 하느님을 의심한 벌로 약속의 땅을 내려다보기만 하였지 밟지는 못하고 죽었다.

그의 뒤를 이어 여호수아가 이스라엘의 지도자가 되었다. 그는 약속의 땅 가나안을 밟았고 그 땅을 12지파에게 나누어 준다. 그 과정이 여호수아기에서 소상하게 서술되고 있다. 물론 하느님께서 약속하신 땅은 이미 다른 민족들이 차지하고 살고 있었다. 그러나 하느님께서는 그들이 너무 악에 젖어 있었기 때문에 그 땅을 이스라엘 백성에게 나누어 주시고자 하셨다. 그러니까 하느님께서 주시고자 한 땅은 평화로운, 아무도 살지 않는 땅이 아니라, 이미 살고 있는 사람들과 싸워서 그들을 내쫓고 차지해야 하는 땅이었다.

하느님께서 우리에게 선물을 주실 때에도, 때로는 편안히 앉아서 받을 수 있는 선물도 있으나 불의와 싸워서 쟁취해야 하는 선물도 있음을 알 수 있다.

이스라엘 백성이 광야에서 오랜 세월 모진 고통을 참아내며 찾아 떠난 땅 가나안, 그 가나안으로 들어가는 길목의 예리코는 중요한 곳이었다. 이곳부터 정복해야 교두보를 마련하고 하나씩 정복해 나갈 수 있었다.

그래서 여호수아는 정탐꾼 두 사람을 보내어 그곳 사정을 알아오게 하였다. 말하자면 스파이를 보낸 것이다. 그들이 몰래 잠입하여 여러 정보를 수집하고 창녀 라합의 집에서 머물렀다. 창녀가 사는 집은 술을 팔고 몸을 파는 곳이므로 많은 남정네들이 모여드는 곳이었다. 우리나라로 하면 주막집이라고나 할까? 그곳에서 몸 붙여 지내면 남들이 의심을 덜 하지만, 외딴 곳에 가서 자리를 잡으면 소문이 금방 퍼져나가서 들통이 날 가능성이 있었기에 그곳을 택했을 것이다.

창녀는 나쁜 사람이라는 인식을 가지고 있는 것이 사실이다. 그러나 곰곰이 생각해보면 그들이 왜 그렇게까지 됐는지 그 속사정을 알아야 한다. 창녀 생활이란 버림받은 생에 대한 마지막 피신처가 될 수도 있을 것이다. 미국의 어떤 조사에 의하면 거리의 여자들의 대부분은 어린 시절 아버지로부터 성폭행을 당했다고 한다.

물론 이러한 경우가 다른 나라에 다 적용될 수는 없지만, 그들이 처한 환경이나 처지가 너무도 어렵기 때문에 결국 그런 길로 들어설 수밖에 없는 딱한 경우가 많을 것이다. 그런 의미에서 예수님은 부자와 바리사이들에게, "창녀들이 너희보다 먼저 하늘 나라에 간다"고 말씀하셨다.

무조건 창녀에 대하여 "나쁜 사람"이라는 선입견을 갖고 있어서는 안 된다. 그들이 하루빨리 재기에 성공하여 그곳에서 벗어나 정상인들과 같은 생활을 할 수 있기를 기도하고 도와주어야 할 것이다.

그 창녀는 여호수아의 정탐꾼들을 잘 피신시켜서 살려 보냈다. 그리하여 후에 그 창녀의 가족은 보호를 받아 살아나게 되었다. 결국 남을 잘 도와주는 사람, 사랑을 실천하는 사람은 보상을 받게 되는 것이다.

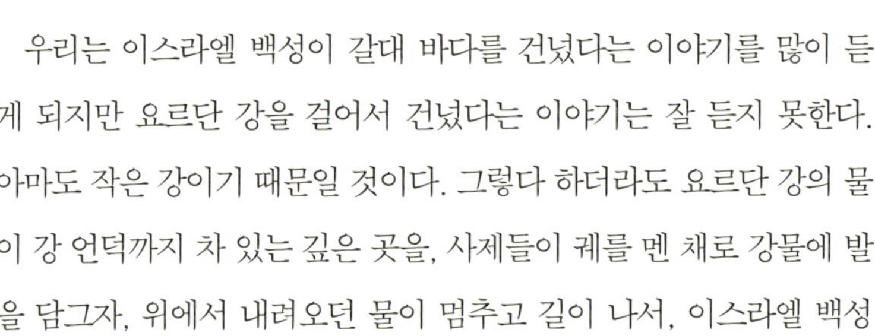

우리는 이스라엘 백성이 갈대 바다를 건넜다는 이야기를 많이 듣게 되지만 요르단 강을 걸어서 건넜다는 이야기는 잘 듣지 못한다. 아마도 작은 강이기 때문일 것이다. 그렇다 하더라도 요르단 강의 물이 강 언덕까지 차 있는 깊은 곳을, 사제들이 궤를 멘 채로 강물에 발을 담그자, 위에서 내려오던 물이 멈추고 길이 나서, 이스라엘 백성은 걸어서 강을 건너게 되었다.

이것은 하느님의 능력으로 된 것이다. 하느님의 힘은 인간의 힘을 언제나 능가한다. 인간은 기적을 이룰 수 없으나 하느님은 기적의 힘을 언제나 발휘하시는 분이시다. 하느님 원하시면 한강도 가운데를 갈라 길을 만드실 수 있다.

왜 이런 기적을 행하셨을까? 답은 간단하다. "온 땅의 백성에게, 주님의 손이 얼마나 강한지 알게 하시고, 또 너희가 주 너희 하느님을 늘 경외하게 하시려는 것이었다."(여호 4,24)

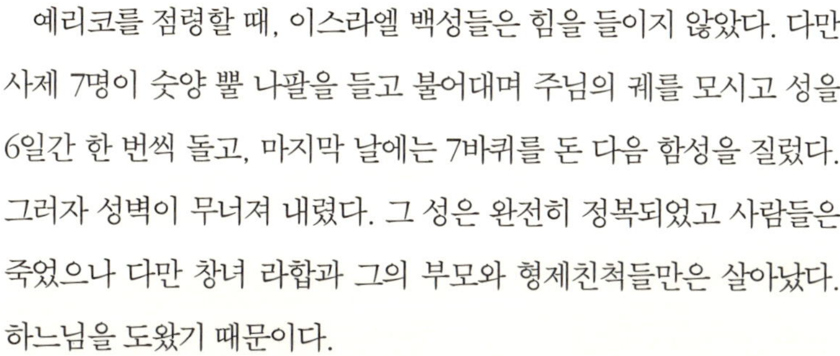

예리코를 점령할 때, 이스라엘 백성들은 힘을 들이지 않았다. 다만 사제 7명이 숫양 뿔 나팔을 들고 불어대며 주님의 궤를 모시고 성을 6일간 한 번씩 돌고, 마지막 날에는 7바퀴를 돈 다음 함성을 질렀다. 그러자 성벽이 무너져 내렸다. 그 성은 완전히 정복되었고 사람들은 죽었으나 다만 창녀 라합과 그의 부모와 형제친척들만은 살아났다. 하느님을 도왔기 때문이다.

하느님께서 하시는 일은 신기롭기만 하다. 어떻게 함성을 질렀기에 철옹성이 무너져 내릴 수 있었단 말인가? 인간의 능력을 믿어서는 안 된다. 오직 주님만이 나의 힘이시다. 나의 무기이시고 나의 의지이시다.

예리코성이 견고하였기에 그 안에 살던 사람들은 성을 믿었다. 성이 우리를 보호해 줄 것이라고 말이다. 그러나 그 성은 한 순간에 무너졌다. 우리가 믿은 성은 무엇인가? 그 성도 한순간에 무너져 내리고 말 것이다. 성경은 우리가 믿는 이 세상도 그렇게 한 순간에 끝을 보게 될 것이라고 한다. 최후의 날에 말이다. 우리가 의지하고 있던 것이 허무하게 무너져 내릴 것이다. 그러므로 진정 우리를 지켜줄 것이 무엇인지를 잘 생각해야 한다.

예리코는 견고한 성, 이 세상의 성으로 표현된다. 신약에서도 예수님 돌아가시자 실망한 제자 둘이 예루살렘에서 예리코로 가고 있었다. 결국 그들이 식사를 할 때, 동행하던 사람이 예수님이심을 알아채고 희망이 넘쳐서 예루살렘으로 갔다. 예루살렘이 영적인 도시라면 예리코는 육적인 도시라는 생각을 갖게 한다.

예수님은 예리코에서 맹인을 낫게 하셨다. 어둠에 덮인 이에게 빛을 주신 것이다. 예리코성을 무너트린다는 것은 빛을 넣어주는 의미가 있다. 그런데 나팔을 불면서 무너트렸다. 이 세상의 마지막 날에 나팔소리가 들릴 것이라고 바오로 사도는 말한다. 나팔 소리가 들리고 이 세상도 무너질 것이다. 세상 사람들이 그리도 믿던 이 세상이 말이다. 어떤 성당에는 나팔을 부는 라파엘 천사의 조각이 성당 외벽에 크게 걸려있다.

종말의 시간에 울린 나팔 소리를 들을 때, 하느님 나라로 가리라는 희망을 언제나 간직하고서 열심히 주님을 사랑하고 살아야 한다. 하느님 사랑의 표시는 기도하고 묵상하고, 성사생활을 하는 것이며, 하느님의 뜻대로 가족을, 이웃을 사랑하는 것이다. 도와주는 것이다.

가끔 우리는 종말의 날, 공심판 때에 과연 무슨 나팔소리가 들릴 것인가? 곰곰이 생각해볼 필요가 있다. 그것은 곧 나의 인생을 보람 있게 살게 할 것이기 때문이다.

> 아칸이 여호수아에게 대답하였다. "저는 참으로
> 주 이스라엘의 하느님께 죄를 지었습니다.
> 제가 이런 짓을 하였습니다. 제가 전리품 가운데에
> 신아르에서 만든 좋은 겉옷 한 벌과 은 이백 세켈, 그리고
> 무게가 쉰 세켈 나가는 금덩어리 하나를 보고는
> 그만 탐을 내어 그것들을 차지하였습니다"(여호 7,20-21).

여호수아를 앞세워 하느님께서는 약속의 땅의 관문인 예리코를 쳐서 승리하게 하셨다. 그런데 승리의 조건으로 그 성안에 있던 금은 보화와 다른 귀중품을 개인이 가져서는 안 된다는 것이었다. 그러나 견물생심이라, 아칸이라는 사람이 하느님의 뜻을 어기고 슬그머니 돈과 옷을 자기 것으로 감추어 버렸다. 돈 앞에 정직함을 계속 유지한다는 것, 신의를 계속 유지한다는 것이 얼마나 어려운지 알게 되는 대목이다. 오늘날도 많은 형제들이, 많은 친구들이 돈 때문에 서로 속이고 신의를 저버려 원수가 되는 경우가 많다. 성당에서도 돈을 탐내는 사람들이 생겨나는 모양이다. 헌금을 세다가 그만 욕심을 부리는 사람도 있다고 들었다. 어쩌다 한 명이 그랬을 것이다. 돈은 인간

을 유혹한다.

아칸의 이러한 잘못으로 '아이'라는 곳을 치러 갔다가 혼쭐이 나서 도망쳤는데, 36명의 인명손실만 보았다. 여호수아가 머리를 조아리며 하느님께 어찌하여 이런 일이 일어나느냐고 여쭙자 하느님께서 "이스라엘이 내 명을 어기고 봉헌물을 차지하였다"고 말씀하셨다. 그리하여 잘못을 저지른 자를 찾아보니 아칸이 나왔다. 그리하여 이스라엘 백성은 그를 "아코르 골짜기"로 끌고 가서 돌을 던져 죽였다.

하느님의 것을 자신의 것으로 빼돌린 자의 최후가 어찌되는지를 많이 생각게 하는 대목이다. 하느님의 명을 어기고 욕심을 부린 자의 최후가 어떠한지를 생각게 하는 대목이다.

여호수아는 모세를 뒤이어 이스라엘의 영도자가 되었고, 그가 맡은 임무인 이스라엘 백성을 안전하게 하느님께서 약속하신 땅까지 인도하는 역할을 완수하였다. 그가 가나안에서 정복한 임금들이 서른한 명이나 되었다. 이렇게 정복이 완수된 후에 이스라엘 각 지파에게 골고루 땅을 나누어 주었다. 이제 그가 떠날 때가 온 것이다. 그래서 그는 이스라엘 백성을 불러 놓고 하느님께 충성을 다할 것을 다짐시켰다. 백성들은 하느님만 섬기겠다고 언약하였다.

구약성경이 끊임없이 강조하는 바는 충성을 다하여 하느님을 섬기라는 것이다. 갈라진 마음으로 주님을 섬겨서는 안 된다는 것이다. 하느님은 우리를 온전히 차지하기를 바라신다. 우리가 다른 어떤 신, 혹은 인간, 물건, 물질, 취미에 마음을 빼앗기고, 찌끄러기 마음을 하느님께 드려서는 안 된다는 것이다.

구약의 이야기는 바로 오늘 우리의 이야기와 같다. 우리도 정성을 다하여 주님을 사랑해야지 찌끄러기 정성을 바쳐서는 안 된다.

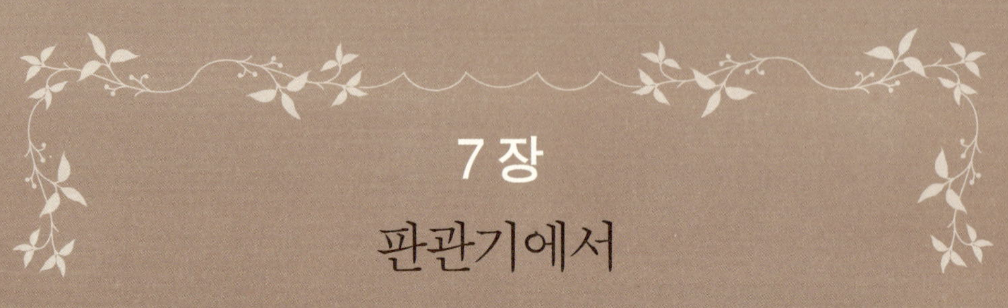

7장
판관기에서

여호수아를 뒤이어 딱히 내세울 인물이 없었다. 모세처럼, 아니 적어도 여호수아처럼 카리스마 넘치는 인물이 없었다. 또한 이미 각 지파별로 나뉘어 살아가고 있었기에 전체를 통합하여 다스릴 필요도 없었다. 각 가문의 대표만 있으면 큰 문제는 없었다. 그러나 이스라엘 민족 전체에게 해가 되는 타 민족의 도전이 있을 때, 판관이 나타나서 전 이스라엘을 대표하여 문제를 해결하곤 하였다. 이렇게 하기를 이스라엘에 왕조가 들어서기까지 하였다. 이스라엘 백성의 타락, 하느님의 징벌, 이에 대한 회개, 회개의 응답인 구원이 반복된다.

인간의 역사가 오늘도 그렇게 이어지는 것은 아닐까? 태평성대에는 하느님을 잊고 하느님의 뜻에 어긋나는 생활을 한다. 이에 대한 응징이 있으면 다시 회개하고 주님을 부르며, 구해 달라고 애걸하고 주님은 마음이 약하시어 다시 구원해 주시고……. 이렇게 계속되는 것이 역사인 것 같다. 희망적인 것은 언제나 주님께 다가가 용서를 청하면, 마음을 푸시고 다시 사랑으로 응답해 주신다는 것이다.

헤베르의 아내 야엘은 천막 말뚝을 가져와서 망치를 손에
들고 몰래 안으로 들어가, 말뚝이 땅에 꽂히도록
그의 관자놀이에 들이박았다(판관 4,21).

판관기 4장에는 판관 드보라와 그의 장수 바락, 야엘과 가나안 장군 시스라의 이야기가 재미있게 펼쳐진다.

이스라엘 백성들이 하느님을 배반하고 살았기 때문에, 주님께서는 괘씸하게 생각하시어 그들을 가나안 임금 야빈의 지배 아래서 고통을 당하게 하셨다. 스무 해 동안 심한 억압에서 살고 있을 때, 주님께서는 이스라엘에게 또 자비를 베푸시기로 작정하셨다. 당시 판관은 드보라였다. 여자였다. 그녀는 바락 장군에게 명하여 가나안 장군 시스라를 쳐부수라고 하였다. 바락이 이끄는 군대와 시스라가 이끄는 병사들이 서로 맞붙었으나 주님께서 시스라의 군대를 혼란에 빠트렸기에 그들은 혼란에 빠졌다.

장군 시스라는 혼란 중에 도망쳐 카인족 헤베르의 아내 야엘의 천막으로 도망쳤다. 카인족으로 말하자면 모세의 장인 호밥의 자손들 가운데 하나였는데 평소에는 가나안 임금 야빈과 카인족 헤베르와 평화롭게 지냈기에 그리로 도망쳐 왔던 것이다.

그러나 상황을 판단해 본 헤베르의 아내 야엘은 누구를 도와주는 것이 자신에게 이로울지를 깨닫고, 가나안 장군 시스라를 담요로 덮어 감추어주는 척하면서 말뚝을 가지고 살금살금 다가가서 말뚝이 땅에 꽂히도록 그의 관자놀이에 들이박았다.

그리고 이스라엘 장군 바락이 오니 나가 그를 맞으며 자기가 죽인

가나안 장군 시스라를 보여주었다.

　요즘 한국의 여성들에게는 어깨를 으쓱댈 사건들이 많이 일어나고 있다. 여성이 장관을 하고 국회의원을 하고, 더구나 일인지하 만인지 상이라고 하는 국무총리를 여성이 지냈다. 과거에 어찌 상상이라도 할 수 있었던 일인가! 조선시대의 여성은 주로 집안에만 있어야 했다. 남성의 지배 아래서 온갖 고난을 가슴에 안고 살았다. 조선시대가 계속됐다면 지금도 여성에 대한 차별은 계속되었을지도 모른다. 한국 전쟁으로 완전히 폐허가 됨으로써 외적인 변화도 있었지만 내적인 변화도 어쩔 수 없었다. 모두가 새롭게 시작되었다. 양반 상인의 구별도 없어지고 남녀의 차별도 사라지게 되었다. 사회가 일대 개혁을 하게 되었다. 어찌 장관 국회의원 몇 명이 여성이라고 만족할 것인가?
　요즘의 세상은 참으로 많이 바뀌었다. 각 군 사관학교의 일등을 여성들이 하고 사법부에도 여성들이 거의 반수를 차지하고 있단다. 어디 그뿐인가? 세계에 나가서 이름을 날리는 것도 여성들이 많다. 그러나 아직도 남성들이 여성들을 학대하고 있다는 보도가 들린다. 구타사건이 터질 때마다 법적인 대응을 더 강력하게 해야 한다는 목소리도 강렬하다.

　그런데 그 옛날 판관이 여자인 드보라였다는 것은, 곧 당시의 지도자가 여성이었다는 것이 흥미롭다.
　이스라엘 민족에게 있어서 위대한 지도자는 모세였다. 그의 뒤를 이어 여호수아가 지도자가 되었고 이스라엘 민족을 가나안 복지까지 이끌어가는 업적을 쌓고 죽었는데, 그 후 12지파들은 각기 흩어져서 살았다. 12지파를 아우르는 전체 지도자는 없었다. 그러나 이스라엘 민족의 타 부족에게 침공당하거나, 혹은 다른 족속들이 전쟁을 걸어 왔을 때, 이스라엘 민족 전체를 하나 되게 하고, 타 민족과 싸움을 효과적으로 하기 위해서 판관을 세웠다. 물론 전쟁문제가 해결되면 판관도 그 임무를 마치게 되었다.

어쨌든 당시의 잘난 남성들을 제치고 여성이 판관이 됐다는 것은 대단한 인물이었다는 것을 드러낸다. 물론 하느님 마음에 드는 신실한 신앙을 가졌을 것이다. 그것이 그가 판관이 될 수 있었던 첫째 이유였을 것이다.

그런데 여기 한 여성이, 한 장군을 말뚝으로 관자놀이를 박아 죽이는 이야기가 있다. 참으로 대단한 여인이다. 그 장군이 죽을 때 어떻게 죽었을까? 조용히 죽었을까? 아니었을 것이다. 얼마나 소리를 크게 지르고 피를 뿜어냈을까? 상상을 해보면 이맛살을 찌푸리게 된다. 한 여성이, 한 장수가 발악하면서 뿜어대는 피를 손에 묻히면서도, 무지막지하게 관자놀이에 말뚝을 박아, 해치웠다는 것을 상상해보자. 섬뜩하지 않을 수 없다.

여성이 약하다고들 하는데 이런 이야기를 접하다 보면, 남성들도 정말 현기증이 날 만하다. 약한 것이 여성이라는 사실은, 과거부터 존재하지 않았다고 보여진다. 그러므로 남녀는 평등할 수밖에 없고 지금도 그래야 마땅하다.

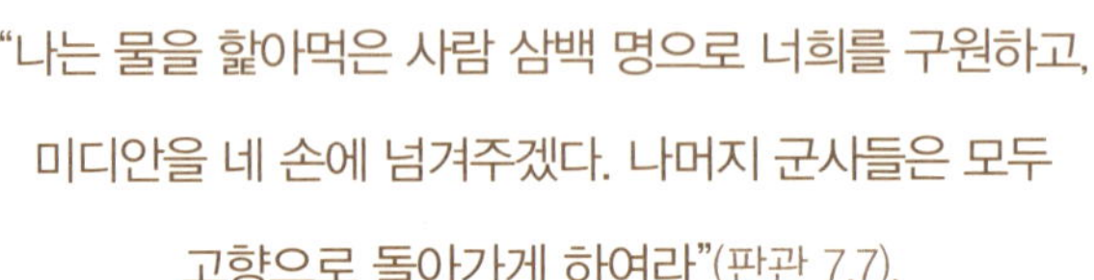

주님께서 기드온에게 말씀하셨다.
"나는 물을 핥아먹은 사람 삼백 명으로 너희를 구원하고,
미디안을 네 손에 넘겨주겠다. 나머지 군사들은 모두
고향으로 돌아가게 하여라"(판관 7,7).

판관 기드온 이야기가 장황하게 설명된다(판관 6-7장 참조).

이스라엘 자손들이 주님의 눈에 거슬리는 짓을 하여 7년 동안 미디안족의 지배 아래서 고난을 당했다. 견디다 못해 이스라엘 자손들이 주님께 살려달라고 부르짖자 주님께서는 또 자비를 베푸셨다. 그래서 기드온을 뽑으셨다. 주님께서 천사를 그에게 보내시어 "힘센 용사야, 주님께서 너와 함께 계신다"라고 말씀하셨다. 이에 대해 그는 "보십시오. 저의 씨족은 므나쎄 지파에서 가장 약합니다. 또 저는 제 아버지 집안에서 가장 보잘 것 없는 자입니다"라고 말하였다. 그러자 주님께서 "내가 정녕 너와 함께 있겠다" 하셨다.

이렇게 하여 그는 뽑혔다. 그리고 주님의 영을 받았다. 이렇게 이스라엘 해방의 임무를 맡은 기드온은 군대를 3만 2천까지 모았다. 주님께서 보시고 "이 많은 군대로 싸워 이기면 너희가 잘 싸워서 이겼다고 할 테니 군대를 돌려보내라"고 말씀하셨다. 그래서 군대를 보내고 세어보니 만 명이 남았다. 주님께서는 만 명도 너무 많다고 하시며 그들을 물가로 데리고 가서 물을 마시게 하여, 물을 핥아 마신 자 3백 명만 가지고 전쟁에 나가라셨다. 인간의 힘만으로는 도저히 이길 수 없는 전쟁이 되었다. 그러나 기드온은 3백 명으로 나팔을 불며, 단지를 깼다. 그리고 왼손에는 횃불을 들고 오른쪽에는 나팔을 들고 불면서 "주님과 기드온을 위한 칼이다" 하고 외쳤다.

미디안 진영에서는 혼란하게 되고 갈팡질팡하면서 서로 쳐 죽였다. 이렇게 하여 승리하였다.

인간적 사고방식으로는 사람을 뽑을 때, 가문 좋은 사람, 힘 있는 사람을 뽑는다. 그러나 다윗은 약한 자였고 어린 사람이었으나 뽑혔다. 기드온도 부족함이 많은 사람이 뽑혔다. 주님의 부르심은 언제나 인간의 기준과는 다르다. 주님은 힘없는 자, 약한 자를 뽑아 세우신다. 나는 가끔 생각한다. "너무나도 부족한 사람이 주교의 임무를 맡고 있구나"라고.

그러면서 나의 부족함에 대한 죄송함을 주님께 아뢴다. 그리고 아마도 나 같은 부족한 사람이 이 임무를 하고 있도록 하신 것은, 나의 부족함이 90쯤 되기에 그 부족함을 주님께서 다 채우시려고 뽑으셨을 것이라고 자평한다. 만일 내가 너무 똑똑하여 내 능력으로 모든 것을 하고 부족함이 10만 남았다면, 주님께서 하실 일이 10밖에 없으셨을 것이 아닌가 말이다. 말하자면 하느님께서 섭정하시기 위해서 나 같은 부족한 사람을 뽑으셨다고 생각한다. 그렇게 생각하고 나면 조금은 위로가 된다.

기드온은 3만 2천 명의 병사들로 싸움을 하고자 했다. 그러나 주님은, 만일 그 많은 수의 병사로 싸워 이기면 그 승리는 자기들의 힘이요, 그 영광도 자기들의 것이라고 말할 것 같아 단지 300명으로 승리하게 하신다. 왜 물가에 가서 물을 마시게 하여 뽑으셨을까? 정상적인 사람들은 대부분 물을 들이켰다. 그러나 개가 물을 마실 때 핥아먹듯이 물을 핥아 마신 사람 300명으로 전쟁에 나가게 하였다. 그러니까 보통사람이 아닌 자들, 즉 물을 핥아먹는 약간 얼간이 같은 사람들을 데리고 나가서 싸우라는 것이었다. 그러니까 이 전쟁은 하느님께서 하시는 것이지 사람의 힘으로 승리하는 것이 아니라는 뜻이었다.

내가 이룩한 모든 승리를, 내가 이룩한 모든 성공을, 내 공로로 내가 잘나서 이루었다고 생각할 때, 이미 그는 패배하고 있는 것이고 실패하고 있는 것이다. 내 인생 모든 것은 주님의 축복과 은총 때문에 가능한 것이다. 주님께서 공기와 태양을 공짜로 주셨기에 숨 쉬고 살아간다. 때맞춰 비를 주셔서 물을 마시고 살아가지 아니한가!

내 인생의 승리는 하느님께서 이루어주시는 것이지 내가 무엇을 하는 것이 아니다.

그때에 어떤 여자가 맷돌 위짝을 아비멜렉의 머리 위로
던져 그의 두개골을 부수어 버렸다(판관 9,53).

아비멜렉 임금의 이야기가 판관 9장에서 장황하게 설명된다.

기드온은 아내가 많아서 아들을 70명이나 두었다. 정실부인들이 그 많은 자식을 낳아주었는데도, 소실들이 여기 저기 있었던 것 같다. 스켐이라는 곳에 소실이 있었는데 그 소실에게서 난 사람이 아비멜렉이다.

그가 임금이 된 이야기이다. 그는 70명의 형제들을 다 죽이고 왕이 되었다. 그도 무자비하게 사람을 죽인 벌을 받았다. 자업자득이라고 나 할까! 그가 테베츠로 가서 그곳을 함락시켰으나, 성읍 한가운데 탑이 있었는데, 사람들이 그리로 올라가서 저항하자 그곳에 불을 질러 태우려 하였다. 그런데 그 탑 위에서 한 여인이 맷돌 위짝을 아비멜렉의 머리 위로 던졌다. 그걸 맞고 아비멜렉은 두개골이 부서져 버렸다.

아비멜렉은 아직 숨이 있을 때 무기 병을 불러 "네 칼을 뽑아 나를 죽여라. 사람들이 나를 두고 '여자가 그를 살해하였다' 할까 두렵다" 하고 말했다. 죽어 가면서도 자존심은 있었던가 보다. 여자에게 맞아 죽었다면 가문에 먹칠을 할까 봐서 두려웠을까? 그래서 무기 병은 아비멜렉을 찔러 죽였다.

아비멜렉은 70명의 정실 자식을 제치고 소실의 자식으로서 왕이 되는 영광을 얻은 사람이었다. 낮은 자를 우대하시는 주님이시다. 그 랬으면 감사하고 살아야 하는데 감사한 생활은커녕 무자비하게 살해하는 살인자가 되었다. 형제들과 화해하고 상생의 길을 찾기보다는 죄 없는 형제들을 모두 처단하였으니 지독한 사람이었다.

그 결과 여자가 던진 맷돌 짝을 맞고 죽어갔다. 그러나 여자에게 맞아 죽었다는 소리를 듣고 싶지 않아서인지 남자의 칼로 죽여 달라 하였다. 자존심은 살아있었던가 보다. 맷돌 짝이 보통 무거운 것이 아니다. 그런데도 한 여인이 번쩍 들어서 내던졌다니 놀랍다. 사람이 악에 바치면 새 힘이 솟는다고 한다. 그걸 다이돌핀이라던가!

도저히 보통의 힘으로는 넘지 못할 담도, 뒤에서 이빨을 하얗게 드러낸 도사견이 달려오면 껑충 넘는다는 것이다. 이때 나오는 무서운 힘, 이것이 바로 다이돌핀이란다. 엔돌핀의 수십 배의 에너지가 나온다는 것이다. 우리는 이런 다이돌핀을 자주 나오게 해야 오래 살 수 있을 것이다. 왜냐하면 엔돌핀만 나와도 몸에 좋다니 말이다.

성령체험, 주님체험을 할 때 그런 에너지가 나오지 않을까? 성인들이 초인적인 삶을 산 것을 보면 이런 다이돌핀이 많이 나왔기 때문이 아닐까?

해마다 이스라엘의 딸들이 집을 떠나, 길앗 사람 입타의 딸을 생각하며 나흘 동안 애곡하는 것이다(판관 11,40).

암몬인들의 침입에서부터 판관 입다의 승리에 이르는 긴 이야기가 판관 10장부터 11장에서 펼쳐진다.

이스라엘 자손들이 여러 잡신을 또 섬겼다. 그래서 주님께서 다시 그들을 필스티아인들과 암몬 자손들의 손에 팔아 넘기셔서 18년간 그들은 짓밟히고 억눌렸다. 마침내 이스라엘 자손들이 주님께 부르짖었다. "저희가 당신께 죄를 지었습니다. 정녕 저희는 저희 하느님을 저버리고 바알들을 섬겼습니다."

주님께서는 "너희가 여러 족속이 너희를 억압할 때도 너희가 부르짖어, 내가 너희를 그들의 손에서 구원해 주지 않았느냐? 그런데 다시 다른 신을 섬겼으니 나는 너희를 다시는 구원해 주지 않겠다. 너희가 선택한 신에게나 가서 부르짖어라."

그러나 그들이 애걸하였다. "저희가 죄를 지었습니다. 당신께서 보시기에 좋으실 대로 저희에게 하십시오. 그러나 오늘만은 저희를 구해 주십시오."

주님의 동정심은 또 발휘되었으니, 잘못을 호소하고 살려달라는 사람을 매몰차게 뿌리치지 못하시는 분이심이 또 드러났다. 그리하여 이스라엘 자손들을 구원하기 위하여 뽑힌 자가 있었으니 곧 판관 입다였다. 그는 길앗 사람으로 창녀의 아들이었다.

그는 전쟁터에 나가 싸워 승리하였다. 그런데 문제가 생겼다. 그가 전쟁을 하면서 주님께 서원한 것이 있었다.

"주님, 당신께서 암몬 자손들을 제 손에 넘겨만 주신다면, 제기 암몬 자손들을 이기고 무사히 돌아갈 때, 저를 맞으러 제 집 문을 처음 나오는 사람은 주님의 것이 될 것입니다. 그 사람을 제가 번제물로 바치겠습니다."

그런데 이를 어쩌랴! 그가 승리하고 집으로 돌아갔을 때 제일 먼저 축하하러 손북을 치며 춤을 추면서 그를 맞으러 나온 사람은 바로 하나밖에 없는 그의 딸이었다. 후회해도 소용없었다. 이미 하느님께 서원하였으므로 딸을 하느님께 바쳐야 했다. 그리하여 이스라엘에는 하나의 관습이 생겼으니 해마다 이스라엘 딸들은 집을 떠나 길앗 사람 입다의 딸을 생각하며 나흘 동안 애곡하는 것이다.

창녀의 아들이 판관으로 뽑혔다는 것 자체가 예사롭지 않다. 일반인들의 상식을 뛰어넘는 것이다. 당시 일반인들이 생각하는 사고로는 창녀는 나쁜 사람, 혹은 가까이 못할 죄인이라고 생각했다. 그런데 성경에는 자주 창녀에 대한 이야기가 등장한다. 다말의 이야기에

서부터 신약에는 예수님께서 간음하다 잡힌 창녀를 무사히 돌려보내는 이야기도 나온다. 어디 그뿐인가? 예수님은 바리사이, 율법학자들에게 "너희보다 창녀들이 먼저 하늘 나라에 들어간다"고 하셨다.

창녀의 자식이라고 하여 선입관으로 보는 것은 고정관념이다. 우리는 얼마나 많은 고정관념을 가지고 사람들을 단죄하고 사는가?

입타에게는 너무나 입이 가벼운 면이 있었다. 자기가 대단한 인물이라도 된 듯, 내가 이기고 돌아가게 되면 내 집에서 나오는 첫 사람을 제물로 바치겠다고 오만을 떨었다. 가령 그 집에 종이 나왔다면 어떠했겠는가? 물건처럼 감사하는 마음으로, 죄의식도 없이 제물로 바쳤을 것 아닌가? 인명을 경시하는 그의 마음이 딱 걸렸다. 그가 사랑하는 딸자식만큼 모든 인간이 귀하다는 것을 깨달았을 것이다.

함부로 말을 해서는 안 된다. 오만해서는 안 된다. 주님 앞에서 겸손한 사람으로 남아 있어야 한다.

주님의 눈에 거슬리는 짓들이란 뻔하다. 다른 신을 섬겼고, 그들의 무분별한 성생활이 뒤따랐을 것이다.

요즘에 신학자들 중에는 물질에, 즉 돈에 사탄이 붙어 있어 그 돈이 인간을 몹쓸 데로 이끌고 있다고 말하는 사람들이 있다. 뱀에 붙어서 인간을 유혹하던 그 옛날, 뱀은 인간이 제일 예뻐하던 것이었다고 한다. 오늘날 동서양을 막론하고 돈을 싫어하는 나라는 없다. 돈 때문에 서로 미워하고, 심지어 원수가 되고 죽이기까지 한다. 돈으로 인해 거짓과 온갖 죄악이 뒤끓는다.

그리고 무분별한 성생활로 인해서 세상은 날로 악하게 돼가고 있다. 성생활로 인해 생기는 생명을 죽이는 경우가 너무 많아서 세상은 이러다가 큰코다치게 생겼다.

이스라엘 백성이 원수의 손아귀에서 40년을 지냈던 것처럼 이 시대가 회개하는 생활을 하지 않으면 같은 어려움을 당할 수 있기에 정신 차려야 한다.

삼손의 출생과 삶(판관 13–16 참조)

40년간 필리스티아인들에게 억압당하며 사는 동안,
자신들의 잘못을 뉘우치고 살던 이스라엘 백성에게
희소식이 생겼으니, 단 씨족 출신 마노아의 아내가
석녀였으나, 아기를 낳게 되리라는 소식을 천사에게서
들었던 것이다. 그런데 그 아이가 태어나면 머리에
면도날을 대서는 안 된다는 명이 떨어졌다. 마노아의
아내는 삼손을 낳았다. 그는 하느님의 축복으로 힘이
세었다. 그래서 사자를 찢어 죽이고, 한 번에 서른 명을
죽이기까지 하였다. 그런데 그가 자기 민족의 여인과
결혼치 않고 필리스티아인과 결혼하는 잘못을 범했다.

그런데 그의 아내는 거친 삼손을 떠나, 그가 결혼할 때
들러리를 서준 사람과 결혼해 버렸다. 삼손이 도망친
아내를 찾으러가서, 이미 다른 사람과 사는 것을 보고
화가 나서 그곳을 쑥대밭으로 만들었다. 그리고
당나귀턱뼈로 천 명의 필리스티아인들을 쳐 죽였다.
그가 가자 지방에 갔다가 창녀와 자기도 하고,
소렉 골짜기에 가서는 한 여자 들릴라를 만나 사랑을 하게
되었다. 무척 사랑을 했기에 자신의 비밀인 머리털에서
기운이 나온다는 것까지 알려주는 바람에 그만 그는
머리털이 잘리고 기운이 다 떨어져서, 적에게 잡혀
눈이 후벼 파지는 고통을 당하였다.
그러나 심기일전하여 신전의 양 기둥을 잡고 표호하자
신전이 무너져 내렸다. 왜냐하면 그간 그의 머리털이 다시
길어졌기에 힘이 생겼기 때문이다. 신전이 무너져서 그 안
에 있던 모든 사람들을 죽이게 되었고 원수를 갚게 되었다.

삼손은 하느님의 축복을 받아 태어난 사람이다. 그런데도 하느님
의 뜻을 어기곤 하였다.

그가 창녀와 잠자리를 하기도 하고 망나니처럼 살았는데도 하느님
의 참으심과 계획은 계속되었으니 인간의 잘못보다는 하느님의 사랑
이 더 앞선다는 것을 알게 된다. 또한 인간은 참으로 나약한 존재임
을 두고두고 새기게 된다.

그가 이방여인인 들릴라와 사랑에 빠져, 자신의 힘이 어디에서 오

는지를 가르쳐 주고 말았다. 열 번 찍어 안 넘어 가는 나무가 없다더니 그도 넘어가 버렸다. 그는 하느님의 뜻을 따르기보다는 한 여인의 뜻에 우선권을 두었다. 그 결과 그의 머리카락이 잘리게 되었다. 그리고 고통은 시작되었다.

유혹에 빠지지 말아야 한다. 그는 계속되는 여인의 유혹에 넘어가고 말았다. 아담도 아내의 유혹에 넘어가서 선악과를 먹고 말았지 않는가.

많은 사람들이 계속되는 유혹에 빠져서 많은 고통을 당한다. 어떤 이는 마약에 대한 유혹에 빠져서 가정파탄이 일어나고, 어떤 이는 도박에 빠져서 고난을 당한다. 술, 성, 도둑질 등등의 유혹에 빠지지 않도록 노력해야 한다.

당신 집에 든 남자를 내보내시오.
우리가 그자와 재미 좀 봐야겠소(판관 19,22).

어떤 레위인이 소실과 함께 가다가 날이 어두워지자 기부아라는 곳에 들어가 하룻밤 묵으려고 하였다. 그곳은 벤야민인들이 살고 있었다. 그런데 아무도 그들을 맞아들이지 않았다. 다행이 그곳에서 나그네 살이 하는 노인이 자기 집에 그들을 맞아들였다. 그런데 그 성읍의 남자들이 몰려와서 문을 두드리며 나그네인 그 남자를 내보내라고 아우성이었다. 그자와 재미 좀 보자는 것이었다.

그 노인은 지나가는 길손에게 그런 짓을 해서는 안 된다며 자신의 처녀 딸과 나그네의 소실을 내보낼 테니 그들과 재미를 보라고 했다. 그들은 막무가내였다. 그래서 나그네는 자기 소실을 내보냈다. 그 여자는 밤새도록 농락당해서 아침에 보니 문간에 쓰러져 있었다.

나그네는 그녀를 12토막 내서 각 지파에 보내며 이런 일을 당했다며 함께 의논해달라고 하였다. 결국 지파들이 모여 회의를 했는데 벤야민 파는 오지 않았다. 급기야 11지파와 벤야민 파가 전쟁을 하기 시작하였다. 결론은 뻔하였다. 벤야민 파는 망하고 말았다. 그러나 그 뿌리를 완전히 없애지는 못했다.

구약시대의 성문화 특히 이방인들의 성문화는 개방적이었다. 더 나아가 이상한 성생활을 즐겼던 것 같다. 곧 게이들이 날쳤던가 보다. 동성연애가 문제됐던 것이 어제 오늘의 문제는 아닌 듯싶다. 참으로 안타까운 일이다. 그들의 행위를 정당하게 인정할 수 없다. 그러나 현대에 와서 동성애자들의 정신, 육체에 대한 연구를 해 가면서 많은 것들이 밝혀지는데 동성애의 경우 뇌의 구조가 다르다는 것이다. 그러니 어쩌겠나! 이성에 대해서는 아무 관심도 없고 동성에 대해서만 관심이 있으니 말이다.

한국의 유교사회에서는 남녀칠세부동석이 원칙이었다. 남자가 남자와 다니면 아주 좋은 사람으로 평가하고 남녀가 다니면 약간 수상쩍은 눈으로 바라보았다. 그러나 지금 미국이나 유럽 여러 나라에서는 남자끼리 다니거나 여자끼리 다니는 것을 오히려 더 이상한 눈으로 바라보고 있다.

그 나그네는 왜, 그 고통을 당한 소실을 토막 냈을까? 왜 그 여인은 그런 고통을 당해야만 했을까? 그 여인은 도망자였다. 남편을 무시하고 도망쳤으니 그 또한 업보라고나 할까?

토막 살인이 오늘날만의 일이 아니다. 어찌 자기 소실을 토막 낼 수 있다는 말인가! 지독한 인간이다. 어찌 인간 세상에 이리도 포악한 사람들이 많이 존재하는지?

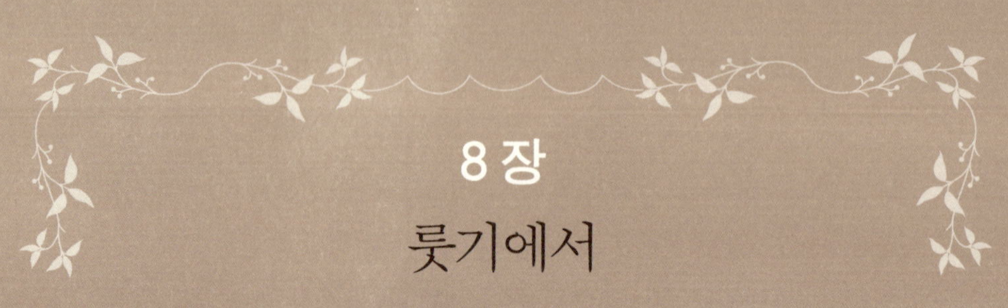

8 장
룻기에서

남편이 죽은 후 시어머니 나오미의 만류에도 불구하고 낯선 땅 베들레헴으로 시어머니와 함께 가서 효도하며 산, 모압 여인 룻의 이름을 따서 룻기라고 하였다.

한국 사회는 예부터 시어머니와 며느리 사이가 나쁘기로 정평이 나 있는데, 룻기야말로 고부간의 갈등을 겪는 사람들이 꼭 읽어야 할 책이다. 너무도 며느리를 사랑한 시어머니가 배필을 얻어 주는 대목에서는 감탄이 절로 난다. 그가 나은 자식이 다윗 왕과 예수님의 조상이었으니, 예수님도 순수 혈통은 아니라고 봐야 한다.

한국인들은 아직 혼혈인을 약간 좋지 않게 생각하는데 재고해야 할 것이다.

룻기는 시어머니와 며느리의 사랑이 녹아있는 아름다운 내용이 전해진다. 한국에서의 고부관계는 오랜 기간 긴장과 미움, 때로는 시기 질투로 얼룩져 왔다. 과거의 이야기로 치부하기에는 아직도 많은 가정에서 고부간의 갈등이 남아있다. 며느리와 시어머니 사이에 문제가 있는 집에서는 룻기가 보석 같은 책이다.

베들레헴에 살던 엘리멜렉이라는 사람과 그의 처 나오미가 모압 지방으로 나그네 살이를 하러 떠났다. 그곳에 심한 기근이 들었던 것이다. 그들에게는 마흘론과 킬욘이라는 아들들이 있었다. 모압에 가서 얼마 동안은 행복하게 살았다. 거기서 아들 둘이 결혼하여 모압 여자를 며느리로 맞았다.

그런데 가정에 암운이 깃들기 시작했으니, 엘리멜렉이 죽고 뒤이어 두 아들마저 죽게 되었다. 그러니까 졸지에 시어머니와 외국인 며느리 둘만 남았다. 참으로 안타까운 일이었다. 그래서 나오미는 며느리들에게 "내 집에 매이지 말고 이제는 친정으로 돌아가서 팔자를 고쳐라"라고 말했다. 이에 오르파라는 며느리는 제 고향으로 돌아갔으나 룻은 어머니를 모시고 평생 살겠노라고 말하면서 효성을 맹세하였다. 참으로 아름다운 며느리이다.

타향에 시집와서 남편과 살며 자식이라도 낳아 기르면 모르되, 홀
몸인데도 어찌 시어머니를 잘 모시고 평생을 살겠다고 나서겠는가?
오늘날도 드문 일이다. 요즘 우리의 가정형태는 많이 변했다. 유교의
전통이 깨져가고 있다. 물론 법적으로도 혈족의 의미가 축소되어 가
고 있다. 어머니 성을 따를 수도 있고, 각자가 호적을 가질 수 있다니,
말하자면 국가가 가정을 해체시켜 놓은 셈이다. 꼭 우리의 것을 낡은
것, 나쁜 것으로만 여겨서는 안 될 텐데!
우리의 과거나 전통을 다 쓰레기통에 버려야 선진국이 된다는 생
각은 너무나 환상에 젖은 것은 아닌지?
나오미는 룻에게 딸이라고 호칭한다. 딸같이 생각한다면 어찌 가
정이 평화롭지 않겠는가!
나오미는 룻을 좋은 곳에 시집보내 팔자를 고쳐주고자 했다. 참으
로 너그러운 마음이다. 룻은 훗날 엘리멜렉 가문의 훌륭한 사람 보아
즈의 처가 되어 아들을 낳으니, 그의 이름이 오벳이다. 그는 다윗의
아버지인 이사이의 아버지가 된다. 그러니까 순수혈통이란 많지 않다.
다윗도 자기의 조상 중에 모압 여인이 있었기 때문이다.

예전에, 한국은 중국의 침략을 받았다. 일본이 쳐들어오기도 하였
다. 그러므로 여러 피가 섞였을 것이다. 어떤 이들은 얼굴이 하얗고
어떤 이들은 거무스름하다. 완전 혼혈은 아니라도 이 나라, 저 나라
사람들의 피가 많이 섞였다는 표시다. 색깔이 어떻든 인류는 한 가족

이다. 모두가 다 하느님의 모습으로 창조됐으며 사랑해야 할 사람들이다.

가정이 파탄 나는 경우, 흔히는 부부관계가 문제이지만 때로는 고부관계가 문제로 떠오르기도 한다. 며느리를 딸로 여기고, 시어머니를 자신의 친어머니로 여기는 극진한 사랑이 서로에게 있다면 이 세상은 살만한 곳이 될 것이다. 사랑이 넘치는 곳에 행복이 있기 때문이다.

딸 같은 며느리, 친정어머니 같은 시어머니, 이들이 한집에서 산다면 거기엔 참 평화와 행복이 있을 수밖에 없을 것이다. 우리의 가정들이 모두 그러했으면 얼마나 좋겠는가!

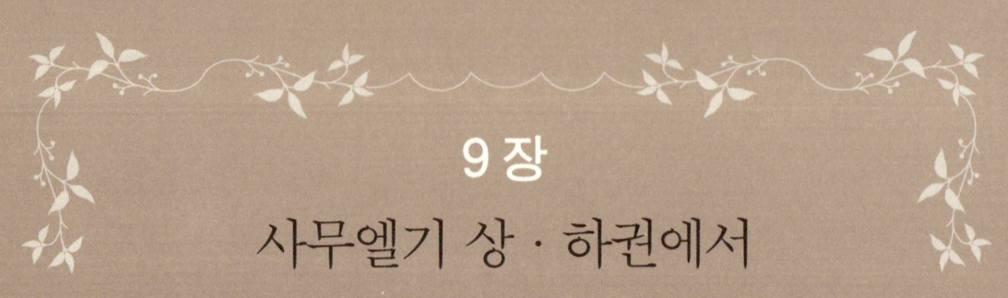

9장
사무엘기 상·하권에서

사무엘은 판관시대의 마지막을 알리고 왕정시대의 개막을 알린 사람이다. 그는 왕정시대의 막을 연 사울에게 기름을 부었고, 그가 하느님 마음을 상하게 하자, 하느님의 뜻을 받들어 다윗에게 기름을 부은 사람이다. 그는 예언자로서 혹은 제사장으로서 최선을 다한 사람이었다. 하느님의 심부름꾼으로서 하느님의 말씀을 전해 준 사람이었다.

엘카나라는 사람이 아내 둘을 두고 있었다. 한나와 프닌나였다. 프닌나는 아들 딸을 갖고 있었으나 한나는 아이를 낳을 수 없었다.

그래서 매일 울기만 하였다. 어느 날 그녀는 하느님께 간구하겠다고 나섰다. 하느님께 울면서 기도하는 가운데, 만일 아이를 하나 주신다면 아이의 머리를 밀지 않고 주님께 바치겠다고 약속하였다. 당시 머리카락은 힘의 상징이었다. 하느님께 봉사하기 위한 헌신의 표시로 머리카락을 길게 길렀던 것이다.

삼손이 그랬듯 자기 자식을 하느님께 머리칼 하나 흩트리지 않고 바치고자 하였다.

요즘은 좀 생각들이 바뀐 것 같다. 외국 사람들 중에는 머리를 박박 민 운동선수들이 많이 있다. 강력하다는 인상을 주기 위해서이다. 군인들도 머리를 민다. 힘의 상징이다. 어디 그뿐인가? 머리가 없는 사람은 정렬이 넘친다느니, 하는 등등의 루머가 많이 있다.

어쨌든 한나의 간절한 소망을 하느님께서는 들어주셨다. 그래서 자식을 낳았으니 그가 바로 사무엘이다. 사무엘은 통치자로, 예언자로, 제관으로서의 임무를 수행한 사람이다. 왕정이 시작되는 이스라엘의 중계자 노릇을 한 사람이다.

　우리가 어려울 때 목 놓아 울며불며, 주님께 매달리면 주님께서는
한나의 기도를 들어주시듯 그렇게 들어주신다. 얼마나 많은 사람들
이 주님께 간절히 청하여 그 응답을 받았던가!
　수많은 사람들이 응답을 받았다. 그리고 지금도 응답을 받고 있다.
때로는 자신이 기도한 것을 주님께서 들어주셨음을 잊어버리는 경우
가 있다. 그러나 지나고 나서 주님께서 나의 기도를 다 들어 주셨음
을 깨닫게 될 때가 많다. 주님께서는 우리의 기도를 들어주신다.

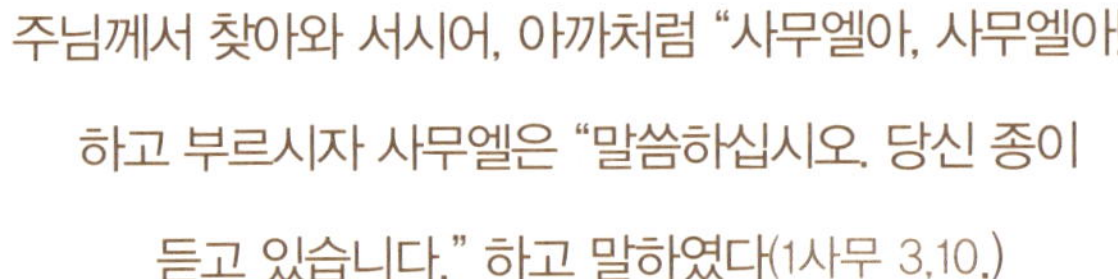

　당시 예언자는 엘리였다. 그는 성전에서 살았다. 한나가 하느님께
약속드린 대로 어린 사무엘을 성전에 맡겼기에 그를 보호하고 있었다.
어느 날 사무엘이 어떤 부르심을 듣고, 저를 부르셨느냐고, 엘리에게
달려갔으나 엘리는 아니라고 대답하였다. 다시 사무엘이 누워 있다
가, 누구의 부르심에 엘리가 부르는 줄 알고 달려가서 저를 부르셨느
냐고 물으니 아니라고 대답하였다. 그때 엘리는 알아차렸다. "아, 하
느님께서 사무엘을 부르시는구나."
　그래서 사무엘에게 말하였다. 만일 다시 부르시는 소리가 들리면

"말씀하십시오. 당신 종이 듣고 있습니다, 하고 대답하여라." 엘리의 말대로 사무엘은 주님의 부르심에 응답하였다. 하느님께서 사무엘에게 이르신 말씀은 이러하였다. "엘리의 자녀들이 내 뜻을 어기며 살고 있는데, 엘리가 나를 모독하면서 자식들을 책망하지 않으니 그 집안을 멸하겠다."

결국 그 아들 둘이 전쟁에서 죽고, 하느님의 궤를 필리스티아인들에게 빼앗겼다는 말을 듣고 충격을 받아, 엘리는 의자에서 뒤로 넘어져 목이 부러져 죽었다.

자식들을 잘못 다스리면 어찌 되는지, 눈여겨볼 내용이다. 자식들이 하느님의 뜻을 어기고 살도록 내버려둬서는 안 된다. 꾸짖고 책망하면서 하느님께 충성을 다하도록 가르쳐야 한다. 이것이 부모의 도리이다. 아무리 세월이 바뀌었어도 자식들에게 다 양보하지만 신앙만은 양보해서는 안 된다. 신앙을 물려주지 못하면 아무 것도 물려주지 못한 것과 다를 것이 없다. 엘리는 예언자로서 자식 교육을 잘못한 탓으로 결국 목이 부러져 죽었다.

필리스티아인들은 하느님의 궤를 빼앗아
에벤 에제르에서 아스돗으로 옮겼다. 그런 다음에
팔레스티아인들은 하느님의 궤를 들어, 다곤의 신전으로
가져다가 다곤 곁에 세워두었다(1사무 5,1-2).

이스라엘인들의 희망의 보류였던 하느님의 궤까지 빼앗기다니! 그들이 하느님을 우습게 알며, 하느님을 배반하고 살았기 때문이다. 그러면서도 하느님의 궤가 지켜주겠거니 막연한 기대 속에 살았다. 그러나 어림없었다. 행동이 따르지 않으면 어림없는 소리다.

오늘날도 하느님을 믿지 않고 하느님 뜻과 반대로 행동하면서도, 자신의 잘못된 소망, 곧 부귀영화를 주시겠지 하면서 성모상이나 십자가를 지니고 다닌다면 어떠할까? 그것을 악한 사람이, 보기 좋다며 뺏어다가 자기 집을 치장하는 데 쓸 수도 있을 것이다.

물론 필리스티아인들이 빼앗아 간 하느님의 궤, 그 궤로 말미암아 그들은 재앙을 계속 겪게 되었다. 그리하여 궤를 빼앗아 간 지 7개월 만에 돌려주게 되었다. 도둑질을 일삼는 사람이 자기 차에 성물을 달고 다닌다면 어찌 되는가? 새치기를 일삼는 사람이 자동차에 묵주를 걸고 다니면 어찌 되는가?

> 사무엘의 아들들은 그의 길을 따라 걷지 않고, 잇속에만 치우쳐 뇌물을 받고는 판결을 그르치게 내렸다(1사무 8,3).

사무엘은 판관으로서 하느님께 충성을 다하였으나 그 아들들은 반대였다. 자식을 교육시키기란 쉽지 않다. 엘리도 자식 교육을 잘못시켜서 죽었기 때문이다. 자식을 키우는 데는 울면서 키워야 한다는 말이 있다. 오냐! 오냐! 하면서 키우다가는 나이 들어서 큰코다친다. 자신은 유명한 예언자였으나 어찌하여 자식교육은 잘못시켰는지 모

르겠다. 어쩌면 그가 하느님의 일에 전적인 투신을 하느라고 자기 가
정은 잘 돌볼 시간이 없었는지도 모르겠다.

자식을 잘 키운다는 것은 보통 어려운 일이 아니다. 자식에게 정직
한 삶, 남을 헤아리는 인격을 갖춘 사람이 되도록 최선을 다해야 한다.
사회가 좀 더 투명해 지기 위해서는 유치원과 초등학교에서 매일 매
일 정직한 삶에 대하여, 질서에 대하여, 남에게 불편을 주지 않는 것
에 대하여 강조하고 강조해서 가르쳐야 할 것이다. '수신제가치국평
천하'라고 하지 않던가? 자기 가정을 잘 다스려야 한다. 자식교육을
잘해야 한다.

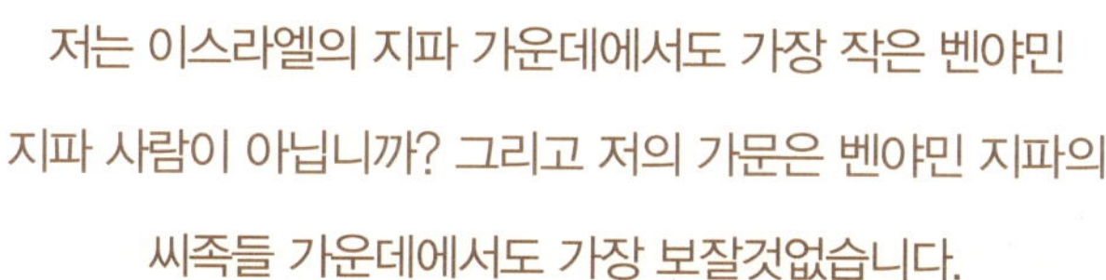

사울은 보잘 것 없는 지파 가운데에서 뽑혔다. 주님께서는 언제나
잘난 사람을 뽑지 않으신다. 만일 그런 사람이 뽑히면 자기가 정말
잘나서 뽑힌 줄 알고 한 없이 교만해지기 쉽기 때문이다. 부족한 사
람을 뽑아도, 차츰 교만해지기 쉬운 것이 사실이다.

지도자로 뽑히는 자는 마땅히 자신이 부족하여 뽑혔음을 알아야
한다. 섭정하시려고 그리하신 것임을 알아야 한다. 잘난 사람이 뽑히

면 자신이 대단한 인물이라 뽑혔다고 자만하여 주님을 의지하지 않을 것이다. 자기가 모든 것을 할 수 있다고 여기는 사람에게 주님께서 관여하실 부분이 없어지는 것이다. 문제는 거기서 심각하게 발생한다. 모든 것을 자신의 영광으로 돌리고 결국 자신이 신이 되고자 하는 것이다.

이스라엘 민족이 왕을 요구한 것은 결국 인간의 능력으로 적을 물리치겠다는 뜻이 들어 있었다. 그것은 하느님 보시기에 불신의 표시이기도 하였다.

인간은 끝없이 하느님이냐, 인간이냐를 선택해야 하는가 보다. 언제나 하느님을 우선으로 선택하는 사람이라야 인생을 성공하는 사람이다. 지도자는 하느님을 우선으로 선택할 수 있는 사람이라야 나라가 융성하게 되는 것이다.

사울은 자신이 부족한 사람이라고 겸손해 했다. 그래서 주님께서는 그를 뽑으셨으나 그가 왕이 되고 나서는 생각이 달라진다. 화장실 갈 때와 올 때의 생각이 달라진다더니 사울이 그랬다.

그리하여 "사울도 예언자들 가운데 하나인가?"
라는 속담이 생겨났다(1사무 10,12).

사울이 뽑히고 나서 예언자들과 함께 주님의 영을 받아 황홀경에 빠져 예언하였다. 사람들은 상상도 못했던 사울이 예언자처럼 주님의 영을 받아 예언자가 된 것에 대해서 놀랐다.

우리가 주님의 일을 하기 위해서는 주님의 영을 받아야 한다. 주님의 영은 인간을 바꾸어 놓는다. 모세가 그랬고, 모세를 도와주려던 협조자들이 영을 받고 입신하였다(민수 11장 참조).

우리의 힘만으로 무슨 일을 하겠는가? 성령께서는 우리가 할 수 없는 것도 해 주시고, 우리가 할 수 있는 것은 더 잘하도록 해 주신다. 우리를 대신하여 기도까지 해 주신다고 바오로 사도는 말하고 있다(로마 8.26 참조).

성령에 의하여 움직이는 사람은, 성령의 은사와 열매로 가득 차 참 그리스도인의 모습으로 살아가게 되는 것이다. 성령께서 사울에게 임하시어 그도 황홀경에 빠지기도 하였으나 나중에는 하느님을 배반하고 미신을 숭상하기까지 한다. 그래서 하느님의 벌을 받아 죽게 된다. 성령을 한 번 받으면 그것으로 완전한 사람이 되는 것은 아니다. 끊임없는 노력이 필요하다는 것이 드러나는 대목이다.

여러분에게 이익도 구원도 주지 못하는 헛된 것들을
따르려고 돌아서지 마시오. 그것들은 정녕 헛된
것들이오. 〔…〕 여러분은 오로지 주님만을 경외하고
마음을 다하여 그분만을 충실하게 섬기시오.
그러나 만일 여러분이 여전히 악행을 일삼는다면 여러분도
여러분의 임금도 모두 쫓겨날 것이오(1사무 12,24-25).

사울이 왕이 되었다. 이제 사무엘의 임무는 끝나가고 있었다. 사무엘은 자신의 생이 이제 얼마 남지 않았음을 알고 헛되고 헛된 것들에 마음을 주지 말라고 유언한다. 오로지 하느님만을 섬기고 그분께 충성할 것을 충언한다. 그렇지 않으면 망할 것이라고 경고한다.

수많은 예언자들이 이 세상에서 마지막으로 남긴 유언의 내용은 거의가 동일하다.

오늘도 수많은 사람들이 그걸 느끼고 체험하면서 이 세상을 하직한다. 그러나 듣는 이들은 많지 않다. 그 말을 무시하면서 살아가는 사람들이 많다.

나는 어떠한가? 사무엘의 충고를 잘 따르고 있는가? 하느님께 충성을 하고 있는가? 충성이라는 것은 신앙적인 단어이다. 하느님을 위해서라면 몸과 마음을 다 바치겠다는 각오이다. 때로는 목숨도 바치겠다는 각오이다.

> 그런데 사울과 그의 군사들은 아각뿐 아니라, 양과 소와
> 기름진 짐승들 가운데에서 가장 좋은 것들과 새끼 양들,
> 그 밖에 좋은 것들은 모두 아깝게 여겨 완전히 없애 버리지
> 않고, 쓸모없고 값없는 것들만 없애 버렸다(1사무 15,9).

사울이 아말렉과 싸우러 나갈 때, 사무엘이 사울에게 주님의 말씀을 들려주었다. "아말렉이 과거에, 이스라엘 백성이 이집트에서 올

라올 때 길을 막았기 때문에 그들을 벌하려 하니 그들을 쳐서 없애야 한다. 그들을 쳐서 이기면 그들에게 딸린 것은 완전히 없애 버려야 한다. 남녀 아이와 젖먹이, 소 떼와 양 떼, 낙타와 나귀들을 다 없애 야 한다."

하느님의 뜻은 이스라엘 백성이 가나안 복지를 향하는 것인데, 그 뜻을 거역하게 하였으니 아말렉은 벌을 받아야 한다는 것이었다. 과 연 사울은 아말렉과 싸워 승리하였다. 그러나 막상 이기고 보니 재물 이 탐났던 것이다. 하느님의 말씀보다는 재물이 먼저였던 것이다. 그 래서 쓸모없는 것들만 없애 버렸다.

인간에게 끊임없이 제기되는 문제이다. 하느님이냐, 재물이냐? 하 느님보다 재물을 먼저 선택한 사울에게는 재앙이 시작되었다. 그래 서 사무엘은 사울을 만나 왜 그런 짓을 했느냐고 추궁하자, 사울은 핑계를 대었다. 아담과 하와가 핑계를 대었듯이 말이다.

우리에게도 끝없는 도전이 기다리고 있다. 견물생심이다. 훌륭하 다는 사람도 물질 앞에서는 약해지기 쉽다. 오늘날 우리 사회는 부동 산 광풍, 주식 광풍, 게임 광풍 등등 광풍의 시대이다. 만나는 사람마 다 땅 이야기, 아파트 이야기, 결국 돈 이야기에 젖어 있다.

물질이 이 사회의 최대 화두가 되어 있다. 사람이 왜 태어나서 왜 살아가고 있고 어디로 가고 있는지? 하는 더 근본적인 질문과 해답 은 회피되고 있는 것처럼 보인다. 가시적인 것들에 너무 많은 가치를 두고, 내적인 것, 영적인 것에 대한 가치가 점점 자리를 잃어가고 있다.

신앙문제도, 마치 신앙을 악세서리 정도로 생각하는, 소위 나이롱

신자들이 늘어나고 있다. 신앙이 단지 인생에 평화를 주는 한 수단에 불과하다는 인식을 가진 신자들도 적지 않아 보인다.

사무엘이 사울의 견물생심을 슬퍼하였듯이 지금도 천국에서 많은 성인들이 우리의 태도를 보며 슬퍼하고 있을지 모른다. 사무엘은 사울을 두고 슬퍼하였으며, 하느님께서도 사울을 이스라엘 임금으로 세우신 일을 후회하셨다(1사무 15,11 참조).

> 주님께서 "바로 이 아이다. 일어나 이 아이에게
> 기름을 부어라." 하고 말씀하셨다. 사무엘은 기름이 담긴
> 뿔을 들고 형들 한가운데에서 그에게 기름을 부었다.
> 그러자 주님의 영이 다윗에게 들이닥쳐
> 그날부터 줄곧 그에게 머물렀다(1사무 16,12-13).

다윗은 사울의 뒤를 이어 왕이 되기 위해 뽑혔다. 그런데 그는 베들레헴 지방에 사는 이사이의 8명의 아들 가운데 막내였다. 이사이는 사무엘에게 아들 7명을 다 보여주었다. 다윗은 부르지도 않았던 것이다. 너무 어려서 인간 축에도 안 든다고 생각했던가 보다. 그러나 주님께서는 다윗을 뽑으셨다. 사무엘도 잘생긴 엘리압을 주님께서 뽑으셨다고 생각하였으나 주님께서는 "나는 사람을 겉모습으로 판별하지 않는다. 마음을 본다"라고 말씀하셨다. 그래서 다윗을 찾았고 그를 뽑았다.

우리도 남을 판별할 때, 이런 기준을 가지고 뽑는다면 좋을 것이다. 인간의 눈으로, 겉모양만 보면서 뽑으면 실패할 것이다. 때로는 분별을 할 때 겉모양을 보기 쉽다. 겉으로는 착한 듯 보이고, 말도 잘하고, 눈웃음도 잘 치는 사람을 뽑기 쉽다. 그러나 얼마 지나지 않아서 후회하는 경우가 생긴다. 얼굴만 예쁘다고 좋은 사람이 아니기 때문이다.

우리가 누구를 뽑을 때, 주님께서 뽑아주시기를 기도로 청한다면 주님께서는 들어주실 것이다. 주님께서는 인간적으로 부족함이 있는 사람을 뽑으신다. 나머지는 주님께서 채워주시려고 뽑으시는 것이다. 인간적으로 보면, 아직 다윗은 애였다. 그래서 아버지는 다윗을 보여주려고도 하지 않았다. 무시하였다.

때론 우리가 무시하는 사람을 주님께서는 높이 쓰신다. 주님께서는 인간의 능력을 쓰시기보다 가진 것이 없는 사람을 통해서 당신의 능하심을 들어내시려고 하시기 때문이다.

우리가 하느님의 자녀가 됐다는 것은 얼마나 영광스러운 일인가! 우리가 무엇을 잘해서 뽑으신 것은 아니다. 하느님의 사랑, 하느님의 오묘한 뜻이 담겨있다.

사울의 군대가 필리스티아의 장군 골리앗과 대결을 벌이고 있었
으나 그가 너무나 거구에다 힘이 장사여서, 감히 그와 대결을 하려는
사람이 없었다. 모두가 벌벌 떨고 있었다.

나라의 존망이 달린 문제였다. 그래서 사울은 골리앗과 싸워 이기
는 사람은 사위로 삼겠다고 천명하였다. 그 누구도 나서지 못할 때,
다윗이 나서서 그와 대결을 하겠다고 청하였다. 그리고 골리앗에게
당당히 말하였다. "나는 주님의 이름으로 나왔다." 골리앗이 보기엔
어린애 같은 다윗이 자기에게 덤비는 것이 귀여울 정도였다. 인간적
으로 따지면 다윗이 골리앗에게 덤비는 것은 웃기는 짓이었다. 그러
나 추측이 어긋났다. 다윗은 돌팔매로 그의 면상 정면을 맞추어 그를
쓰러뜨렸다.

주님의 능력은 언제나 인간의 힘을 능가한다. 주님께서 다윗과 함
께 계셨기 때문이다.

이 시대의 골리앗은 누구인가? 무엇인가? 어마어마한 힘으로 나
를 향해 오는 골리앗, 그러나 만군의 주님의 힘에 의지만 한다면 우
리는 두려울 것이 없다. 우린 승리한다. 세상을 이길 수 있다. 주님의
힘으로.

사울은 수천을 치시고 다윗은 수만을 치셨다네!

(1사무 18,7)

다윗은 주님께서 함께하심으로 전쟁에 나가면 대승하고 돌아왔다. 국민들은 너무나 기뻐하며 "사울은 수천을 치시고 다윗은 수만을 치셨다"고 다윗을 치켜세웠다.

이 말을 들은 사울은 심기가 불편하였다. 다윗을 시기하게 되었다. 그 시기심이 언제나 문제였다. 카인이 동생 아벨을 쳐 죽인 것도 시기심 때문이었다.

사울의 시기심은 그칠 줄 몰랐다. 자신의 사위이기도 한 다윗이 우러름 받으면 얼마나 좋은가? 남의 기쁨을 함께 기뻐해 주고 남의 슬픔을 함께 슬퍼해 줘야 거인이 되는데, 사울은 좁쌀영감처럼 행동하였다. 그래서 끊임없이 다윗을 죽이려고 하였다. 때로는 창으로 그를 쳐 박아 죽이려고 하였으나 그마져 빗나갔다. 하느님의 보호를 받는 그를 죽일 수는 없었다.

나는 어떠한가? 남이 잘되는 것을 반기고 있는가? 사촌이 땅을 사면 배가 아프다는 말을 잘 기억하고 있는가? 때로는 남이 잘 사는 것이 배가 아프고, 남이 공부 잘하는 것을 보면 배가 아프고, 남이 진급하면 배가 아파서 어떻게 하든 그를 깎아 내리려고 하지는 않는가?

남을 시기하면 그 시기가 자기에게 다시 돌아온다. 부메랑이 되어 돌아온다는 것을 잊어서는 안 된다. 사울의 시기심은 결국 자신을 엉망으로 만들었다. 결국 왕좌를 내주고 말았다.

참된 친구의 우정을 생각하려면 요나탄과 다윗의 우정을 참조하면 된다. 다윗을 처음 만났을 때 요나탄은 "저 사람과 친구를 하면 인생이 행복하겠다"는 생각을 했을 것이다. 요나탄은 외로운 사람이었다. 아버지는 괴팍한 성격의 소유자로 보인다. 과격하여 때로는 창을 던져 요나탄을 죽이려고 하였다. 아마도 요나탄은 그래서 친구, 참 친구를 갈망하고 있었을 것이다. 요나탄과 다윗은 친구가 된 뒤로 서로 의지하고, 사랑하면서 살았다. 요나탄은 아버지 사울의 광란적인 행동을 슬퍼하면서, 친구 다윗을 끝까지 변호하고 보호한다. 인간적으로만 생각하면, 요나탄이 손해 보는 장사이다. 자신이 왕이 될 수도 있는 위치인데도 그는 자신을 다윗보다 한 수 아래라고 생각하였다.

사울은 "이 멍청이 같은 놈아, 다윗이 네 왕권을 가져갈 수도 있는데 그를 감싸다니"라며 요나탄을 힐난하였다. 그리고 요나탄이 마음을 바꾸어 다윗을 적으로 생각하기를 바랐다. 그러나 요나탄의 우정은 변함없었다. 마치 "한 번 해병은 영원한 해병이다"라는 말이 있듯 "한 번 맺은 우정은 영원한 우정이다"라고 생각한 사람이다.

세상에 이런 친구를 하나만이라도 가지고 있으면 행복할 것이다.

많은 친구들이 태평성대에는 친하지만 어려움이 생길 때는 그만 슬그머니 관계를 멀리하게 마련이다. 그런 친구라면 일찌감치 멀리

하는 것이 현명할 것이다. 친구란 가만히 같이 있기만 해도 고맙고 행복한 사람, 어려울 때 더욱 가까워지는 사람, 내가 특히 힘들 때 함께해 주는 사람, 내가 외로울 때 함께해 주는 사람일 것이다.

사울은 다윗을 죽이려고 혈안이 되어있었다. 그가 엔게디 산성에 있다고 하자, 그리로 군대 삼천을 이끌고 갔다. 끝장을 내려고 하였다. 그런데 마침 다윗은 자기 부하들과 굴 속에 숨어 있었다. 그런데 이 게 웬일인가? 사울이 그곳에 들어가서 뒤를 보았다. 사람이란 먹으 면 싸야하지 않은가!

다윗의 군인들이 그 사실을 다윗에게 알리며 사울은 단칼로 죽일 수 있다 하였다. 그러나 다윗은 "주님께서 뽑아 기름부음받은 자를 내가 어찌 죽이겠느냐?"며 그를 살려 주었다. 다만 그의 옷자락을 조 금 잘라 내었다. 그리고 사울이 큰일을 보고 나간 다음에 그에게 대 고 "내가 살려 드렸으니 궁으로 돌아가시오" 하고 소리쳤다. 사울은 울면서 고마워하면서 궁으로 돌아갔다(1사무 26장에도 다윗이 다시 사울 을 살려준 이야기가 나온다).

다윗은 사울이 비록 부족하여 하느님께 버림받아 왕권을 빼앗길 것 이라고 생각하면서도 끝내 그를 죽이지 않았다. 그는 사울이 몇 번이 고 죽이려고 하는 것을 피하면서도 기름부음받은 이임을 잊지 않았다.

비록 사제들이 부족하다 하더라도 그가 기름부음받은 자임을 잊어서는 안 된다. 그를 판단하고 벌하는 것은 인간이 아니라 기름부으신 분이시다.

때때로 많은 사람들은 성직자의 부족함을 못 참고 징계를 원하고, 아니면 직접 징계를 시도하기도 한다. 편지를 보내고 인터넷에 띄우고, 더 나아가면 직접 맞서서 싸움을 걸기까지 한다.

다윗의 지혜를 배우는 것도 좋지 않을까 생각한다. 사제는 완벽하지 않다. 천사가 아니다. 그가 정말 부족한 사람이라면 주님께서 벌을 내리실 것이다. 주님께 다 맡겨드리는 것이 좋겠다. 판단이나 벌은 주님께서 하실 것이다.

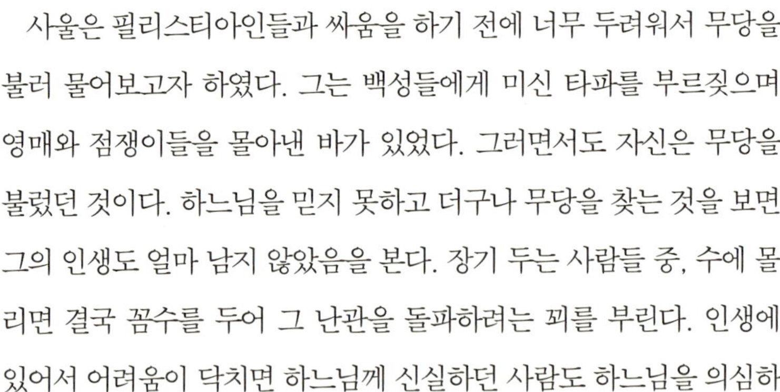

사울은 필리스티아인들과 싸움을 하기 전에 너무 두려워서 무당을 불러 물어보고자 하였다. 그는 백성들에게 미신 타파를 부르짖으며 영매와 점쟁이들을 몰아낸 바가 있었다. 그러면서도 자신은 무당을 불렀던 것이다. 하느님을 믿지 못하고 더구나 무당을 찾는 것을 보면 그의 인생도 얼마 남지 않았음을 본다. 장기 두는 사람들 중, 수에 몰리면 결국 꼼수를 두어 그 난관을 돌파하려는 꾀를 부린다. 인생에 있어서 어려움이 닥치면 하느님께 신실하던 사람도 하느님을 의심하게 되고 꼼수를 찾기에 이른다. 때로는 하느님께서 침묵하시기 때문에 그 침묵의 의미를 깨닫지 못하기 때문에 일어나는 현상이다. 내가 정한 뜻이 안 이루어진다고 생각하기에 안달을 하는 것이다. 내 뜻대로가 아니라 하느님의 뜻이 무엇인지를 갈파하고 그 뜻을 따를 각오를 해야 한다. 하느님을 따르는 것이 힘들고 십자가라 하더라도 기쁜 마음으로 그 뜻을 따라야 성공하는 길이며 행복의 길이다.

자신이 하느님의 도우심을 청하려면 자신의 잘못이 없는지 먼저 깨닫고 그 잘못에 대한 용서를 청하고 나서 도움을 청해야 마땅하다. 태평성대 때에는 하느님을 거역하며 못된 짓을 많이 하다가 어려움이 생기면, 하느님께 손을 벌려 보고 그도 신통치 않다고 생각하면 영매와 점쟁이를 찾거나 무당을 찾는 사람들이 있다.

과거에는 미신이 나라와 민족의 발전을 저해한다는 생각으로 타파했었는데, 어찌 이리 됐는지 알다가도 모를 일이다. 그래서 많은 사람들이 미신에 의해 조정을 받고 살아가는가 보다. 이사를 가도 혼인을 해도 미신에 의해서 결정된다니 말이다. 우리보다 잘 사는 선진국에서는 아무런 제약이 없이 자신들이 원하는 날에 이사 가고 혼인하는데, 왜 우리는 이렇게 삶 자체를 미신의 테두리 속에 넣어 제약받으려 하는가?

사무엘이 나타나서 사울을 호통 친다. 그에게 "네 왕권은 끝장나서 이 나라는 필리스티아인들에게 넘기실 것이다. 네 아들들과 너도 내일이면 죽어 나와 함께 있게 될 것이다" 하고 말한다.

결국 사울은 필리스티아인들과의 싸움에서 지고 만다. 적의 화살을 맞고 큰 부상을 입었는데, 무기 병에게 죽여 달라고 했으나 그가 겁을 먹고 못하자 자신이 자기 칼을 세우고 그 위에 엎어졌다. 자살한 것이다. 그의 최후는 그렇게 비참하였다.

그가 하느님을 배반하고 산 결산이 바로 이런 참혹한 최후였음을 가슴에 새겨야 한다. 미신을 좋아한 그가 당한 최후가 이런 것임을 알아야 한다.

> 싸우러 나갔던 사람의 몫이나 뒤에 남아
> 물건을 지킨 사람의 몫이나 다 똑같아야 하오.
> 똑같이 나눠 가져야 하오(1사무 30,24).

다윗이 아말렉을 쳐서 승리하였다. 그런데 그 과정에서 400명의 군대는 끝까지 추격하여 싸움으로써 승리에 앞장섰으나 200명은 끝까지 가지를 못하고 브소르 개울에 머무르며 짐을 지켰다.

400명의 부하들이 많은 전리품을 거두어 돌아왔는데 그들 중 고약한 자들이 "이들은 우리와 함께 가지 않았으니, 우리가 되찾은 전리품은 하나도 줄 수가 없습니다" 하고 말했다.

그러자 다윗은 무슨 소리냐며 전리품을 똑같이 나누어야 한다고 하였다. 승리는 주님께서 주신 것이기에 모두가 함께 그 기쁨을 나누어야 한다는 것이었다. 다윗의 이러한 현명한 판단으로 이스라엘은 하나의 좋은 규정이 생겨났다. 곧 약자를 보호하는 규정인 것이다.

많은 사람들은 재물을 보기만 하면 생각이 달라진다. 어떻게든 자기에게 유리하게 할 수 없는가? 어떻게 하면 내가 많이 가질 수는 없는가? 더 나아가 내가 다 가질 수 있는 길은 없는가를 생각하게 된다. 황금을 보기를 돌같이 하기란 쉬운 일이 아니다. 재물에서 수많은 문제들이 발생한다. 다윗의 현명한 판단을 우리는 가슴에 새겨야 한다.

그 뒤 다윗이 주님께 여쭈어 보았다. "유다의 성읍들 가운데 한 곳으로 올라가도 되겠습니까?" 주님께서 그에게 "올라가거라." 하고 이르셨다. 다윗이 다시 "어디로 올라가야 합니까?" 하고 여쭈어 보자, 그분께서는 "헤브론으로 가거라." 하고 말씀하셨다 (2사무 2,1).

다윗은 유다의 임금이 되기 위해서 어디로 올라가야 하는지 주님께 여쭈어 본다. 그리고 주님의 대답을 듣는다. 다윗은 어디로 올라가야 하는지 그 장소까지 여쭈어 보고 그 답을 주님께로부터 듣는다. 매사를 주님의 뜻에 따라 결정하는 것이다. 그는 젊은 나이에 주님의 힘을 입어 골리앗을 쓰러트렸다. 그리고 하느님을 배반하여 버림받은 사울의 뒤를 이어 왕이 되도록 선택되었다. 그러나 10여 년의 긴 세월 동안 참으로 많은 경험을 하였다. 때로는 사울에게 쫓겨 이방지역으로 도망 다니고 산악에 숨어서 고통을 당하기도 하였다. 그러나 그러한 시련을 이긴 뒤에, 왕이 되기 위해서 유다로 올라가고 있는 것이다.

우리가 주님의 일꾼으로서 점지됐다 하더라도 진정한 일꾼이 되기 위해서는 피나는 훈련이 거듭되어야 한다. 잘 준비되어야 한다. 사제가 되려는 사람도 사제가 되고 나면 그것으로 끝나는 것이 아니다. 훌륭한 사제가 되기 위해서는 많은 고난을 경험한 뒤에 정말 신자들을 위하여 훌륭한 봉사를 할 수 있는 것임을 알아야 한다. 그러므로 고난의 시간이 은총의 시간임을 잊어서는 안 된다. 다윗은 그 준비를 통과하였다.

다윗은 어떤 일을 하더라도 주님께 여쭈어보고 나서 실행하였다. 자신의 부족을 항시 절감하고 있었기에, 오로지 주님의 보호와 축복을 의지해야 한다는 겸손이 가득하던 사람이었다. 그는 주님을 진정으로 믿고 의지한 사람이었다. 그래서 그는 주님의 사람이었고 대왕이었다.

우리가 주님의 사람으로 뽑힘 받은 다음, 주님의 증거자로서 그 임무를 잘 수행하기 위해서는 많은 경험이 요구된다. 때로는 다윗처럼 극한 상황에 내몰릴 수도 있다. 반대의 표적이 될 수도 있을 것이다. 우리가 이 모든 시련 앞에 굴복하면 안 된다. 주님께 모든 것을 의지하며 시련을 견디다 보면, 언젠가 유다 헤브론으로 올라간 다윗처럼 그렇게 승리의 월계관을 쓰려고 올라가게 되어있다.

중요한 것은 다윗처럼 먼 미래를 내다보는 것이다. 오늘의 현실은 괴롭다 할지라도 주님께서 뜻이 있으시어 시련을 주신다는 사실을 잊어서는 안 되겠다.

다윗은 브에롯 사람 림몬의 아들 레캅과 그의 동생 바아나에게 말하였다. "온갖 고난에서 나의 목숨을 건져 주신, 살아 계신 주님을 두고 맹세한다. 전에 어떤 자가 제 딴에는 기쁜 소식을 전하는 줄로 여기며, '사울이 죽었습니다.' 하고 나에게 알렸다. 그러나 나는 그 기쁜 소식의 대가로 그를 잡아 치클락에서 죽였다. 하물며 악한 자들이 자기 집 침상에서 자는 의로운 사람을 살해하였는데, 내가 어찌 그 피에 대한 책임을 너희 손에 묻지 않으며 이 땅에서 너희를 없애 버리지 않겠느냐?"(2사무 4,9-11)

사울은 다윗을 잡아 죽이려고 끈질기게 쫓아다녔다. 그러나 결국 뜻을 이루지 못하였다. 그러다가 전쟁 중에 화살을 맞고 자살하였다고 표현된 곳도 있고, 마지막 숨을 자기 부하에게 끊어 달라 하여 죽었다는 표현도 성경에는 있다(1사무 31장, 2사무 1장 참조). 어쨌든 다윗은 두 번이나 죽일 수 있는 기회가 있었으나 사울이 주님으로부터 기름부음 받았다는 그 자체를 대단히 중요하게 생각하면서 절대 그의 몸에 해를 끼치지 않게 하였다.

다윗이 유다의 땅 헤브론으로 올라가서 유다의 왕이 됐으나 이스라엘은 사울의 아들이 다스렸는데, 그의 이름은 이스보셋이었다. 그는 자기 장수였던 아브네르가 죽었다는 소식을 듣고 힘이 빠져버렸다. 그러자 이스라엘은 힘을 잃고 우왕좌왕하였다. 이 틈을 타서 기회주의자였던 두 장수, 레캅과 바아나 형제가 배신의 기회를 엿보고 있었다. 그들은 허술한 틈을 이용해서 자기 왕을 죽이고 다윗에게 붙어서

덕을 보고자했다. 다윗에게 붙으면 부귀영화를 얻을 줄 알았다. 그러나 배신의 죄악이 얼마나 처절한지 맛보아야 했다. 그들은 다윗에게 처형당했다.

인간사에는 자기에게 유익이 되기만 하면 의리, 신의를 거품처럼 걷어버리고 마는 사람들이 있다. 다윗은 의리의 사람이었다. 비열한 짓을 하는 자, 불의를 저지르는 자는 가차 없이 처단하였다.

이 시대도 배신과 모함이 난무한다. 특히 정치권에서는 어제의 친구가 오늘의 적이 되어 비방과 험담을 늘어놓기 일쑤이다. 한결같은 마음, 죽기까지 충성하는 마음이 주님을 믿은 이들의 마음이어야 한다. 변절자, 배신자는 그 종말이 좋지 않기 때문이다.

어쨌든 이스라엘의 왕이 죽었기 때문에 다윗은 유다와 이스라엘의 통합 왕이 되었다. 그는 유다의 왕으로서 7년간 헤브론에서 다스렸고, 이후 통합 왕이 되어 예루살렘에서 33년간 다스렸다.

> 그들이 니콘의 타작마당에 이르렀을 때였다. 소들이 비틀거리는 바람에 우짜가 손을 뻗어 하느님의 궤를 붙들었다.
> 그러자 우짜를 향하여 주님의 분노가 타올랐다.
> 하느님께서 그의 잘못 때문에 거기에서 그를 치시니,
> 그는 거기 하느님의 궤 곁에서 죽었다(2사무 6,6-7).

필리스티아인들과의 싸움에서 또 이긴 다윗은 이제 평화롭게 된

통일 왕국의 수도에 '계약의 궤'를 모시고 싶었다. 그래서 그때까지 유다 바알라의 아비나답이라는 사람의 집에 있던 계약의 궤를 새 수레에 싣고 오게 했다. 그런데 소가 비틀거리는 바람에 궤가 떨어질 것 같으니까 '우짜'라는 사람이 궤에 손을 대었다.

이것이 화가 되어 그는 죽었다. 얼핏 생각하면 그가 좋은 일을 한 것인데 왜 그를 벌하셨을까? 의아해 할 수 있다. 그러나 구약의 법을 보면 '계약의 궤'는 레위인 제사장이 옮겨야 하고 다른 사람은 손을 댈 수 없게 되어 있었다. 따라서 당시 이러한 행위는 구약의 법을 완전히 무시한 처사이기에 벌이 내린 것이다.

법은 지켜져야 한다. 법이 지켜지지 않고 적당히 넘어가게 되면 그 사회는 엉망진창이 된다. 때로는 교통 신호등을 무시하고 달리던 차가 정면으로 추돌하여 큰 사고를 당하기까지 한다. 법을 어긴 것 때문이다. 하느님의 법은 더군다나 굳게 지켜져야 한다. 예수님도 구약의 법이 일점 일획도 변하지 않을 것이라고 하셨다. 십계명은 지금도 지켜져야 한다.

우짜의 죽음으로 겁이 난 다윗은 궤를 임시로 오베데돔의 집에 모셨다. 거기서 석 달간 궤가 머무르는 동안 그 집에 복이 넘쳤다. 그제야 그는 제대로 예식을 갖추어 궤를 예루살렘으로 모셨다. 궤를 모셔 가는 동안 다윗은 그 앞에서 온 힘을 다하여 춤을 추었다. 사울의 딸이자 자신의 부인인 미칼은 다윗의 춤추는 것이 꼴사나웠다고 힐난하였다. 하느님 앞에서 찬미와 감사의 예를 바치는 것을 인간적인 눈으로 보면 이상하게 보일 수도 있다. 믿음 없는 판단만 했던 미칼은 그후 아이를 낳지 못했다.

우리가 성체성사를 거행할 때의 여러 행위들이 외교인들에게는 생소하고 이상하게 보일 수도 있다. 하느님 앞에서 드리는 행위는 그 자체를 신앙의 눈으로 보고 평가해야 한다. 다윗이 한 것처럼 오늘도 전례 때에 춤동작으로 감사와 찬미를 드리는 것은 어떤가? 생각해볼 일이다.

다윗이 "므피보셋아!" 하고 부르자, "예, 당신 종이 여기 있습니다." 하고 므피보셋이 대답하였다. 다윗이 그에게 말하였다. "두려워하지 마라. 내가 너의 아버지 요나탄을 기억하여 너에게 자애를 베풀고자 한다. 〔…〕" 그러자 므피보셋이 절하며 말하였다. "당신 종이 무엇이기에 죽은 개와 같은 저를 보살펴 주십니까?"(2사무 9,6-8)

다윗은 사울의 아들 요나탄과 의형제를 맺었었다. 요나탄은 사심이 없는 사람이었다. 그는 우정을 높이 받든 사람이다. 그는 아버지가 다윗을 죽이려할 때에 욕을 먹으면서도 변호해 준 진정한 친구였다. 그가 전쟁에서 죽고, 그 자식이 양다리가 불편한 상태에서 고생하며 살고 있을 때, 다윗은 그를 불러 도움을 주고자 했다. 요나탄이 그리워서였을 것이다. 고마워서였을 것이다.

사람은 세월이 지나면 잃어버리게 마련이다. 이미 오래 전에 친구는 죽었고 그 자식들이 어디 사는지 관심이 없을 만도 한데 다윗은 그렇지 않았다. 은혜를 꼭 갚는 사람이었다. 그는 므피보셋을 데려다가 왕의 식탁에서 왕자들과 함께 먹고 마시게 하였다. 므피보셋은 너무나 감격하여, 자신을 한없이 낮추며, 죽은 개만도 못한 자신에게 이런 은혜를 베푸시는 다윗 왕께 감사하였다.

은혜를 모르는 사람, 감사함이 없는 사람들이 많을수록 세상은 험악해진다.

신앙이란 하느님의 은혜에 감사하는 마음이 변치 않는 것이다. 마치 므피보셋처럼 "죽은 개만도 못한 제가 무엇이기에 하느님께서 사람이 되어 오시고, 죽으시고, 묻히시고, 부활하시고, 이제는 양식이 되어 오시기까지 하십니까?"라고 주님 앞에 머리 숙이며 감사하는 자세가 참 신앙인의 자세일 것이다.

우리야를 전투가 가장 심한 곳 정면에 배치했다가, 그만 남겨 두고 후퇴하여 그가 칼에 맞아 죽게 하여라(2사무 11,15).

수많은 전쟁에서 승리한 다윗이었다. 이스라엘과의 전쟁으로 통일 왕국을 이룩하고, 계속되는 필리스티아인들과의 전쟁에서 승리하였다. 그의 왕권은 굳건해지고 있었다. 그렇다고 주변국들과의 전쟁이 완전히 끝난 것은 물론 아니다. 쉴 새 없이 주변의 크고 작은 나라들이 도전해 왔고 그들과 계속 싸워야 했다.

다윗은 어느 날 밤에 옥상에 올라갔다가 어떤 집에서 한 여인이 목욕을 하는 것을 보게 되었다. 칠흑 같은 밤이었으면 안 보였을 것이나 아마도 휘엉청 밝은 보름달이 떠 있었다고 생각해볼 수도 있을 것이다. 전쟁으로 심란해 있던 다윗에게는 그 여인이 신선해 보였던지 그녀를 그리워하게 됐다. 물론 망설였을 것이다. '그 여자를 데려올까 말까?' 그러다가 결국 다윗은 육욕에 져서 그녀를 불러들여 정을 통했다. 왕의 명령이면 안 되는 것이 없는 세상이었기 때문이다.

그런데 나중에 알고 보니, 그날 밤의 통정이 아기를 갖게 되었다. 그녀는 그 사실을 왕에게 전했다. 왕은 당황하며 그녀의 남편 우리야가 전선에 나가 있음을 알고 그를 불러오게 하여 집에 머물게 함으로써, 알리바이를 만들어 화를 면하고자 했다. 범죄는 계속 범죄를 생산해 내는 법이다. 그런데 우직하고 충성심이 강하며, 의리의 사나이였던 우리야는 차마 자기의 상관들이 전선에서 고생하는데, 집에 가서 편히 아내와 지낼 수는 없다는 순수한 생각으로, 집으로 가지 않았다. 결국 다윗은 자신의 계획이 실패했음을 알고 깊은 죄악의 구렁으로 들어간다. 그래서 생각해 낸 것이, 그를 합법적으로 죽이려는 것이었다.

죄는 죄를 낳는다. 우리도 잘못하여 죄를 지었을 때, 그 죄를 커버하기 위해서 다른 죄를 계획하려는 마음이 생길 수 있다. 그럴 때, 조심해야 한다. 단호하게 자신의 죄를 뉘우치고 더 이상 죄 속에 빠져들어서는 안 된다.

다윗은 우리야를 전선에서 죽게 한다. 이런 약점을 가지고 있었기 때문에, 전쟁에서 패한 병사들을 야단치다가, 우리야가 그 전쟁에서 죽었다는 한마디에 아무 소리도 못하게 된다.

사람이 약점을 가지면 큰소리를 못 치는 법이다. 힘을 잃게 된다.

그러므로 정직하고 정의롭게 살 때만 힘을 내게 된다는 것을 알아야 한다.

다윗의 죄악을 일깨워준 예언자는 나탄이었다. 그는 비유를 들었다. "한 성읍에 두 사람이 있었는데 하나는 부자이고 하나는 가난하였습니다. 가난한 이는 오직 하나의 작은 암양이 있었으나 부자는 많은 양을 가지고 있었는데도, 그에게 손님이 왔을 때 자기 것은 아까워서 가난한 사람의 양을 뺏어다 잡아 대접하였습니다."

이 말을 들은 다윗은 분기가 치솟아 "그런 짓을 한 자는 죽어 마땅하다. 그 자는 마땅히 네 배로 갚아야 한다"고 말하였다. 나탄 예언자는 "당신이 바로 그 부자이요" 하고 말했다. "당신은 많은 아내를 가졌으면서도 우리야가 애지중지 하는 하나밖에 없는 그의 아내를 데려다가 정을 통했기 때문이오."

남의 눈에 든 티끌은 보고 내 눈에 든 들보는 못 보는 것이 인간이다. 우리도 "내 탓이요"라고 말할 때, 남들에게 호감을 얻을 수 있음을 알아야 한다. 그러나 많은 사람들은 나는 잘했고 남은 못했다며 불평 불만 속에 살아간다.

다윗은 나탄의 말을 듣고 주저 없이 자신의 죄를 고백하였다. 임금으로서 자신을 변명할 수도 있었을 것이다. 그러나 다윗은 그 점에 있어서는 정직하였다. 다만 우리야의 아내와의 사이에서 태어난 아이는 정상적인 관계에서 난 자식이 아니기에 죽어야 했다.

그러나 다윗과 밧 세바(우리야의 아내)가 두 번째 난 아이가 솔로몬이다. 다윗의 대를 이어 전 이스라엘을 다스릴 왕이 될 사람이다.

하느님의 뜻은 인간의 지혜로서 알 수 없다. 어떻게 별난 관계로 왕궁에 온 한 여인, 밧 세바에게서 난 아이가 왕이 될 수 있단 말인가? 왕궁에 사는 많은 여인들이 볼 때, 그 여인은 존경받거나 사랑받기가 어려웠을 것이다. 왜냐하면 그녀는 이미 다른 사람의 아내였기 때문이고, 특히 하잘것없는 병사의 아내였던 사람이다. 그가 왕궁에 와서 살며 자식을 낳았는데, 그 누가 높여 주었을 것인가! 아마도 천대받는 사람 중에 하나가 아니었을까 생각된다. 왕궁에는 이미 잘난 가문의 아내들이 있었다. 그들 중에는 자신들의 과거를 들쑤셔대면서 밧 세바와는 차원이 다른 사람이라고 목청을 높이는 사람들이 많았을 것이다.

하느님은 언제나 천대받은 사람의 힘이 되시고 위로가 되시며 바위가 되신다. 천대받는 자를 들어 높이시는 하느님이시다.

다윗은 많은 여인들을 아내로 맞이하였다. 큰 아들은 암논이었다. 그는 누이동생 타마르를 사랑하였다. 타마르는 아름다웠다. 그러나 차마 누이였기에 애를 태우고 있던 암논이 점점 상사병으로 몸이 야위어 가는 것을 알아차린 4촌 여호나답이 암논에게 말했다. "무슨 걱정이 있습니까?" 그는 아주 영리한 자였다. 암논이 그에게 자신의 고민을 얘기하자 "아픈 척하면서 누워 있으십시오"라고 일러 주었다. 그러면 부왕이 와서 "무슨 일이냐고 물을 터인데, 타마르에게 음식을 좀 해서 내가 먹을 수 있게 해달라고 청하십시오"라고 알려줬다. 일은 그대로 되었다. 그래서 타마르는 영문도 모르고 큰오빠에게 와서 과자를 만들어 주려고 하자, 암논이 다른 사람들을 다 내보내고 누이를 겁탈하였다. 그런 다음, 어쩐 일인지 그녀를 미워하게 되었다. 책임을 질 생각을 하지 않았다. 타마르는 쫓겨나서 재를 뒤집어쓰고 울부짖었다. 그리고 압살롬 오빠의 집에서 처량하게 지냈다. 압살롬은 형을 미워하였다.

인간의 욕망은 잘 계도되지 않으면 낭패가 된다. 암논의 욕정은 눈을 멀게 하고 그 결과는 처참하였다. 그것은 사랑도 아니었다. 악의 발산이었다.

최근 신문에는 이런 기사가 났다. 70대 노인이 작은 배를 부리는데

20대 초반의 두 처녀를 태우고 바다를 구경시켜준다고 나가서는 갑자기 두 처녀를 성추행하고 그들이 대들자 함께 물에 빠졌다는 것이다. 그는 어부이니까 배로 쉽게 올라왔는데, 두 처녀들이 올라오려 하자 밀어내서 죽게 했다는 것이다. 그는 그 전에도 두 명을 그렇게 죽였다니 어처구니가 없다. 어찌 70대에도 성적인 노예가 되어 살인을 일삼는다는 말인가! 마귀가 씌우지 않았다면 가능하지 않았을 것으로 보인다.

압살론은 암논을 죽일 계획을 세우고 결국 그를 죽여 버렸다. 가문의 영광이 아니라 가문의 수치가 계속되었다. 압살롬은 도망을 쳤다. 그가 그수르로 가서 3년간 머물렀다. 다윗은 아들을 그리워하였다. 그래서 결국 아들은 돌아왔고, 화해가 이루어졌다. 그러나 이러한 화합과 평화의 날도 잠시였다. 압살롬은 모반을 꿈꾸고 있었다.

다윗은 압살롬이 헤브론에서 세력을 크게 키우고 있음을 알고 요르단으로 도망한다. 다윗이 도망하는 동안 사울 집안의 친척 가운데 한 사람, 게라의 아들 시므이가 돌을 던지며 저주를 퍼부어댔다.

다윗은 그 저주가 당연한 것처럼, "주님께서 저자를 시켜 저자가 저주하는 것이라면, 어찌 하겠느냐"며 겸손해 하였다.

다윗은 위대한 왕이라고 칭송된다. 그러나 이러한 가정사가 얽히고 설켜 있음을 많은 사람들이 모른다. 인간사는 겉으로 보기에는 잘 모른다. 위대한 사람들의 가정도 그 내막을 보면 참으로 복잡하기 그지없다. 그러므로 이곳을 우리는 세상이라고 한다. 천상에는 이런 비리와 저주, 천박함이 없을 것이다.

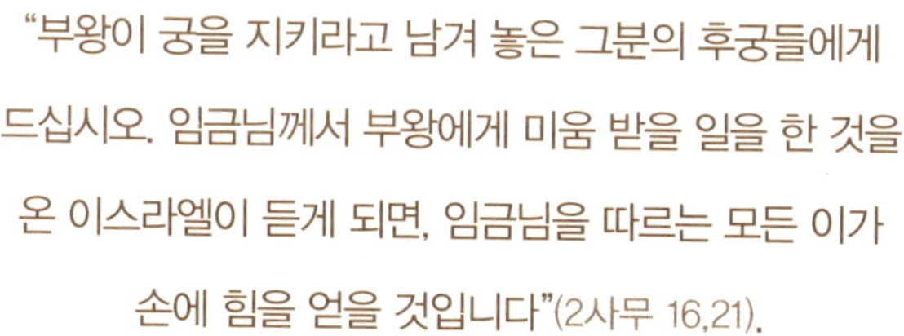

압살롬이 아버지 다윗에게 반기를 들고 뛰쳐나가 임금이라고 자처하였으나, 아직은 아버지가 살아있고 충직한 장수들이 함께 있어서 마음 놓을 수 없는 상황이었다. 이 때 아히토펠이 압살롬에게 아버지의 후궁과 함께 몸을 섞으라고 조언하였다. 고대 근동지방의 관례를 보면, 왕의 후궁을 취함으로 완전히 왕권을 틀어쥔다는 의미가 있었다.

물론 이것은 하느님의 뜻에는 어긋나는 일이었다. 압살롬은 아버지의 후궁을 취함으로써 아버지를 모욕하고 멸시함으로 절망에 빠져서 다시는 소생할 수 없게 하려 하였다.

그러나 하느님은 언제나 정의의 편에 서신다. 아히토펠의 조언은 계속된다. 그는 도망가고 있는 다윗을 병사들을 보내 죽이라고 조언했다. 그러나 압살롬은 그의 조언보다는 후사이라는 사람의 조언을 받아들였는데 후사이는 다윗의 첩자였다. 아히토펠은 자신의 의견이 묵사발 되는 것을 안타깝게 여기며 자기 고향으로 돌아가서 목을 매서 죽었다.

하느님의 뜻에 어긋나는 것을 계획하고 남에게 하도록 격려한 자의 최후가 어떠한지를 알려주는 좋은 예이다. 후사이의 조언으로 압살롬은 전쟁에 직접 나섰다. 싸움이 치열하였다. 쫓기고 쫓는 와중에 압살롬의 머리카락이 향엽나무에 휘감기게 되었다. 나귀를 타고 싸움을 했었는데, 나귀가 그대로 지나가 버렸다. 압살롬은 나뭇가지를 잡고 대롱대롱 매달려 있었다. 요압 장군은 그를 향해 창을 던져 심장을 맞추었고 병사들이 요절을 내 죽였다. 처참한 최후를 맞이한 것이었다. 그는 형을 피로 물들게 했으며, 아버지의 후궁들을 범했고, 불효를 저지른 죄를 지었기 때문에 비참한 최후를 맞이한 것이다.

이렇게 불효를 저질러 죽은 압살롬을 다윗은 그래도 사랑하였다. 막상 압살롬이 죽었다는 소식을 듣자 누각으로 올라가서 울었던 것이다.

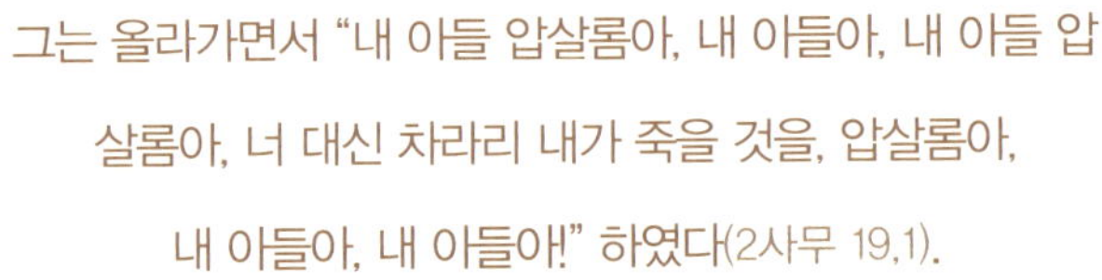

자식이란 무엇인가? 자기를 죽이려고 모반하던 아들 압살롬의 죽음을 아버지는 너무도 슬퍼하였다. 피가 물보다 진하다는 말이 있다. 아마도 이를 두고 하는 말이 아닌가 한다. 이런 부모의 사랑을 자식들은 모른다. 그들도 부모가 돼봐야 깨닫게 된다.

오늘날은 어떠한가? 부모가 자식을 죽이지 않는가? 낙태를 두고 하는 말이다. 부모와 자식 간의 재산 싸움이 일어 가정을 엉망진창으로 만들기도 하고 때로는 자식이 아버지를 죽이기도 한다. 그러고 보면 오늘의 시대 상황은 그 옛날 다윗 때만도 못하다.

어쨌든 다윗의 슬픔으로, 나라 전체가 승리하고서도 주눅이 들어 있었다. 한 개인의 감정이 온 나라를 슬프게 한다. 요압은 임금에게 가서, "저희는 승리하고서도 슬퍼하고 있으며, 계속 이러시다간 사람들이 임금님을 떠날 것입니다"고 하자, 마지못해 다윗은 성문에 나와 앉았다. 때로는 다윗 같은 대왕도 공과 사를 잘 구분하지 못하고 감정에 빠져 헤맬 때가 있다. 하물며 우리야 어떠하겠는가!

시므이, 그는 사울 집안의 친척으로서 다윗이 피신할 때, 다윗을 향해서 저주를 퍼붓던 사람이다. "꺼져라 꺼져, 이 살인자야!"라고 소리치던 자이다. 그러나 압살롬이 이길 줄 알았는데 다윗이 승리하였으니 이게 웬 말인가! 그의 예견이 빗나갔던 것이다. 그는 다윗에게 나와서 아양을 떨며, 과거의 것은 다 잊어 달라 간청하였다. 아비사이는 다윗에게 "임금님 저런 자는 죽여야 합니다"라고 말하였다. 그러나 임금은 너그러웠다. 죽이지 않을 것임을 맹세하였다. 다윗이 대왕이라고 일컬어지는 이유는 자신의 잘못에 대해서 빨리 뉘우치기도 하지만 모든 것은 하느님의 뜻이라며 하느님께 의지하고, 자비를 베푼 사람이기 때문이었다. 그는 악을 악으로 갚기보다는 악을 선으로 갚는 사람이었다. "이 웬수 같은 놈이, 어디 와서 살려 달라 하느냐"

며 한칼에 목을 베어 버릴 수도 있는 권한을 가진 다윗이었다.

나에게 잘못한 사람을 내가 용서한다는 것이 얼마나 어려운가! 10년 전에 내게 큰 상처를 입힌 사람을 못 잊어 하는 경우도 있다. 다윗의 용서를 본받아야 하겠다.

그러나 구약은 대개의 경우, 용서와 사랑보다는 정의가 강조되고 있다. 다윗은 시므이가 자신을 저주했던 것이 하느님의 뜻이었으려니 생각하며 용서하여 주었으나, 자기 자식에게는 정의를 실현하라고 당부한다. 결국 후에 솔로몬이 시므이를 응징하였으니 그가 저지른 잘못에 대한 벌을 받은 것이다. 시므이는 솔로몬의 명을 어겨, 브나야의 칼아 맞아 죽었던 것이다(1열왕 2,46 참조).

한 인간의 잘못은 언젠가는 그 벌을 받는다는 것이 구약의 사상이다. 정의가 구현되어야 한다는 것을 강조한다. 오늘날 사형제도 폐지를 부르짖는데 구약의 사상과는 다른 한 차원 높은 부르짖음이다.

> 다윗 시대에 연이어 세 해 동안 기근이 들었다.
> 다윗이 주님께 곡절을 물으니, 주님께서
> "사울이 기브온 사람들을 죽인 탓으로, 그 피가 사울과
> 그의 집안에 머물러 있다."고 대답하셨다(2사무 21,1).

다윗은 사울이 이스라엘 사람들과 화친계약을 맺은 기브온 사람들을 쳐 죽였기 때문에 일어난 기근임을 알게 되었다. 하느님께서 인정

하신 계약을 사울이 어겼다는 것은 곧 하느님의 뜻을 어긴 것이었다. 그러므로 그 기근이 멈추기 위해서는 적절한 보상이 요구되었다. 결국 사울의 후손 7명이 죽는다. 후손에 대한 책임을 강조하는 내용이다. 사울 가문이 잘못했으므로 그 후손도 책임을 느껴야 한다는 것이다.

어찌 보면 너무 가혹하지 않은가? 하고 생각할 수도 있으나 정의는 지켜져야 한다는 것이다. 세상에 힘없는 사람이 핍박받아 죽어가도 아무런 응징이 없다면 정의도 없을 것이며 그러한 일들이 반복될 수도 있는 것이다. 구약의 사상으로 보면 동태복수법은 사랑의 법이었다.

오늘날도 어떤 사람이 자신의 지위를 이용해서, 남의 재산을 불법으로 다 빼앗고 죽인 뒤 호의호식하다가 죽었는데 그 자녀들도 호의호식하면서 잘산다고 치자. 그런데 재산을 빼앗긴 후손들은 거렁뱅이처럼 그렇게 산다고 하면 어떠한가?

정의가 구현되지 못하는 사회는 살기 곤란한 사회다. 세상은 정의가 살아있어야 한다.

물론 신약의 예수님은 더 한 발 나아간 법, 곧 사랑의 법을 선포하셨다. 원수도 사랑하는 법 말이다. 그러나 이 법을 지키기 위해서는 성령의 도우심이 있어야 가능할 것이다. 원수의 신발 뒤꿈치만 보아도 피가 거꾸로 솟기 때문이다.

다윗은 수없는 전쟁을 벌였다. 세바의 반란을 잠재우고 필리스티아인들과 싸워서 이겼다. 그리고 승전가를 지어 불렀다. 수많은 세월 동안, 수많은 부족들과 싸워 이겼다. 자식과도 싸웠다. 정말 바람 잘 날이 없었다. 이제 비로소 그의 왕권은 튼튼해졌다. 안정되었다. 그래서 안도의 숨을 쉬면서 주님은 나의 반석, 구원자, 하느님, 바위, 방패, 성채라고 노래한다.

"주님 아니시면 어찌 오늘의 이 평화, 이 승리, 이 기쁨이 있었겠습니까?"라고 감사의 노래를 부르는 것이다. 그의 가슴 속에 주님은 언제나 먼저이고, 최고였다. 주님이 안 계시면 살 수 없었다.

우리도 다윗처럼 수많은 시련을 겪고 살아간다. 내가 혼자 그 많은 시련과 싸우려 하다가는 쓰러지고 피투성이가 될 것이다. 지칠 것이다.

주님께 전적으로 의지해야 한다. 그래야 우리도 다윗처럼 승리의 노래를 부를 수 있을 것이다. 그는 마지막으로 이런 말을 남겼다. "사람을 정의롭게 다스리고 하느님을 경외하며 다스리는 이는 구름 끼지 않은 아침, 해가 떠오르는 그 아침의 햇살 같고 비 온 뒤의 찬란함, 땅에서 돋아나는 새싹과 같다"(2사무 23,3-4).

10 장
열왕기 상 · 하권에서

다윗은 대왕으로서 하느님께 충성을 다한다. 그의 아들 솔로몬까지는 태평성대가 계속되었으나 아들 대에 나라가 반쪽 난다. 하느님께 불충한 결과이다. 갈라진 두 나라의 역사 속에 고난과 영광의 반복에 대한 이야기가 열왕기에 소개된다. 하느님께 불충하면 곤욕을 치르지만 다시 하느님께 돌아서면 축복을 받아 태평성대를 산다. 그러나 인간은 끊임없이 하느님을 배반하고 고난을 자초한다.

이스라엘은 기원전 722년 아시리아에 완전 패망하고 유다 나라는 기원전 586년 바빌론에 완전히 무너져 버린다. 하느님께 충성하지 않은 결과이다. 자신들이 하느님을 잊고 불충하면 망한다는 것을 알면서도 어찌 그리도 고집을 부렸단 말인가!

예언자들의 외침에 소귀에 경 읽는 것처럼 들은 척도 안 했다. 예언자는 진리를 전하기 위해서 고군분투하나 고난을 당한다. 진리의 전달자는 언제나 도전을 받게 마련이다.

"세월은 못 속인다"는 말이 있듯이, 다윗에게도 서서히 인생의 막이 내리고 있었다. 늙어서 피가 잘 순환되지 않았기 때문에 이불을 덮어도 몸이 차기만 했다. 어찌 그만의 문제인가! 오늘도 많은 노인들이 그렇게 호소한다. 춥다고 말이다. 그래서 한여름에도 내복을 입고 사는 노인들이 있다. 노인들에게는 에어컨이 독이다. 젊은이가 노인을 위한다며 에어컨을 빵빵하게 틀어 놓으면 노인에게는 고욕이다. 눈높이를 자기에게 맞추어서 남을 위하면 안 된다. 상대방의 눈높이, 상대방의 몸 상태를 배려하여야 한다.

입장을 바꾸어서 생각해보는 것이 지혜이고 배려이다. 역지사지라는 말이 있다. 참으로 음미할 말이다.

다윗은 여복이 많은 사람이었다. 신하들은 수넴 처녀 아비삭을 구해다가 함께 몸을 녹이도록 했다. 아마 그 처녀는 열이 많은 여자였던가 보다. 허기야 젊은이가 열이 없고서야 어찌 젊은이라고 할 수 있겠나? 그러나 다윗은 이미 나이가 많아서 그녀와 관계를 하지는 않았다. 그저 난로로 사용했다고나 할까! 젊은이들도 지금은 열이 나지만 언젠가 이불을 덮어도 몸이 차갑기만 한 때가 올 것을 깊이 새겨야 한다.

압살롬 다음에 태어난 아도니야는 용모가 뛰어났다. 잘생긴 사람은 때로는 꼴값을 한다고 하지 않던가! 그도 감히 자기가 임금이 될 것이라고 떠들어댔다. 거기에 다윗을 오랫동안 섬긴 충직한 장군 요압도 가담하였다. 순간의 잘못된 판단이 운명을 가르는 것이다. 그의 잘못된 선택으로 비참한 최후를 맞이하게 된다.

아도니야가 사람들을 모으고 있는 것을 보고, 나탄 예언자가 솔로몬의 어미인 밧 세바에게 가서 "어서 다윗 임금을 뵙고, 솔로몬을 임금으로 삼겠다고 맹세하지 않았느냐고 아뢰십시오" 하였다. 밧 세바는 임금을 뵙고 그렇게 말씀드렸다. 그러면서 "아도니야가 요압과 사제 에브야타르 그리고 다른 왕자들을 불러놓고 제사를 드렸는데 솔로몬은 뺐습니다. 이를 어찌 합니까?"라고 말씀드렸다. 그때 나탄 예언자도 들어가서 밧 세바의 말이 맞다고 거들었다.

다윗은 명하였다. "서둘러서 솔로몬을 나귀에 태우고 기혼으로 내려가, 거기서 차독 사제 나탄 예언자는 그에게 기름을 부어, 그를 이스라엘 왕으로 세우시오. 그리고 나팔을 분 다음 "솔로몬 임금"을 외치시오" 하고 일렀다. 일이 그대로 되었다. 이 일이 알려지자 아도니야와 그와 함께 있던 자들이 모두 흩어졌다.

아도니야는 솔로몬의 특은을 받아 집으로 돌아갈 수 있었다. 그러나 그가 겸손하게 숨죽이며 살았다면 목숨은 건졌을 것을! 솔로몬의 어머니 밧 세바에게 가서 자신이 왕이 될 사람인데 왕좌를 솔로몬에게 물려줬으니 대신 아비삭을 달라 하였다. 아비삭으로 말하면 부왕을 모시던 사람이다. 솔로몬은 이런 썩어빠진 정신을 가진 자를 그냥 둘 수 없다고 생각했기에 장수 브나야를 시켜 그를 한칼에 죽였다.

판단력이 좋아야 살 수 있다. 세상 돌아가는 것을 잘 판단할 수 있어야 세상에서도 성공한다. 신자는 주님의 뜻이 무엇인지 잘 판단할 수 있어야 그분의 마음에 드는 삶을 살 수 있는 것이다. 아도니야는 판단력이 부족한 사람이었던가 보다.

위대했던 왕도 가는 세월 앞에 어쩔 수 없었다. 이제 하직 인사를 할 때가 된 것이다. 우리도 마찬가지 아닌가! 우리도 언젠가 하직 인사를 할 때가 있을 것이다. 미리 미리 준비하고 있어야 한다. 다윗은 말한다. "세상 모든 사람들이 가는 길을 간다."

그 누가 죽음의 길을 거부할 수 있겠는가! 세상이 불공평하다고들 하지만 죽음 앞에만 서면 모두가 공평하다는 것을 알게 된다. 영원한 시간 앞에서 단지 80년 혹은 100년의 세월이 뭐 그리 대단하겠는가?

다윗은 떠나가면서 유언으로 "주 네 하느님의 명령을 지켜 그분의 길을 걸으며 살아야 한다"고 강조한다. 어디 이것이 다윗만의 유언이겠는가? 이 유언은 세상을 떠나는 모든 이들의 속마음에 들어있는 유언이기도 할 것이다.

신자들은 다윗의 유언을 귀담아 들을 필요가 있다. 자식들에게 마지막으로 남기는 말이 영적이고 고상해야 한다. 만일 어떤 신자가 죽으면서 "아, 나는 죽지 않겠다. 하느님이 있으면 왜 내가 죽느냐? 하느님을 믿어봐야 소용없다"라는 말을 남긴다면 얼마나 처량한가! 혹은 "내 재산은 어디 있고, 또 어디 있고……" 그렇게 돈 타령만 하다가 숨이 넘어간다면 자식들에게 남기고 가는 것이 무엇인가?

비록 자신은 하느님께 충실하지 못했어도 떠나가면서 주님을 향하여 손을 모으고 용서를 빌며, 영원한 주님의 나라를 주시기를 염원한다면 주님은 그를 받아들이신다. 강도도 죽기 전에 "왕으로 오실 때에 저를 기억해 주세요"라고 한마디 던지자, 주님께서는 그 날로 함께 영원한 나라로 데려가셨지 않은가!

자녀들을 모아 놓고 다윗처럼 "주 네 하느님의 명령을 지켜라, 그분의 길을 걸으며 살거라"라고 말하고 조용히 그리고 편안하게 숨을 거둔다면 그의 인생은 성공한 인생이다.

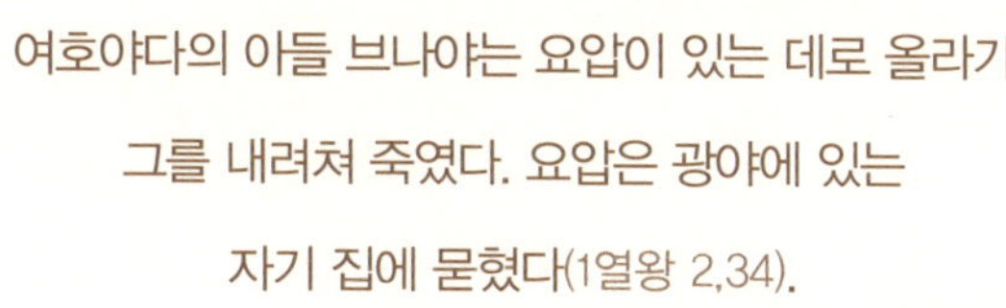

요압은 다윗을 위하여 많은 일을 한 사람이다. 그러나 모반자 아도니야의 편에 섰었으며, 다윗이 모르는 사이에 자기보다 의로운 이스라엘의 장수 아브네르와 유다의 장수 아마사를 칼로 내려쳐 죽이기까지 하였다.

어찌 그가 살기를 바라겠는가? 정의의 하느님께서 정의롭게 판단하신다. 그래서 결국 요압은 죽고 말았다.

일편단심이라는 말이 있다. 하느님을 섬기는 것도 일편단심이어야 하지만 인간과의 관계에서도 변심을 해서는 곤란하다. 한번 맺은 우정을 바꾼다는 것은 믿을만한 사람이 못 된다는 증거이다. 정치하는 사람들은 변절을 잘 하기로 정평이 나 있다. 자기에게 이익이 되면 어제의 친구도 적이 되는 것이다. 어디 정치인들만 변절하는가? 내가 어디에 기울면 이익이 될 것인가를 계속해서 저울질하며 사는 기회주의자는 성공할 수 없다. 인간의 의리라는 것은 어려울 때에 더욱 견고해야 한다. 충신이 높이 기려지는 이유는 한 번 준 마음을 끝까지 간직하기 때문이다.

솔로몬은 주님께서 무엇을 원하느냐고 물으실 때 지혜를 청했다. 금은보화를 청하거나 강력한 군대를 청하지 않았다.

지금 나에게 주님께서 나타나시어, "그대는 내게 무엇을 청하고 싶으냐?"라고 물으시면 나는 무엇을 청한다고 해야 하는가? 아마도 나는 산적한 많은 문제들을 해결하기 위해서 즉, 학교도 지어야 하고, 영성센터도 지어야 하고, 병원도 지어야 하기 때문에 "돈을 청합니다"라고 말할 것 같다. 얼마나 한심한 노릇인가! 아마도 많은 사람들이 나처럼 철없는 청을 드리지 않겠나 생각한다.

하느님께서는 솔로몬이 장수를 청하지도 않고, 부를 청하지도 않고, 원수 갚는 일을 청하지도 않고 분별력, 지혜를 청했으니, 그를 갸륵하다고 생각하시어 지혜를 주셨다.

솔로몬은 그 누구도 따를 수 없는 지혜를 지니고 있었다. 그의 지혜는 동방 모든 이의 지혜와 이집트의 모든 지혜보다 뛰어났다 (1열왕 5,10).

나는 어쩌면 이리도 속화되어 있는지? 참으로 한심한 노릇이다. 이제라도 정신을 차려야 하겠다. 주님께서 함께 하신다면 무엇인들 안 될 것은 없다.

나도 지혜를 청해야겠다. 무엇보다도 먼저 하느님을 생각하고, 사랑하고, 믿고, 따르기 위해서 말이다. 하느님을 사랑한다면 그분께서 무엇인들 해결해 주시지 않겠는가! 내게 참 지혜가 있어 인생의 참의미를 깨닫고 살며, 하느님의 뜻이 무엇인지를 바로 깨닫는 그 지혜만 있다면, 내가 살아가는 오늘과 내일은 더욱 밝고 복된 날이 될 것이다.

솔로몬의 지혜가 빛나는 대표적인 판결의 내용이다. 창녀 둘이 임금에게 판결을 해달라고 하였다. 내용인즉 두 여자가 같은 집에서 살았는데, 서로 자기가 아이를 낳은 엄마라는 것이다. 한 엄마가 아이를 깔고 자는 바람에 죽었고, 그 죽은 아이를 슬그머니 바꿔치기 했다는 것이었다. 그러자 다른 엄마가 어림없는 소리라며 거짓말이라고 우겼다. 솔로몬은 칼을 가져오라고 하여, 서로 자기 아이라고 하니 '반을 갈라서 나누어 주라'고 명하였다. 그러자 진짜 어미는 아이를 죽이지 말고 저 여자에게 주라하고, 가짜 어미는 어차피 내 아이도 네 아이도 안 되니 나누라고 하였다. 임금은 그 소리를 듣고 진짜 어미를 분별하여 그 아이를 내주었다는 내용이다.

진짜 어미라면 어찌 아이를 칼로 갈라 반을 달라 할 수 있었겠는가!

욕심이 많은 사람이나 도둑들은 남의 것이 내 것처럼 느껴지는가 보다. 유다 이스카리옷이 향유를 붓는 여인을 나무라며, "저렇게 비싼 향유를 왜 남용하는가?" 반문했는데 그는 그것이 마치 자기 것인 양 착각했기 때문이다. 이처럼 남의 것도 다 내 것으로 보일 때, 세상은 무법천지가 되는 것이다.

솔로몬은 지혜가 충만하여, 잠언을 삼천 개나 지었고, 천다섯 편의 노래를 지었다. 그는 성전을 7년에 걸쳐 완성하였으며, 13년 동안 공들여 궁전을 짓기도 하였다. 대단한 일을 한 임금이었다. 그가 그런 일을 할 수 있는 지혜는 하느님께서 주신 특별한 선물이다.

그러나 자신의 지혜를 너무 믿은 솔로몬도 결국 말년에는 하느님의 뜻을 어기며 살기도 한다. 겸손이 사라지고 있었던 것이다.

> 주 우리 하느님께서 우리 조상들과 함께 계시던 것처럼, 우리와도 함께 계셔주시기를 빕니다. 우리를 떠나지도 버리지도 않으시기를 빕니다. 우리 마음을 당신께 기울이게 하시어 당신의 모든 길을 걷고, 우리 조상들에게 명령하신 당신의 계명과 규정과 법규들을 지키게 해 주시기를 빕니다. 그리하여 주님만이 하느님이시고 다른 신은 없다는 것을 세상의 모든 민족들이 알게 되기를 빕니다(1열왕 8,57-60).

솔로몬이 성전을 완성하고서 다윗성에 모셔졌던 계약의 궤를 모시고 올라오게 하였다. 또한 왕궁을 완성하고 자신의 업적이 사고 없이 모두 성취되었음을 감사하는 기도를 올린다. 그리고 백성에게 축복하고 권고하는데, 이 복음서의 대목은 간절한 소망이 담겨있다. 하느님께서 이 백성과 함께하여 주시기를 열망하며, 백성들은 하느님의 명대로 살 것을 간절히 바라는 염원이 담겨있다.

오늘 우리에게도 이러한 염원이 있다면 그리고 그대로 산다면 인생은 평화로울 것이다.

사제는 아침마다 자신에게 맡겨진 신자들을 위하여, 더 나아가 국가와 민족을 위하여 하늘을 향하여 손을 펴들고 기도한다면 주님께서 기특하게 여기실 것이다.

> 네가 네 아버지 다윗이 걸은 것처럼, 내 앞에서 온전한 마음으로 바르게 걸으며, 내가 명령한 모든 것을 실천하고 내 규정과 법규를 따르면, 나는 너의 왕좌를 이스라엘 위에 영원히 세워 주겠다. 그러나 내 계명과 규정을 따르지 않고, 가서 다른 신들을 섬기거나 예배하면, 나는 내가 준 땅에서 이스라엘을 잘라 버리고, 내가 내 이름을 위하여 성별한 이 집을 내 앞에서 내버리겠다(1열왕 9,4-7).

아무리 아름다운 성전을 지어 나에게 바쳤다고 하더라도, 하느님의 계명을 어기면서 다른 데에 가서 다른 신을 섬기면 이 집을 내버리겠다고 말씀하신다.

우리가 아무리 아름답게 성전을 지어 하느님께 봉헌하더라도 신자들이 하느님의 뜻을 저버리고 다른 신이나 찾아다니거나, 하느님 법을 실천하지 않고 살아가면 하느님께서는 성전을 버리실 것이다.

많은 기도처들이 있다. 성지도 있다. 그러나 그런 성지나 기도처들이 본래의 하느님의 뜻이 실천되는 곳이어야 한다. 그곳을 통해서 다른 무엇이 목표가 된다면 안 될 것이다.

때로는 성지에서 장사를 하는 경우가 있다. 물론 그곳을 방문하는 사람들에게 도움을 주려는 경우도 있으나 때로는 너무나 물건 파는

데에 많은 관심을 가지고 있다는 느낌을 받을 때가 있다. 좋지 않은
결과를 가져올 것이다.

　스바라는 나라는 어디쯤에 있을까? 많은 사람들은 아프리카의 한
나라로 알고 있다. 그래서 지금도 아프리카인들 중 유다인들이 있다
는 것이다. 스바 여왕이 왔을 때 그가 솔로몬과 관계를 하고 그가 낳
은 자식들이 퍼지고 퍼져서 그 후손이 아프리카에 두루 퍼져 있다는
이야기를 하는 사람들도 있다. 아마도 솔로몬도 그 여왕에게 관심이
많았었던가 보다. 영왕기 상권 10장 13절을 보면 "한편 솔로몬 임금
은 그의 손에 걸맞게 스바 여왕에게 선물을 주었을 뿐만 아니라, 여
왕이 가지고 싶어 하는 것을 청하는 대로 다 주었다"라고 기록되어
있다. 어찌 사랑하지도 않는 사람에게 청하는 대로 다 주겠는가!
　어떤 고고학자들은 스바라는 나라가 아라비아의 예멘공화국이 아
니겠냐고 한다. 어쨌든 만일 예멘공화국이라면, 거기서 이스라엘까
지 1,100마일이나 떨어졌다는데 단순히 어려운 문제를 테스트해 보
려고 여왕이 왔겠느냐는 것이다. 물론 그 당시 왕과 신하들의 무리가
거기까지 왔다는 것만 해도 대단한 부를 가지고 있던 나라였음에는
틀림이 없다. 나라가 가난한데 어찌 여왕이 먼 나라에 수많은 사람들

을 대동하고 여행을 할 수 있었겠는가?

또 한 가지 놀라운 것은 그 당시 여왕이 정권을 잡고 있었다는 것이다. 대부분의 나라에서 아직도 남성 우월적 제도나 구조가 횡횡하고 있는데 여왕이 나라를 다스리고 있었다는 것이 흥미롭다.

그녀는 솔로몬의 지혜를 소문으로 들었을 것이다. 그래서 그의 지혜를 시험하러 왔을 것이고, 지혜를 구하러 왔다고 볼 수 있다. 하지만 다른 이유도 있었을 것이다. 자기의 나라에 도움이 되는 어떤 것과 이스라엘과의 관계가 얽혀있었지 않았겠나 하는 것이다. 그것을 해결하여 자기 나라의 번영을 꾀하고자 왔을 것이다. 말하자면 솔로몬의 해상 상업으로 벌어들이는 돈이 많았을 터인데 이로 인해 자신의 나라의 해상 상업이 손해를 보지 않도록 협조를 요청하러 왔지 않았을까 하고 생각해볼 수도 있을 것이다.

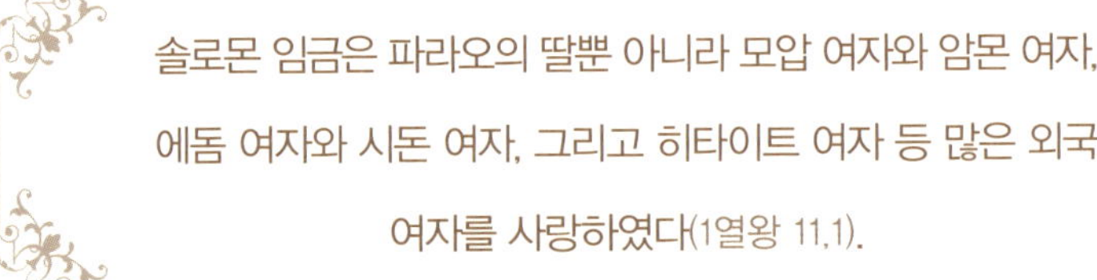

인간의 욕망 중에 식욕 다음 가는 것이 성욕이라고 말하는 사람들이 있다. 하느님께서 인류의 계속적인 발전을 위하여 이성에 대한 그리움, 욕망을 선물로 주셨다. 만일 이 욕망을 인간이 희미하게 갖고 있다면 인류의 번창은 기대하기 어려울 것이다. 전쟁 시에는 오히려 많은 어린이가 탄생한다고 한다. 인간이 종족의 번식을 더욱 고대하고 자신의 후손을 남기고 싶은 열망이 더욱 거세어지기 때문일 것이다.

솔로몬은 정식 아내가 칠백 명, 후궁이 삼백 명이나 있었다. 성에 대한 욕망이 얼마나 거센지를 알게 하는 대목이다. 왕족 출신의 아내들만도 주체를 못했을 것 같은데, 이방인 여자들을 계속해서 후궁으로 맞아들였다. 물론 외교정책의 하나였다고 말할 수도 있을 것이다. 그러나 아무리 외교정책의 하나였다고는 하지만 본인이 좋아하지 않고서는 있을 수 없는 일이다.

인간 속에 내재해 있는 성욕을 어떻게 잘 다스릴 수 있느냐가 중요하다. 만일 그 욕망에 사로잡혀 살게 되면 자신뿐 아니라 그 가정에 심각한 문제를 가져다준다.

어쨌든 솔로몬은 많은 이방여자들을 아내로 맞아들이고는 그들이 원하는 것을 해 주었다. 그들이 원하면 그들이 섬기는 신당을 지어 주었던 것이다. 하느님께서는 그에게 두 번이나 나타나시어 옐로우카드를 보이신다. 하느님께서는 진노하시면서 이 나라를 둘로 갈라버리겠다고 하시면서 그러나 다윗을 보아 솔로몬 생전에는 하지 않겠다고 말씀하신다.

부모가 잘하는 것이 얼마나 좋은 것인지 알 수 있는 대목이다. 자식이 부족해도 부모가 훌륭하면 덕을 보는 것이다. 한국의 부모들은 자식 사랑이 남다르다. 기러기 아빠, 기러기 엄마는 한국인들만의 특징적 자식사랑의 표시이다. 그러나 정작 자식을 위한다면 하느님께 신실한 신앙인이 되게 해야 한다. 다윗처럼 신실한 신앙인은 자식에게도 복을 넘겨주게 된다.

한국의 아버지들은 깊이 생각해야 한다.

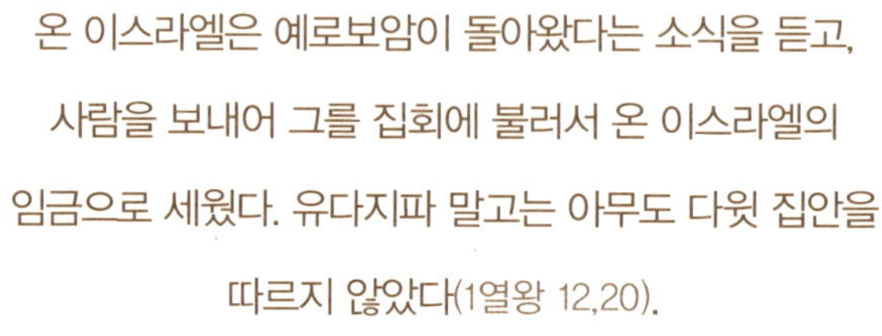
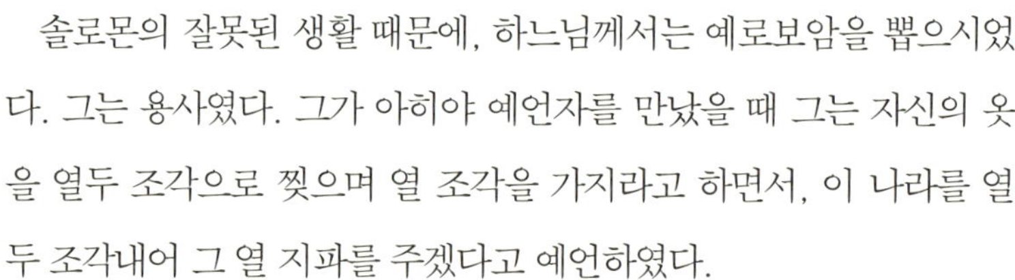

온 이스라엘은 예로보암이 돌아왔다는 소식을 듣고,
사람을 보내어 그를 집회에 불러서 온 이스라엘의
임금으로 세웠다. 유다지파 말고는 아무도 다윗 집안을
따르지 않았다(1열왕 12,20).

솔로몬의 잘못된 생활 때문에, 하느님께서는 예로보암을 뽑으시었다. 그는 용사였다. 그가 아히야 예언자를 만났을 때 그는 자신의 옷을 열두 조각으로 찢으며 열 조각을 가지라고 하면서, 이 나라를 열두 조각내어 그 열 지파를 주겠다고 예언하였다.

그 이유는 솔로몬이 하느님을 버리고 시돈의 신 아스타롯과 모압의 신 크모스, 암몬 자손들의 신 밀콤을 예배하였기 때문이라는 것이었다. 이 사실을 안 솔로몬은 예로보암을 죽이려 하였다. 그래서 그는 이집트로 달아나, 그곳 임금 시삭 밑에서 솔로몬이 죽을 때까지 살았다.

솔로몬이 죽자 예로보암이 귀향하였다. 그리고 솔로몬의 뒤를 이어 임금이 된 르하브암에게 백성들과 함께 가서, 어떻게 우리를 다스릴지 말해 달라고 했다. 솔로몬이 다스릴 때 과중한 세금을 부과하여 너무나 고생한 백성들은 르하브암의 의중을 알고 싶었던 것이다.

르하브암은 우선 원로들에게 어떻게 대답하는 것이 좋겠느냐고 물었다. 원로들은 백성들을 자비로 다스리며, 그들의 멍에가 무거우니 가볍게 해 주겠다고 대답할 것을 청했다. 그러나 르하브암은 또 젊은 자기 친구들에게 어떻게 대답할까를 물었다. 그들은 "아버지가 가죽 채찍으로 다스렸다면 나는 갈고리 채찍으로 다스리겠다고 답하라" 하였다.

르하브암은 젊은이들의 의견을 따랐다. 그래서 예로보암은 르하브암에게는 희망이 보이지 않는다고 생각하고 열 지파를 모아 이스라엘의 임금이 되었다. 르하브암은 유다 지파를 데리고 예루살렘으로 돌아갔다. 그는 벤야민 지파와 유다 지파를 모아 예로보암이 이끄는 이스라엘과 싸우고자 하였다.

순간의 선택이 중요하다. 만일 르하브암이 원로들의 선택을 받아들였다면 나라가 두 동강이 나지는 않았을 것이다. 젊은이들은 혈기 왕성하기는 하지만 때로는 원로들의 지혜를 배워야 한다. 현대에는 노인들의 인기가 최하위에 이루고 있다. 각 직장에서도 50대가 되면 눈치를 살펴야 한다고들 말한다. 써먹을 것이 없다는 것이다. 아마도 컴퓨터로 모든 일을 하는 세상이 됐기 때문일 것이다. 아무래도 나이 먹으면 컴퓨터로 하는 일을 잘하기 힘들다. 그러나 풍부한 인생의 경험은 중요하다. 그 지혜와 경험을 잘 이용할 수 있을 때 나라와 직장은 풍요로운 결실을 맺을 것이다.

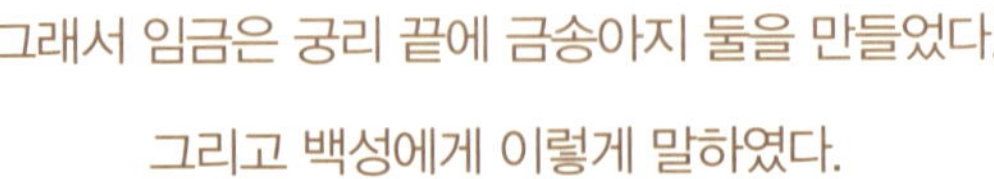
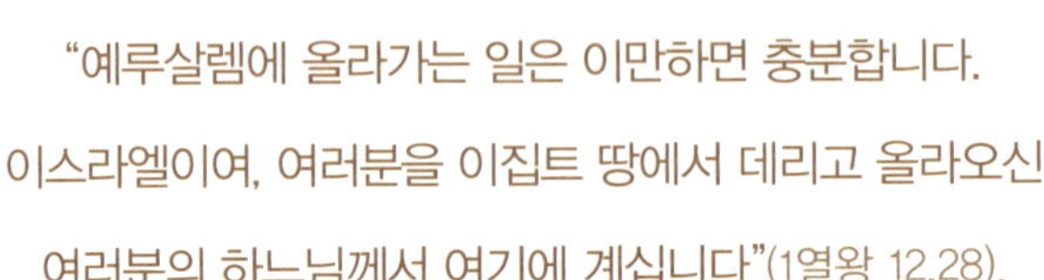

예로보암은 지레 겁을 먹고, 백성들이 예루살렘으로 올라가지 못하게 하려고 금송아지를 만들어 현지에서 경배하게 하였다. 어처구니없는 짓이었다. 만일 백성들이 예루살렘에 가서 경배하다가 마음이 바뀌어 자신을 배신하고 르하브암을 따르면 자신이 곤란하게 되리라는 쓸데없는 걱정 때문에 그런 배신을 저지른 것이다.

사람은 쓸데없는 걱정을 하기 때문에 고통당하는 경우가 많다. 대부분의 사람들은 이미 지나간 일에 대해서 걱정을 많이 하고, 어떤 사람들은 이미 오지도 않은 걱정 때문에 괴로워한다는 것이다. 정작 걱정할 것은 얼마 되지 않은데 쓸데없는 걱정을 하면서 불행하게 산다는 것이다.

예로보암도 쓸데없는 걱정으로 하느님께 대죄를 저지르게 되었다. 그는 레위 지파 아닌 사람도 사제로 임명하는 우를 범하기도 하였다. 일이 한 번 꼬이면 자꾸 꼬인다는 것은 이를 두고 이르는 말이다. 결국 스물두 해 동안 다스리고 그는 죽었다.

한편 르하브암도 17년간 유다를 다스렸다. 그도 주님의 눈에 거슬리는 악한 짓을 저질렀다. 그도 산당을 짓고, 아세라 목상을 세우고,

신전에는 남창들을 두었다. 이방인들이 하던 짓들을 그대로 하였다. 그가 죽자 아들 아비얌이 임금이 됐으나 그도 아비가 한 짓을 그대로 하였다.

그러나 그의 아들인 아사는 조상 다윗처럼 주님의 눈에 드는 옳은 일을 하였다. 그는 신전 남창들을 나라에서 몰아내고 조상들이 만든 우상들을 모두 없앴다. 그가 죽자 여호사팟이 유다의 임금이 되었다. 그도 주님의 눈에 드는 옳은 일을 하였다. 그의 뒤를 이어 여호람이 임금이 되었다.

한편 예로보암의 아들 나답이 이스라엘의 임금이 되었다. 부전자전으로 아버지의 나쁜 길을 걷다가 겨우 2년 다스리고는 죽었다. 바아사라는 사람이 모반하여 집권하였던 것이다. 그는 집권하자 예로보암 집안을 쑥대밭으로 만들었다. 이는 예로보암이 하느님께 저지른 죄악의 벌이었다.

바아사는 하느님의 뜻을 거스르며 악하게 살았다. 하느님의 아들 예후에게 하느님께서 말씀하셨다. "바아사에게 딸린 자가 성안에서 죽으면 개가 먹어 치울 것이고 들에서 죽으면 새들이 쪼아 먹을 것이다." 그 말씀이 다음 대에 이루어진다.

바아사의 아들 엘라가 이스라엘의 임금이 되었다. 그가 다스리는 동안 그의 장수 지므리가 모반하였다. 임금이 궁내 대신 아르차의 집에서 술을 마시고 취해있을 때 그를 쳐 죽이고 임금이 되었다. 지므리는 임금이 되자 바아사의 집안을 사라지게 하였다. 그것은 그와 그의 아들이 지은 죄의 벌이었다.

지므리는 단지 7일 동안 다스렸는데, 이를 안 이스라엘에서 유다를 침략하였다. 그러자 성읍이 함락된 것을 안 지므리는 왕궁에나 불을 지르고 그곳에서 타 죽었다. 그가 죽은 것은 그도 악한 짓을 저질렀기 때문이다.

그러자 이스라엘 백성은 두 패로 나뉘었는데 한 패는 티브니를 임금으로, 다른 한 패는 오므리를 임금으로 세웠으나 오므리의 세가 커졌고 티브니는 죽어 이스라엘 왕국을 계속 이어 나갔다.

임금들의 패망의 원인은 오직 하나, 그들이 하느님을 저버리고 다른 신을 섬겼다는 것이다. 하느님의 법을 어기고 살았다는 데 있다.

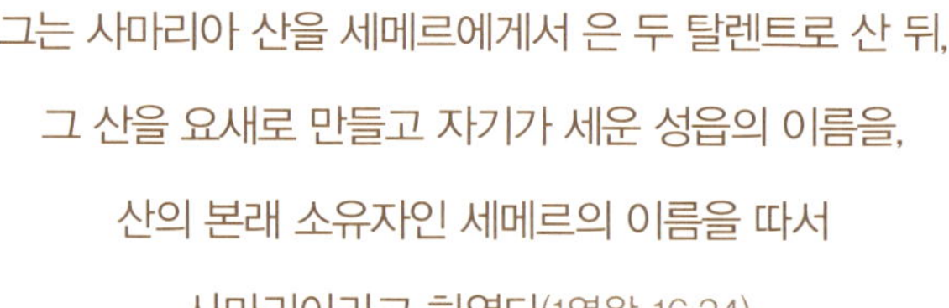

사마리아는 이스라엘 백성의 본거지가 되었다. 오므리는 그 산을 요새로 만들고 부흥하는 제국을 꿈꿨으나 주님의 눈에 거슬리는 짓을 그 어떤 임금보다도 더 많이 하였다. 그래서 그는 죽고 말았다.

그의 뒤를 이어 아합이 임금이 되었다. 그는 재위 22년 동안 그 어느 임금보다도 악한 짓을 저질렀다. 그는 시돈 임금의 딸 이제벨을 아내로 맞았고, 바알을 섬겼고 아세라 목상도 만들어 섬겼다.

이 때 길앗의 티스베에 살던 엘리야 예언자가 아합 임금에게, 내 말이 있기 전에는 앞으로 몇 해 동안 이슬도 비도 내리지 않을 것이라고 말했다. 그도 주님의 말씀대로 요르단강 동쪽의 크릿 시내에서 숨어 지내며 까마귀들이 빵과 고기를 날라다 주는 것을 먹으며, 시냇물을 마시고 살았다.

그런데 그 시내 물마저 말랐다. 주님의 말씀이 또 내렸는데, 시돈의 사렙타로 가서 과부에게 먹을 것을 청하라 명하셨다. 그가 사렙타로 가보니 마침 한 과부가 땔감을 줍고 있었는데, 그 여인보고 마실 물을 좀 달라고 하였다. 그녀가 물을 뜨러 가려는데 엘리야가 다시 불러 "빵도 한 조각 들고 오면 좋겠소" 하고 말하였다. 그러자 그 여자가 말하길 "나에게 남은 것은 밀가루 한 줌과 병에 기름이 조금 있을 뿐입니다. 그래서 이제 땔감을 주어다 그것을 내 자식과 함께 먹고 죽을 작정입니다"라고 말했다. 참으로 너무나 처량한 처지였다.

엘리야는 그대로 빵과 과자를 만들어 먼저 내게 한 조각 갖다 주고 당신과 아들도 먹으라고 하며, "주님의 말씀이오. 주님이 땅에 비를 내리시는 날까지, 밀가루 단지는 비지 않고 기름병은 마르지 않을 것이오" 하니 과연 그대로 되었다.

그런데 어느 날 그 과부의 아들이 죽었다. 엘리야는 그를 안고 주님께 기도하여 살려 주었다. 그녀는 신앙을 고백하였으니 "어르신 입으로 전하신 주님의 말씀이 참되다는 것을 알았습니다"라고 말하였다.

아합이 주님의 말씀을 거역하며, 백성을 그릇되게 인도한 것 때문에 생긴 재앙들은 3년이나 계속되었다. 이러한 재앙 중에 아합은 아합의 궁내대신 오바드야와 나서서 따로 길을 가며 물을 찾고 풀을 찾고 있었다. 오바드야가 길을 가다가 엘리야를 만났다. 엘리야가 오바드야에게 가서 아합에게 내가 여기에 있다고 전하라 하였다. 아합이 엘리야를 만나러 왔다. 그는 보자마자 "엘리야, 당신이 바로 이스라엘을 불행에 빠뜨리는 자요?" 하고 물었다. 엘리야가 "임금님이 그렇게 하고 있습니다. 바알을 따랐기 때문입니다"라고 말했다.

엘리야는 아합에게 "온 이스라엘 백성을 카르멜 산으로 모아 놓고, 이스라엘의 바알의 예언자들 450명과 아세라의 예언자 400명과 저와 대결을 하게 해 보십시오"라고 대결을 청했다.

엘리야는 소리쳤다. "주님의 예언자는 나 혼자입니다. 바알의 예언자들에게도 황소 한 마리를 주고 내게도 한 마리를 주어 기도로써 어떤 제물이 받아들여지는지 시험하도록 해 주십시오" 하였더니 그대로 되었다. 엘리야가 바알의 예언자들에게 먼저 황소를 골라 토막을 내고 장작 위에 올려놓고 당신들이 믿는 바알에게 기도하여 제물이 살라지기를 시험해보라고 하였다. 불은 붙이지 않도록 하였다. 그들이 그렇게 하겠다고 동의하였다. 그들은 제물을 장작 위에 놓고 아침부터 한낮이 되기까지 그렇게 바알의 이름을 불렀다. 아무리 이름을 불러도 대답이 없자 그들은 절뚝거리며 자기들이 만든 제단을 돌았다. 한낮이 돼도 아무 소식이 없자 엘리야가 놀려댔다. 바알이 잠들었는지 볼일 보고 있는지 모른다고, 놀려대는 바람에 화가 났던지 자신들을 편태하면서 피를 내었다. 그러나 대답은 없었다.

엘리야가 백성을 불러 모으며 장작을 쌓고 그 옆에 도랑을 파고는 제물 위에 물을 네 항아리나 부었다. 그렇게 하기를 세 번이나 하였다.

엘리야가 앞으로 나서며 “아브라함과 이사악과 이스라엘의 하느님이신 주님, 당신께서 이스라엘의 하느님이시고 제가 당신의 종이며, 당신의 말씀에 따라 제가 이 모든 일을 하였음을 저들이 알게 하여주십시오. 저에게 대답하여 주십시오. 주님 저에게 대답하여 주십시오.” 그러자 주님의 불길이 내려와 번제물과 장작과 돌과 먼지를 삼켜버리고 도랑에 있던 물도 핥아 버렸다. 이를 보고 백성이 “주님이야말로 하느님이십니다. 주님이야말로 하느님이십니다” 하고 외쳤다. 백성은 엘리야의 명대로 바알의 예언자들을 잡아 키손천으로 끌고 가 거기서 죽였다.

대승리였다. 만백성이 보는 가운데 하느님의 영광을 드러낸 승리의 대결이었다. 자신들의 신이 최고라고 믿던 사람들의 코를 납작하게 만들어 준 사건이었다.

하느님은 온 우주의 주인이시고, 모든 신들의 으뜸이시며, 최고의 신이시요 우주 만물을 움직이시고 지배하시는 전지전능한 신이시다. 그 어느 신도 감히 하느님 앞에서 자신의 존재를 뽐낼 수 없다.

그 후 이스라엘에는 비가 내렸다. 아합은 엘리야가 한 일을 모두 부인 이제벨에게 말했다. 이제벨이 엘리야를 죽이려고 하였으므로 엘리야는 광야로 뺑소니쳤다. 그는 주님의 천사가 가져다 준 음식으로 힘을 내어, 걷고 또 걸어서 40일 뒤 하느님의 산 호렙에 이르렀다. 그가 호렙의 동굴에 있을 때 주님께서 그를 찾으셨다.

하느님과 함께 하는 사람을 당할 사람이 없다. 하느님과 함께 사는 사람은 이 세상에 무서울 것이 없다. 그분보다 더 든든한 후원자는 없기 때문이다.

엘리야는 주님께서 명하신 대로, 산 위에 서서 주님을 만나고자 하였다. 주님께서 지나가시면서 크고 강한 바람을 일으키시어 바위를 부수었다. 그러나 주님께서는 바람 가운데 계시지 않았다. 지진이 일어났으나 거기에 계시지도 않았다. 지진 뒤에 불이 일어났다. 그러나 주님께서는 불 가운데 계시지도 않았다. 불이 지나간 뒤 조용하고 부드러운 소리가 들려왔다. 주님께서 그에게 말씀하셨다. "다마스쿠스 광야로 가라. 거기 가서 하자엘에게 기름 부어 아람의 임금으로 세우고 예후에게 기름 부어 이스라엘 임금으로 세워라. 그리고 엘리사에게 기름 부어 네 뒤를 이을 예언자로 세워라."

주님의 목소리가 굉장한 위엄 속에서, 특이한 조화 속에서 들려올 것처럼 생각될 때가 있다. 그러나 주님의 목소리는 아주 조용한 곳에서 들려왔다. 때로는 열정적인 설교를 통해서 주님의 말씀이 들려오기도 하지만 아주 작은 자의 소근 대는 소리로도 주님은 말씀하신다.

아주 고요한 성전에서 앉아 있을 때, 조용한 곳을 걸을 때, 하느님은 말씀하신다. 그러나 더 중요한 것은 내 마음이 고요할 때에 말씀하실 것이다. 아무리 외적인 조건이 소란스러워도 내 마음만은 고요할 수 있을 것이기 때문이다.

엘리야는 하느님의 명대로 12마리의 소를 앞세워 밭을 갈던 엘리
사에게 자신의 겉옷을 걸쳐주며 자신을 따르게 하였다. 이는 당시 후
계자를 세우는 상징적인 행동이었다. 엘리야는 승천할 때에도 자신
의 옷을 엘리사에게 남겨 두었다.

그는 부모에게 작별인사를 하고 떠나겠다고 말하였다. 엘리야는
허락하였다. 신약에는 예수님을 따르겠다는 사람이 예수님께 먼저
가서 부모에게 작별인사를 드리게 해달라고 청하자, 예수님은 쟁기
를 잡고 뒤를 돌아보는 자는 내 제자가 될 수 없다고 하신다. 주님을
따르는 일이 얼마나 화급한지를 강조하는 내용이다.

아합은 이스라엘의 어느 임금보다도 더 주님의 뜻에 어긋나는 짓

을 하며 살았다.

아람의 임금 벤 하닷이 전군을 이끌고 이스라엘을 쳐들어 왔을 때 하느님께서는 이스라엘에 승리를 안겨주셨다. 또 다시 이스라엘을 쳐들어왔을 때 벤 하닷이 이끄는 아람 군을 무찔렀다. 그런데 그는 벤 하닷을 특별 대접을 하면서 놓아 주었다. 주님께서 예언자를 시켜 말씀하셨다. "너는 나를 온전히 바쳐야 할 자를 풀어주었다. 그러니 그를 대신하여 네가 죽고, 그의 백성이 죽을 것이다"

그는 이즈르엘 사람 나봇의 포도밭을 갖기를 원했으나 그가 팔지 않자, 음식을 들지 않으며 누워 있었다. 이를 본 부인 이제벨이 그 성읍의 원로들과 귀족들에게 편지를 보내면서 불량배 두 명을 내세워 그를 고발케 하고 그를 돌로 쳐 죽이라고 하였다.

과연 그렇게 하여 그의 포도밭을 차지하였다. 남편보다 부인이 더 악독스럽고 치밀한 면이 드러난다. 엘리야가 이를 알고 아합에게 저주가 내릴 것임을 전한다. 이에 아합은 옷을 찢고 자루 옷을 입고 단식하면서 자신의 죄를 뉘우쳤다. 이에 주님께선 자비를 베푸신다. 그의 생전에는 재앙을 내리지 않겠다고 하신다.

하느님을 꼼짝 못하게 하는 길이란 자신을 철저히 회개하는 것이다. 자비가 넘치시어 죄를 뉘우치며 고개 숙인 사람에게 하느님의 자비는 언제나 넘친다. 죄인 중에 죄인이었던 아합에게도 회개는 살아나는 약이었던 것이다. 그러나 그가 하느님의 뜻을 또 어기었기 때문에 라못 길르앗에서 전사한다.

그 뒤 아합의 아들 아하즈야가 이스라엘을 다스렸다. 그러나 그도 주님의 눈에 거슬리는 악한 짓을 저질렀다. 한편 유다는 여호사팟이 임금이 되어 다스렸는데 그는 아버지 아사가 간 올바른 길, 곧 주님의 뜻에 맞는 길을 갔다.

아합 왕이 죽은 뒤 아하즈야가 뒤를 이었는데 모압이 이스라엘을 거슬러 반란을 일으켰다. 이런 어려운 때에 아하즈야는 자기 옥상 방의 격자 난간에서 떨어져 다쳤다. 이에 에크론의 신 바알 즈붑에게 자신이 회복 될 수 있는지를 묻게 하려고 사람들을 보냈다. 이 사실을 주님의 천사가 엘리야 예언자에게 알리자, 엘리야가 그의 잘못을 추궁하며 죽으리라고 말한다. 엘리야는 몸에 털이 많고 허리에는 가죽띠를 두른 사람이었다. 그는 주님의 뜻을 전하는 예언자 중이 예언자였다.

이 시대에는 주님의 뜻을 전하는 예언자가 누구인가? 세례를 받은 사람은 모두가 예언직, 왕직, 사제직을 받지만 이는 넓은 의미에서 이고, 구체적으로는 사제품을 받은 사람들이 예언직을 잘 수행해야 할 임무를 받은 사람들이다. 주님의 뜻은 이미 성경에, 성전에 있으로 그 의미가 잘 전달될 수 있도록 힘써야 할 것이다.

아하즈야 임금의 죄는 하느님을 믿기보다 다른 신을 믿었다는 데 있다. 이 죄는 구약성경에서 끊임없이 제기되는 죄악 중에 죄악이다. 하느님과 다른 신을 함께 섬길 수는 없다. 인간은 하느님만을 섬겨야 하고, 하느님은 우리로부터 마음을 다해, 정성을 다해, 힘을 다해, 목숨을 다해 섬김을 받으셔야 할 존재이시다. 이 시대에도 잡신을 섬기라는, 미신을 섬기라는 유혹을 계속 받고 있다. 온갖 매체들을 동원해서 우리를 유혹한다. 정신을 차려야 할 것이다.

엘리야는 하느님의 특별한 선택을 받은 예언자였다. 그는 에녹처럼(창세 5,24 참조) 죽지 않고 하늘로 승천하는 영광을 얻은 사람이다. 하느님께서 엘리야를 하늘로 불러 올리실 때가 되자, 엘리야는 엘리사와 함께 길을 떠난다. 엘리야는 겉옷을 말아 요르단 강을 쳐서 물이 갈라지게 할 수 있었던 능력 있는 사람이었다. 이 능력은 자신의 것이라기보다는 주님께 자신을 다 내맡겼기 때문에 주님께서 해 주신 기적이었다.

불 병거와 불 말이 나타나서 엘리야와 엘리사 두 사람 사이를 지나갔을 것이다. 그래서 자연스레 둘은 갈라졌고 엘리야는 회오리바람에 실려 하늘로 올라갔다. 얼마나 흥미진진한 이야기인가?

그런 일이 일어나는 것을 보면서도 주님을 믿지 않는다는 것이 이상하다. 엘리사는 승천하는 엘리야를 보고 "나의 아버지, 나의 아버지, 이스라엘의 병거이시며 기병이시여!"라고 외쳤다. 그는 엘리야로부터 후임자로 지정된 예언자였다. 그래서 요르단 강을 엘리야로부터 물려받은 옷으로 쳐서 갈라지게 하고 마른 땅을 건널 수 있었다.

> "대머리야, 올라가라! 대머리야, 올라가라!" 하며
> 어린아이들이 성읍에서 나와 그를 놀려 댔다.
> 엘리사는 돌아서서 그들을 보며 주님의 이름으로
> 저주하였다. 그러자 암곰 두 마리가 숲에서 나와,
> 마흔 두 명을 찢어 죽였다(2열왕 2,23-24 참조).

엘리사는 주님께서 뽑으신 예언자였다. 그는 나쁜 물을 소금을 뿌리면서 정화시키는 기적을 행하기도 하였다. 그는 지금 베텔로 올라가고 있었다. 베텔은 금송아지가 세워져 있던 곳으로서 하느님을 배반하는 사람들의 대표적인 곳이라고 말할 수 있을 것이다. 그는 베텔을 거쳐 사마리아를 가고자 했다. 그런데 아이들이 나와서 엘리사를 저주하였다. 이는 그곳 사람들의 마음에 있는 것을 표현한 것이다. 어찌 아이들이 나와서 지나가는 사람에게 욕을 할 수 있겠는가!

엘리야는 털보송이였고 엘리사는 반대로 대머리였다. 당시 대머리는 힘없는 사람의 표징이었을 것이다. 왜냐하면 삼손은 머리카락에

서 힘이 나왔기 때문이다. 어쨌든 대머리라고 놀리는 아이들에게 저
주가 내렸다. 곰이 나타나서 그 아이들을 절단 내었다. 이는 이스라
엘 백성에게 주님의 저주가 임했다는 증거이다. 하느님의 사람을 받
아들이지 않고 쫓아버리려고 했기 때문이다.

엘리사가 어째서 대머리라고 놀려대는 어린이들을 저주하여 곰에
게 죽게 했는지는 이해하기 힘들다. 기분 나빠서였을까?

요즘은 대머리를 유행처럼 생각하여 있는 머리카락도 박박 밀고
다니는 젊은이들이 많이 있다. 그런가 하면 머리카락 빠지는 것 때문
에 많은 돈을 들여서 심어보고, 가발도 써보고, 고민도 해보고, 약도
발라 보면서 근심 중에 사는 이들도 있다.

그리고 보면 인간의 행복이란 마음먹기 따라서 달라지는 것인가
보다. 어떤 이들은 행복하기 위해서 머리카락을 밀고, 어떤 이들은
행복하기 위해서 가발을 하거나 머리카락을 심는다.

이스라엘 임금과 유다 임금과 에돔 임금이 함께 행군하였다.
〔…〕 그 때에 이스라엘 임금이 말하였다. "큰일이다! 주님께
서 우리 세 임금을 모압의 손에 넘기시려고 불러내셨구나."
그러나 여호사팟 임금은 "여기에 주님의 예언자가
없습니까? 그에게 부탁하여 주님의 뜻을 문의하게
말입니다" 하고 대답하였다(2열왕 3,9-11 참조).

모압이 이스라엘에 반기를 들었다. 이스라엘 임금은 유다 임금에게 함께 나가 싸우자고 청했고, 에돔 임금도 사마리아에서 출정하였다. 에돔 임금은 사실은 유다 임금이 세운 섭정 임금이었기에 어쩔 수 없이 참전해야 했을 것이다.

그들이 출전한지 7일 만에 물이 없었다. 그래서 그들은 주님의 뜻이 무엇인지 예언자에게 물어보고자 했다. 그래서 엘리사를 찾았고 그는 좋은 예언을 해 주었다.

여기서 우리는 하느님의 백성으로서 한 개인의 어려운 문제가 있을 때, 혹은 가정에 문제가 있을 때, 더 나아가 나라에 문제가 있을 때 주님께 기도 중에 여쭈어 보아야 한다는 것을 새겨야 할 것이다. 주님께서 무엇을 원하시는지, 난관을 극복하기 위해서 무엇을 해야 할지를 여쭈어 보아야 한다.

인간의 힘은 나약하고 그 지혜는 보잘 것 없기 때문이다.

예언자 무리의 아내들 가운데 하나가 엘리사에게 호소하였다.
"어르신의 종인 제 남편이 죽었습니다. 어르신께서도
아시다시피 어르신의 종은 주님을 경외하는
사람이었습니다. 그런데 빚을 준 사람이 와서
제 두 아들을 종으로 데려가겠다고 합니다"(2열왕 4,1).

참으로 딱한 노릇이었다. 남편은 죽고, 빚으로 자식들마저 빼앗길 지경에 이르렀으니 말이다. 엘리사는 그녀를 불쌍히 여겨, 집에 남은 기름 한 병을 옆집에서 많은 그릇을 빌려오게 한 다음 거기에 계속 붓게 하였다. 그런데 기름은 떨어지지 않았다. 빌려온 그릇들을 가득 채우고 나서 그릇이 더 없을 때 기름은 더 이상 나오지 않았다. 이 기름들을 팔아서 빚을 갚고 자식들과 함께 잘 살아가게 하였다.

당시에 기름이 흔하지 않았기 때문에 그 기름으로 충분한 돈을 마련할 수 있었을 것이다.

나는 가난한 사람들에게 무엇을 선물할 수 있는가? 스스로를 반성할 뿐이다. 영적인 도움을 줄 수밖에 없지 않겠는가!

한번은 엘리사가 수넴을 지나가게 되었다. 그곳에 부유한 여자가 엘리사에게 음식을 대접하였다. 그는 자기 집에 자주 모시고 대접을 하였고 옥상에 방을 마련하여 쉬고 갈 수 있도록 하였다. 그런 그에게 고마움을 표현하기 위해서 엘리사는 그녀의 고민이었던 자식을 낳을 수 있도록 해 주었다. 기적이었다. 그의 남편은 이미 나이가 많았기 때문이었다. 그러나 엘리사의 말대로 그녀는 아이를 낳게 되었는데 그 아이가 죽었다. 참으로 비통한 일이었다.

그 여인은 나귀를 타고 카르멜 산에 있는 엘리사를 찾아 가서 간절히 청하자 엘리사는 그의 자식을 위해서 집에까지 몸소 방문해 그 아이의 입과 자신의 입, 자신의 눈과 아이의 눈, 자기의 손과 아이의 손을 맞추고 그 위에 엎드려 있었다. 그러자 아이의 몸이 따듯해지고 결국 살아났다.

하느님은 인간을 도구로 이용하시어 기적을 행하신다. 엘리사에 대한 그 부인의 따듯한 사랑, 보살핌, 대접 등은 그녀가 어려울 때 보상이 되어 되돌려졌다. 우리가 베푼 자비는 그것이 허공에 베풀어지

는 것이 아니며 보상이 되어 되돌아간다는 것을 생각하지 않을 수 없
다. 그런 의미에서라도 우리는 다른 사람에게 많은 자비를 베풀어야
할 것이다.

엘리사는 종에게 예언자들 무리에게 먹일 국을 끓이라고 명하였는
데 어떤 사람이 들포도 나무를 발견하고 그 열매를 따다가 국솥에 그
냥 넣었다. 아마도 그것은 독버섯처럼 그냥 먹었다가는 사람이 죽을
수도 있는 것이었는가 보다.

엘리사는 밀가루를 가져오라고 하여 넣게 하고, 그 국에서 독을 빼
낸 다음 먹게 하였다. 밀가루가 독을 중화시키는 작용을 했는지, 알
수는 없지만 아마도 그것은 하나의 겉치레일 뿐 엘리사가 주님의 능
력을 이용하여 독을 빼냈을 것이라고 생각할 수 있을 것이다.

어떤 사람이 보리 빵 스무 개와 햇곡식 이삭을 자루에 담아왔는데
엘리사가 군중에게 나누어 주라 하였다. 그의 시종은 그것이 너무 적

어 보였기 때문에 어떻게 백 명이나 되는 사람들에게 내놓겠냐고 하였다. 그러자 엘리사가 "이 군중이 먹도록 나누어 주어라, 주님께서 이들이 먹고도 남을 것이라고 말씀하셨다"라고 말하였다. 과연 엘리사의 말대로 백 명이나 되는 사람들이 먹고도 남았다. 기적이었다. 그러나 이 기적은 그가 행한 것이 아니라 '주님께서 하신다'는 예언을 한 것일 뿐이다. 구약에서만 이런 기적이 일어난 것은 아니다. 신약에 예수님은 엄청난 기적을 보이셨다. 예수님은 빵 다섯 개와 물고기 두 마리로 장정만 오천 명을 먹이시고도 남게 하셨다(마태 14,13-21 참조).

아람 임금의 장수 나아만은 임금이 아끼는 큰 인물이었다. 그러나 그는 한센병환자였다. 그의 집에는 이스라엘에서 잡아온 어린 소녀가 있었는데 나아만의 아내 곁에서 시중을 들었다. 그가 어느 날 여주인에게, 주인 어르신께서 사마리아에 계시는 예언자를 만나보시면 한센병이 다 낳을 것이라고 말했다. 눈이 번쩍 뜨인 그녀는 남편에게 말하고 남편은 왕에게 말하니, 임금은 이스라엘 임금에게 편지를 써

주겠다고 하였다. 그리하여 은 열 탈렌트, 금 육천 세켈, 예복 열 벌을 가지고 임금의 편지와 함께 이스라엘 임금에게 전하였다.

이스라엘 임금은, 아람 임금이 자신의 장수의 병을 낳게 해달라는 내용의 편지를 읽고 옷을 찢으며 화를 내었다. 이는 필경 나와 싸우고자 하는 수작이라고 생각하였던 것이다. 이 말을 전해들은 엘리사는 심부름꾼을 시켜, 그를 내게 보내라고 하였다. 이스라엘에 예언자가 있음을 보이겠다는 것이었다.

나아만이 엘리사의 집에 도착하자, 심부름꾼을 보내며, 요르단 강에서 7번 씻으라고 하였다. 장군은 화가 났다. 당연히 나와서 하느님의 이름을 부르며 기도하여 병을 낫게 해 주리라 생각했기 때문이다. 그는 자신의 나라에 요르단 강보다 더 좋은 아바나강, 파르파르강이 있는데 그 잘난 요르단 강에서 씻으라니 웃기는 짓이라고 생각했던 것이다.

그는 성을 내며 발길을 돌렸다. 그러자 그의 부하들이, 더 어려운 일을 시켰더라도 할 판에 고작 7번 물에 담그면 된다는데 안 할 이유가 어디 있느냐고 하자 그렇게 했다. 결과는 대만족이었다. 어린이 살처럼 새살이 돋았던 것이다. 그는 너무나 고마워서 선물을 엘리사에게 드리고자 했으나 거절하였다.

아마도 엘리사는 자신이 한 일이 아니라 하느님께서 하신 일이기 때문에 자신이 무슨 보상을 받으면 절대로 안 된다는 것을 알았기 때문이었을 것이다. 나아만은 흙을 가져가 그곳에서 주님께 번제물과 희생제물을 바치겠다고 말했다. 주님 말고는 다른 어떤 신에게도 번제물과 희생제물을 바치지 않겠다고 다짐하였다.

나아만의 기쁨, 그의 행복해 하는 모습을 상상해 볼 수 있다. 그는 장수이기는 했으나 그의 영광은 영광이 아니었다. 왜냐하면 온 몸에 부스럼이 생기고 고름이 생겨 통증이 심했으며, 누구도 가까이 오기를 원치 않았기 때문이다. 그러나 이제는 완전히 새사람이 되었다. 해방되었다. 하느님을 엎디어 찬미하고 또 찬미해야 마땅하였다. 우리는 어떠한가? 우리는 한센병에 걸리지도 않았으며, 한센병으로 고통 속에 살지도 않았다. 그러니 나아만이 열 번 감사했으면 우린 백 번을 감사해도 모자란다. 과연 우리는 우리의 건강에 얼마나 감사하고 사는가?

> "그런데 한 가지 주님께서 이 종을 용서해 주셔야 할 일이 있습니다. 저의 주군께서 림몬 신전에 예배하러 가실 때에 제 팔에 의지하시므로, 저도 림몬 신전에 예배해야 합니다. 이렇게 제가 림몬 신전에서 예배할 때, 이 일을 두고는 주님께서 이 종을 용서해 주셔야 하겠습니다." 엘리사가 대답하였다. "안심하고 가십시오"(2열왕 5,18-19).

나아만이 왕을 모시고 있는 한, 그를 수행해야 하는 것은 당연하다. 현대에도 자신의 직장 때문에 이런 일을 당하는 사람도 있을 것이다. 자신의 상사가 다른 종교를 믿고 있는데 어떤 의식에 함께 가기를 강력하게 요구한다든가, 의전 상 자신이 어쩔 수 없이 그런 예식에 함께해야 할 때가 있을 것이다.

마땅히 자신의 뜻을 전달하는 것이 중요할 것이다. 그러나 피치 못할 사정일 경우에 이 성경 구절은 하나의 도움이 될 수 있을 것이다. 어떤 이는 직장을 포기함으로써 자신의 신앙을 고수해야 한다고 주장할 수도 있을 것이다. 어떤 이는 마음으로 주님께 기도하면서 형식적인 참여를 하면 되지 않겠느냐고 주장할 수도 있을 것이다.

엘리사는 나아만의 양심문제를 거론치 않고 그가 이방 나라에 가서 자신의 직책을 담당할 때 몸은 왕과 함께하지만 마음은 하느님께 두라고 충고하였다. 엘리사는 그에게 하느님의 축복을 빌어주었다.

게하지는 물질에 눈이 멀었다. 주인 엘리사가 아무 것도 받지 않고 돌려보낸 나아만을 쫓아가서 거짓말로, "우리 예언자께서 산악지방에서 막 방문한 예언자 두 사람을 위해, 은 한 탈렌트와 예복 두 벌을 보내 달라 하셨다"고 둘러 대었다. 나아만은 가뜩이나 아무 보답도 못했던 것이 마음에 걸렸는데 그깟 은 한 탈렌트를 달라니 억지로 한 탈렌트를 더 얹어 주면서 보냈다.

엘리사는 이미 알고 있었다. 엘리사가 게하지에게 "어디를 다녀왔느냐?"고 물으니, 아무데도 안 갔다고 말했다. 진실은 밝혀지게 마련이다. 어찌 예언자 엘리사가 그것을 몰랐겠는가! 엘리사는 "나아만의 한센병이 네게 옮겨 네 후손들에게 영원히 붙어 다닐 것이다"라고 저주하였다. 게하지는 한센병이 걸려 평생을 고생하면서 살았을 것이다. 냄새나는 몸을 가족조차 좋아하지 않았을 것이다. 욕심이 빚은 결과이다.

게하지에게는 엘리사가 이상하게 보였을 것이다. 병을 고쳐 줬으면 응당 보답을 받아야 하는데도 아무 것도 달라고 하지 않으니 말이다.

인간에게 있어서 물질에 대한 욕심이란 어느 시대, 어떤 장소에도 있었던 것 같다. 인간이 욕심 때문에 망하게 마련이다. 요즘에도 물질에 대한 욕심이 서로 간에 원수를 맺게 한다. 생명을 나누겠다던 친구가 함께 사업을 하다가 원수가 되고, 부모와 자식 간에도 원수가 된다.

엘리사는 예언자 무리가 함께 있기를 바라며 집을 지으려고 도끼

를 빌려다가 일을 하던 중, 강에 빠트렸을 때 나뭇가지를 던져 그 도
끼를 떠오르게 하는 기적을 행하기도 하였고, 아람 군대가 싸움을 걸
어왔을 때 기적을 행하여 그 군대를 사마리아 성 안에 있게 하기도
하였다.

이스라엘 임금은 독안에 든 쥐나 마찬가지 신세가 된 아람군대를
쳐 죽이고 싶었다. 왜냐하면 자주 쳐들어 와서 못살게 굴었기 때문이
다. 그러나 엘리사는 사랑으로 그들을 설복시킬 것을 원했다.

'자비무적'이란 말이 있다. 때로는 이는 이로 갚고 싶은 것이 인간
안에 내재해 있는 속성 중에 하나이다. 그러나 그것을 극복하고 한
차원 높게 사랑을 실천하면 우리의 인생은 더욱 행복해질 수 있는 것
이다.

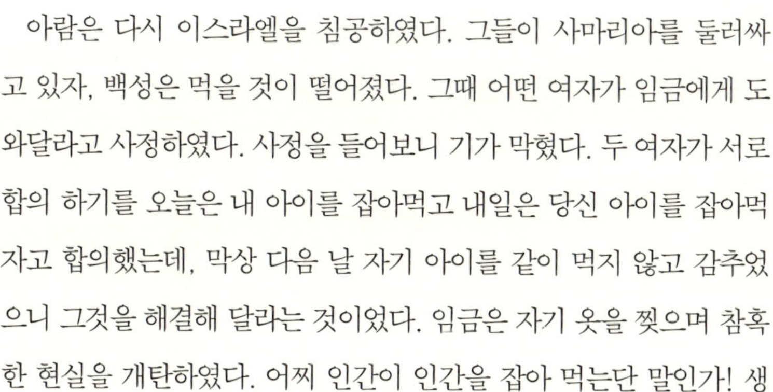

아람은 다시 이스라엘을 침공하였다. 그들이 사마리아를 둘러싸
고 있자, 백성은 먹을 것이 떨어졌다. 그때 어떤 여자가 임금에게 도
와달라고 사정하였다. 사정을 들어보니 기가 막혔다. 두 여자가 서로
합의 하기를 오늘은 내 아이를 잡아먹고 내일은 당신 아이를 잡아먹
자고 합의했는데, 막상 다음 날 자기 아이를 같이 먹지 않고 감추었
으니 그것을 해결해 달라는 것이었다. 임금은 자기 옷을 찢으며 참혹
한 현실을 개탄하였다. 어찌 인간이 인간을 잡아 먹는단 말인가! 생

각만 해도 등골이 오싹해진다.

임금은 참혹한 현상을 보고 엘리사를 죽여야겠다고 생각하였다. 왜냐하면 하느님의 저주 때문에 이런 상황이 벌어졌다고 생각했기 때문이다. 엘리사가 아람 군대를 그냥 돌려보낸 결과로 아람 임금이 다시 쳐들어 왔으니 엘리사의 책임이라고 생각했다. 그는 자신이 하느님께 잘못한 것은 생각지 않았다. 남의 탓만 하고 있었다.

임금이 엘리사에게 와서 "이는 주님께서 내리신 재앙인데 내가 주님께 무엇을 더 바라야 하겠소"라고 절망적인 말을 하였다. 엘리사는 그에게 내일 이맘 때 문제가 다 풀리고 밀가루 한 스아가 한 세켈, 보리 두 스아가 한 세켈 할 것이라고 말했다. 그러나 임금을 부축하던 무관은 믿지 못하고 "그런 일이 어떻게 일어나겠습니까?" 하고 말하자 엘리사가 "그대는 그런 광경은 보겠으나 먹지는 못하겠다"고 말했다. 과연 그대로 되었다. 아람군은 주님께서 들려주시는 대군의 소리를 듣고 도망쳤던 것이다. 그들은 황급히 도망치느라 몸만 빠져 나갔기에 그들의 진영에는 먹을 것이 넘쳐났다.

여호람 왕을 모시던 무관은 성문 책임자가 됐는데 성문에서 밟혀 죽었다. 엘리사의 예언대로 된 것이다. 하느님의 뜻을 전하는 예언자의 말을 믿지 못하던 사람의 말로가 참혹하였다.

엘리사 예언자는 하느님의 명을 받아 예후를 혁명의 주모자로 정한다. 그리고 그를 왕으로 세운다. 그는 온갖 우상에 찌들어 살던 이스라엘 임금 요람을 죽이고, 유다 임금 아하즈야를 죽인다. 그는 수많은 우상을 섬기던 왕비 이제벨을 두 명의 내시에게 명하여 창문으로 내던져 떨어져 죽게 한다. 이리하여 엘리야 예언자를 통하여 말씀하셨던 대로 이즈르엘 들판에서 개들이 그의 살을 뜯어먹게 되었고 들판의 거름이 되게 했다.

또한 아합의 아들 70명을 죽였다. 그는 비록 일시적으로 회개하여 당시에는 벌을 면하였으나 그 아들 대에 이르러 그 벌을 받게 된 것이다. 예후는 유다 임금 아하즈야의 형제들도 죽였다. 그리고 바알 숭배를 없앴다. 바알의 신전기둥을 불태우고 바알 신전을 뒷간으로 만들었다. 그러나 그는 베텔과 단에 있는 금송아지 숭배에서는 돌아서지 않았다.

인간은 약하다. 유혹이 끊임없다. 예후도 마지막까지 주님의 길, 그분께서 원하시는 바를 계속했어야 했으나 그만 완성하지 못했다. 곁길을 가기 시작했다. 일편단심으로 하느님의 길을 간다는 것이 얼마나 어려운지!

구약성경은 끊임없이 인간의 약함을 강조한다. 원죄를 범한 인간이 완벽할 수는 없다. 그래서 하느님께 전적인 의탁을 할 수 밖에 없으며, 구세주를 보내 주셔야 한다.

그때만 그랬던 것은 아니다. 오늘날도 마찬가지다. 인간은 약하다. 그래서 주님의 도우심이 필요하며 언제나 주님을 필요로하는 가난한 자로 살아야 하는 것이 아니겠나!

그런데 그 주검이 엘리사의 뼈에 닿자
다시 살아나서 제 발로 일어섰다(2열왕 13,21).

엘리사는 수많은 왕들을 훈수하고, 신앙의 길, 정의의 길을 갈 것을 이야기했었다. 그는 이스라엘 민족, 유다민족의 영적인 지도자, 영적인 아버지로서 임무를 다하였다. 그는 오로지 주님의 말씀에만 순명하면서 하느님의 말씀을 왕들에게 전하는 일에 충실하였다.

그가 수를 다하여 죽게 되었다. 그가 무덤에 묻힌 뒤였다. 모압 사람들이 쳐들어 왔을 때였는데 죽은 사람들을 묻으려다가 모압 약탈대들을 보고는 그만 겁이 나서, 죽은 이들을 엘리사의 무덤에 던져버렸는데 그들의 시체가 엘리사의 뼈에 닿자 살아나는 기적이 일어났던 것이다. 참으로 기이한 일이 아닐 수 없다.

하느님의 사람이 이런 기적을 낳을 수 있다면, 하느님이야 더 말해서 무엇 하랴!

우리가 매일 영성체하는 예수님은 어떤 분인가? 우리가 진정, 주님의 성체를 주님의 몸으로 믿는다면 이루지 못할 기적이 있겠는가?
부족함이 있다면 다 우리의 믿음 탓일 게다.

이스라엘의 마지막 임금은 호세아이다. 그도 주님의 눈에 거슬리
는 짓을 저질렀다. 그 결과는 참담하였다. 아시리아의 속국 노릇을
하며 조공을 바쳤다. 그는 역량이 부족한데도 모반을 일으키려 하였
다. 그가 모반을 일으키려는 낌새를 알아차린 아시리아 왕이 그를 잡
아다 감옥에 넣고, 대대적으로 이스라엘을 침공하여 3년간 포위한
끝에 완전히 함락시키고 말았다. 이스라엘 사람들을 아시리아로 끌
고 가서 종처럼 살게 하였다. 이리하여 이스라엘이라는 나라는 없어
져 버렸다. 하느님께서 뽑으신 백성들인데 꼴좋게 된 것이다. 그들이
하느님을 끊임없이 배반하고 살았기 때문에 결국 망하게 되었다.

이스라엘의 역사는 여로보암에서 호세아까지 209년간 계속되었다
(B. C 931-722). 19명의 왕이 다스렸었는데 그들은 이방 신, 우상을 섬
기고, 금송아지를 섬기고, 예언자들의 말을 듣지 않았다. 그들은 자
기 자식들을 불속으로 지나가게 하는 것으로 자식을 태워 몰록 신에
게 바쳤다. 점쾌와 마술도 이용하였다. 하느님께서 역겨워하시는 짓

을 다 저질렀으니 잘될 리가 없었다.

　세례로 하느님의 자녀가 된 우리도, 이방신에 대한 호기심, 물질을 우상시하려는 마음을 가져서는 안 되겠다. 오늘날도 우상숭배에 대한 유혹, 물질우선에 대한 유혹, 교회의 가르침 보다는 내가 만든 교리, 내 맘대로 해석한 교리대로 믿고자 하는 유혹이 얼마나 많은가! 정신을 바짝 차려야 하겠다.

　성부 성자 성령이신 하느님을 믿고, 희망하며 사랑하는 생활을 해야 하겠다. 그리고 교회가 고백하는 신앙에 충실하며 실천해야 하겠다. 이것만이 우리가 인생을 승리하는 길이다.

　이스라엘 백성들이 아시리아로 끌려갔으나 그래도 아직 사마리아에는 지치레기 주민들, 말하자면 배우지 못하고 힘없는 사람들이 남아 있었다. 아시리아 임금의 생각으로는 못난 백성들을 남겨둔다 해도, 그들이 반역하거나 엉뚱한 짓을 하지 않으리라고 확신했기 때문이었다. 아시리아 임금은 바빌론에서 쿠타와 아와와 하맛과 스파르와임에서 사람들을 데려다가 사마리아에서 살게하였다. 그래서 사마리아는 잡탕 민족이 되어갔다. 서로 피를 섞으면서 순수혈통을 이을 수가 없었던 것이다.

　미국에는 수많은 민족이 뒤섞여 살고 있다. 뉴욕 같은 대도시는 수백 개의 언어가 통용된다고 한다. 나라마다 여러 개의 언어가 있고 그 언어를 쓰는 사람들이 모여서 자기들만의 통교를 이루기 때문일 것이다. 그러나 결국은 영어라는 큰 언어 안에서 통일을 이루고 세기를 걸치면서 서로가 피를 섞으며 다민족 한 국가를 형성한다.

우리 한국도 마찬가지로 많은 외국인들이 살기 시작했고 결국 언젠가는 순수혈통이 와해될 것이다. 아무리 세상이 바뀌어도 오직 하느님을 향한 믿음과 희망, 사랑이 있다면 인간은 모두가 한 형제가 되는 것이다. 중요한 것은 아무리 피가 섞여도 하느님을 믿고 희망하면서 산다면 모두가 하느님의 사랑받은 자녀들이 된다는 것이다. 주님은 그들 모두를 위해서 이 세상에 구세주로 오셨다.

> 그날 밤 주님의 천사가 나아가 아시리아 진영에서
> 십팔만 오천 명을 쳤다. 아침에 일어나 보니 그들이
> 모두 죽어 주검뿐이었다. 아시리아 임금은 그곳을 떠나
> 되돌아가서 니네베에 머물렀다(2열왕 19,35-36).

이스라엘은 아시리아에 이미 망했고, 이제 유다 땅을 차지하기 위해서 아시리아는 병력을 총 출동시켰다. 유다 나라는 그들과 싸우기에 힘이 부쳤다. 그래서 조공을 바치면서 정권연장을 꾀했으나 아시리아 임금이 다시 유다를 침공하며 완전히 항복할 것을 요구했다.

유다 왕 히즈키야는 하느님께 간절히 기도한다. "이제 주 저희 하느님, 부디 저희를 저자의 손에서 구원하여 주십시오. 그러면 세상의 모든 왕국이, 주님, 당신 홀로 하느님이심을 알게 될 것입니다"(2열왕 19,19).

하느님께서는 그의 기도를 들어주신다. 하느님께 간절히 의지하며

기도하는 사람들을 주님께서는 잊지 않으신다. 그들의 소망을 들어 주신다. 유다에는 아시리아 군대를 쳐부술 군대가 없었기 때문에 하느님께서는 천사를 보내시어 천사가 유다의 군인 역할을 한다. 천사들이 군인노릇을 하여 승리하게 하신다.

결국 아시리의 왕 산헤립은 니네베에 머물게 되고, 그의 아들들의 손에 죽고 만다.

우리도 어려울 때 주님께 간구해야 한다. 우리가 기도하면 주님께서는 들어 주신다. 주님께서 안 들어 주신다면 그 기도는 나를 위한 이기적인 기도이거나 주님의 뜻에 맞지 않는 기도이기 때문일 것이다. 우린 때때로 자신에게 해로운 것을 달라고 보챌 수도 있다. 우리가 기도한 것은 다 들어 주신 것이다. 안 들어 주실 때도, 그것이 들어주시는 것임을 잊어서는 안 될 것이다.

이사야는 무화과 과자를 가져오라고 하였다. 사람들이 그것을 가져다 종기에 붙이자 임금의 병이 나았다(2열왕 20,7).

히즈키야가 병이 들어 죽게 되었는데, 이사야가 주님의 말씀을 전하여 주었다. 내용인즉 이제 죽을 때가 됐으니 주변정리를 하라는 것이었다. 이 말을 듣고 그는 자신이 주님께 성실했고 좋은 일을 많이 하였으니, 그것을 좀 기억해 달라고 말하며 슬피 통곡하였다.

죽기 싫으니 살려달라고 했던 것이다. 주님께서 이사야를 통해서 말씀하시길, "너의 기도를 들었고 눈물을 보았는데 15년을 더 살게 해 주겠다"고 약속하셨다.

아마도 히즈키야가 앓고 있던 병은 종기였던가 보다. 이사야는 무화과 과자를 가져오게 하여 붙여 줌으로써, 병을 낫게 하였다.

요즘에도 종기가 심한 사람은 무화과를 붙여볼 필요가 있다. 물론 믿음으로 말이다.

주님께서는 성실하게 산 사람들의 기도를 들어주신다. 기도하는 사람들의 기도를 들어주신다.

히즈키야가 병들었다는 소리를 듣고 바빌론 왕이 편지와 함께 예물을 보냈다.

히즈키야는 바빌론 사절단을 맞아 궁궐과 나라 안의 모든 것을 다 보여 주었다. 마치 자신의 재산처럼 그렇게 행동하였다. 히즈키야는 마치 자신이 나라의 최고 우두머리요, 모든 것이 다 자신의 것처럼 행동하였던 것이다. 그것이 잘못되었다. 나라의 모든 것의 주인, 곧 원래의 주인은 하느님이시다. 그래서 이사야는 히즈키야에게 이 나

라가 바빌론에 망하게 될 것임을 예언한다. 또한 왕자들 가운데 더러
는 바빌론 왕궁의 내시가 되리라고도 예언하였다.

우리도, 우리가 가진 것들을, 내 맘대로 할 수 있다는 생각을 해서
는 안 될 것이다. 이 세상의 것들의 진정한 주인은 하느님이시기 때
문이다. 자신이 가진 것을 가지고 세도를 부리는 사람들은 조심해야
한다. 이 세상에 주인은 한 분뿐이심을 잊어서는 안 되겠다.

요시아왕은 전임 왕들과 달리 하느님께 충성을 다한 왕이었다. 그
의 아버지 아몬 왕이나 할아버지 므나쎄 왕과 영 달랐다. 그는 주님의
집에서 발견한 계약서를 읽어주면서 백성들에게, 계약대로 실천하며
살 것을 주님과 계약을 맺었다. 백성들도 이 계약에 동의하였다. 그
는 바알과 아세라 상을 성전에서 끌어내 태워버리고, 산당에서 분향
하는 것을 금하고, 해, 달, 별자리들과 하늘의 모든 군대에게 분향하
던 자들도 쫓아냈다. 신전 남창들도 없애고 아들, 딸들을 불속으로 지
나가게 하고 몰록에게 바치던 것을 금했다. 그는 모든 신상들을 다 없

애버렸던 것이다. 산당의 사제들도 모두 없애 버렸다. 대 개혁이었다.

그는 파스카 축제를 대대적으로 지냈다. 그러나 그의 뒤를 이은 여호아하즈 왕, 그 다음 왕인 여호야킴, 그 다음 왕인 여호야킨, 모두가 하느님의 뜻을 어기며 살았다.

역사를 통해서 하느님을 배반하면 어떻게 된다는 것을 왜 못 깨달았을까? 인간이 권력을 잡으면 뒤를 돌아보고, 진리를 위해서 시간을 낼 여유가 없는가 보다. 그런 의미에서 큰 임무를 맡은 사람은 가끔 조용히 자신을, 자신이 맡은 공동체를 객관적으로 돌아보는 시간을 갖는 것이 필요할 것이라고 생각해본다.

바빌론 왕 네브카드네자르는 유당 왕국을 박살내기 위해서 쳐들어와, 온갖 보물들을 가져 감은 물론 1만 명의 포로, 모든 장인들, 대장장이들도 끌고 갔다. 물론 여호야킨 왕과 그 어머니, 왕비들, 내시들, 나라의 고관들도 모두 바빌론으로 끌고 갔다. 어디 그뿐인가! 건장한 모든 사람, 전투할 수 있는 모든 사람들을 끌고 갔다.

유다 땅에는 지치레기들, 힘없는 자들을 남겨 두고 그들을 대표하는 왕으로 치드키야를 세웠다. 아마도 그가 모자라는 사람이었기에 그를 허수아비 노릇을 잘 할 것으로 여겼을 것이다.

그러나 그가 집권한지 9년 되던 해에 그가 바빌론에 반역하였다. 이에 바빌론 왕 네브카드네자르는 예루살렘 성을 포위하였다. 2년여 동안 포위함에 성 안에 먹을 것이 떨어지자 성벽은 뚫리고 말았다.

결국 치드키야는 잡히고 그가 보는 앞에서 그의 아들들이 살해되었으며, 치드키야는 두 눈을 멀게 되었다. 무지막지하게 찔러댔던가 보다. 그런 다음에 청동사슬로 묶은 뒤 바빌론으로 끌고 갔다. 그리고 예루살렘은 불태워졌다. 또한 쓸만한 사람들은 모두 끌어가고 가난한 이들 일부만 남겨 포도밭을 가꾸게 하였다.

그들은 가지고 갈 수 있는 것은 모두 가져가 버렸다. 침략자들의 횡포는 이때나 그때나 마찬가지다. 이라크가 점령됐을 때 박물관이 털렸다는 이야기가 있었다. 누가 털었겠는가? 누가 가져갔겠는가? 연합군이 아니겠는가?

중국에 가보면 영, 불 연합군이 가져가고, 일본군이 가져가고, 대만으로 도망가던 사람들이 가져가고, 그래서 수많은 유물이 탈취당했음을 알 수 있다.

한국의 경우는 어떠한가? 일본군이 가져가고, 프랑스군이 가져가고, 그나마 가지고 있는 것들도 도굴꾼들이 파헤쳐서 내다가 팔아먹고…….

기원전 586년 예루살렘이 함락되고 제 3차 포로로 잡혀갔다. 길고도 긴 유다왕국의 역사가 마감되는 순간이었다. 결국 하느님을 배반하고 하느님을 뜻을 어기며 산 결과는 멸망이었다. 바빌론으로 끌려간 여호야킨 왕은 그곳에서 37년간 감옥생활을 한다. 바빌론에 새 왕이 등극하자 여호야킨은 풀려나서 비교적 편안한 생활을 하였다.

하느님의 백성이 아주 망하지는 않는다는 것이 드러난다.

11장
역대기 상·하권에서

아담으로부터 바빌론 귀양살이 그리고 그 후 유다공동체의 형성까지의 역사가 기록되어 있다. 특히 귀양살이 후의 시점에서 역사를 다시 조명해 보는 것이다. 역대기를 읽을 때에 아담으로부터 아브라함 그리고 그 자손들의 족보 이야기가 쉴 새 없이 펼쳐지기 때문에 진력나기 쉽다. 때로는 앞서 본 성경들이 내용과 다를 때가 있다. 새롭게 역사를 쓰고 있기 때문이다. 그리고 과연 오늘의 시점에서 이스라엘 백성에 대한 하느님의 관심과 사랑이 있는가? 하는 것을 돌아보며, 결론으로 하느님의 사랑은 아직도 계속 되고 있음을 선언한다. 레위인들의 활동이 두드러진다.

역대기 상권이 다윗 왕에 대한 이야기라면, 역대기 하권은 그의 아들 솔로몬과 그의 아들 르하브암부터 치드키아 왕까지의 유다의 모든 왕들의 역사의 기록이다. 역대기 상권의 다윗 이야기가 생동감 넘치는 상승의 역사라면, 역대기 하권은 추락하는 이스라엘 백성의 역사라고나 할까!

역사는 돌고 돈다고들 말한다. 페르시아 왕 키루스 칙령(기원전 538년)으로 다시 상승의 기운이 싹트니 말이다. 그러므로 한 인간, 한 가정, 더 나아가 한 나라의 역사가 추락의 비운에 처했다 해도, 쨍하면 해 뜰 날이 있다는 희망으로 살아야 한다는 메시지를 얻게 된다.

하느님의 임재하심의 징표가 되는 곳인 계약의 궤가 있던 장막에서 성가를 책임질 사람을 특별히 임명하였다는 것이 흥미롭다. 하느님께서는 노래를 좋아하셨는가?

오늘날도 성가대의 중요성은 우리 전례에서 두드러진다. 성가를 통해서 하느님께 영광을 돌릴 수 있다는 것을 먼저 알아야 한다. 때로는 성가 대원들이 자신들의 영광을 위하여 자꾸만 앞자리, 혹은 신자들이 잘 보이는 곳을 요구하는데 이는 깊이 생각해 볼 일이다. 성가는 하느님을 위해서 부르는 것이다. 하느님께만 잘 보이면 된다. 사람들에게 자신의 모습을 뽐내려고 노력해서는 안 될 것이다.

1역대 9,33에는 "레위 가문들의 우두머리로서 성가 책임자들이 있었는데, 그들은 밤낮으로 해야 할 일이 있었기 때문에, 하느님 집의 방에서 살며 다른 일은 맡지 않았다"라고 했다. 성가가 얼마나 중요하면 다른 일은 맡지 않았겠는가!

특히 가톨릭의 성가대는 완전 봉사의 경우가 많다. 돈을 받고 하는 것이 아니다. 그래서 돈을 원하는 사람들은 교회에 가서 연주해 주고 용돈을 버는가 보다. 그런데 구약의 정신을 보면 성가는 하느님의 영광을 위해서 특히 뽑힌 이들이 자신의 사명을 하는 것이었다. 돈을 벌기 위함이 아니었다.

1사무 31,1-13에도 같은 내용이 나온다. 그런데 2사무 1,10에는 "제가 보기에도 그분께서는 쓰러지신 뒤에 다시 살아나실 것 같지 않아, 그분 곁으로 가서 그분을 돌아가시게 하였습니다. 그러고 나서 머리에 쓰신 왕관과 팔에 끼신 팔찌를 벗겨 여기 나리께 가져왔습니다"라고 다르게 설명한다.

어쨌든 사울은 하느님을 배반하고 다른 신을 의지함으로써 벌을 받는다. 아무리 하느님께 뽑힌 자라 해도 잘 살아야 한다. 사울도 하느님께 뽑힌 자였었다. 1역대 10,13-14에는 사울이 왜 죽었는지 설명한다. 주님을 배반했기 때문이며, 주님의 분부를 따르지 않아 주님을 배신하고, 영매를 찾아 문의하면서도, 주님께는 문의하지 않았기 때문이라는 것이다.

배신자의 최후가 어떻게 되는지 새겨들어야 한다.

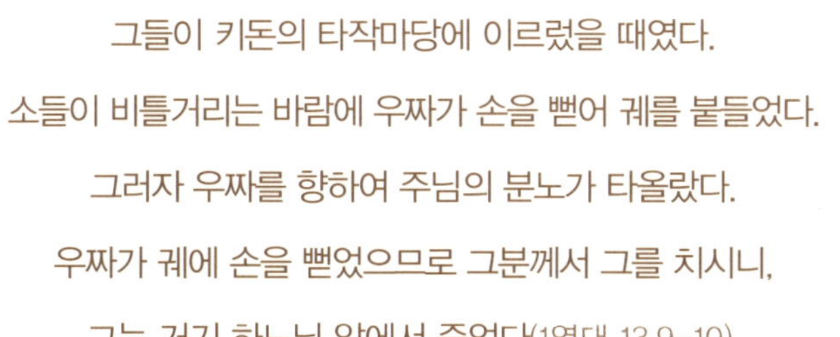

그때까지 하느님의 궤가 키르얏 여아림에 있었다. 다윗은 이 궤를 옮겨오려고 온 백성이 모였는데, 새 수레에 궤를 옮겨 싣고 아비나답의 집에서 내갔다. 다윗과 온 백성은 비파와 수금과 손북과 자바라와 나팔소리에 맞추어 노래하였는데, 그만 소들이 비틀거리는 바람에 궤가 한 쪽으로 쏠렸던가 보다. 우짜는 소를 몰면서 혹시나 해서 궤에 손을 대었다. 좋은 마음으로 댔을 것이다. 그런데 그것이 화가 되었다. 결국 그는 죽고 말았다.

왜? 그가 죽어야 했을까? 레위인 제사장이 아니면 궤에 손을 대서는 안 되었다. 일반인이 손을 댄 것은 근본이 잘못됐던 것이다. 이스라엘 백성은 철저한 규약과 제도에 충실하였기에, 한 번 예외가 인정되면 혼란이 온다는 것을 알고 있었다. 하느님께서도 이런 점을 강조하셨기에 우짜를 죽게 하신 것이 아니었나!

"지난번에는 그대들이 그 궤를 메지 않았기 때문에, 주 우리 하느님께서 우리를 내리치셨소. 우리가 그 궤를 법규대로 다루지 않은 탓이오"(1역대 15,13)라고 강조한다.

즉 사제, 레위인들이 궤를 멜 자격이 있었던 것이다.

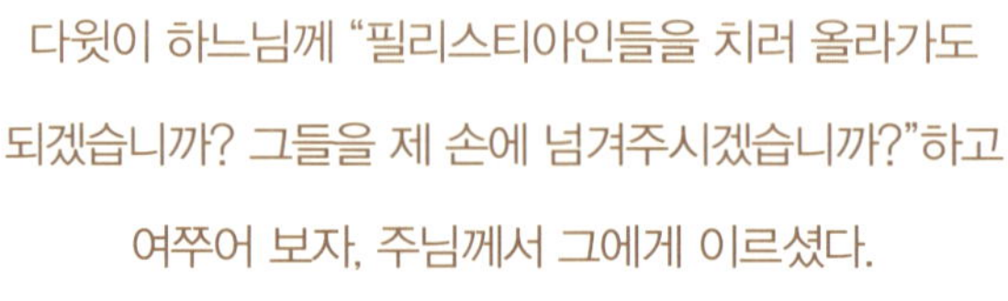

다윗은 무엇 하나 자기 맘대로 하는 것이 없었다. 그는 하느님께 여쭈어보고 하였다. 그러므로 다윗을 위대한 대왕으로, 신실한 왕으로 여기는 것이다.

우리도 작은 일 하나 할 때에도 주님께 여쭙고 하는 습관을 들여야 한다. 우리 자신의 능력만 믿고 일을 하다가는 망하기 십상이다.

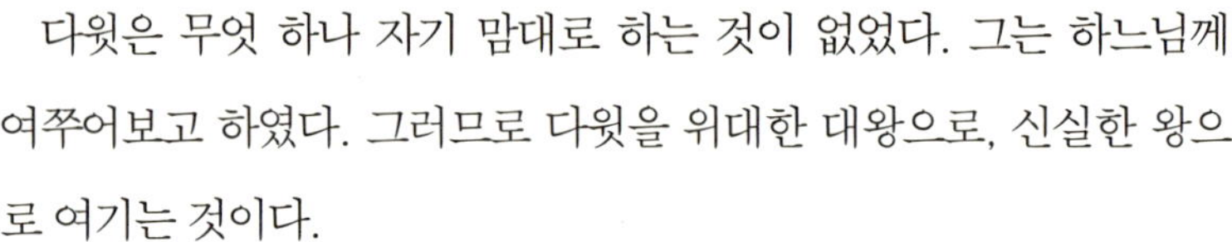

우짜가 죽자 계약의 궤는 예루살렘으로 옮기지 못하고 오벳 에돔의 집에 모셨다. 그런데 그의 집에 복을 많이 내리시는 것을 보고 안심한 다윗은 예루살렘으로 모시고자 했다. 온 백성이 환호하는 가운데 뿔 나팔과 나팔을 불며, 자바라를 치고, 수금과 비파를 타면서 주님의 계약의 궤를 모시고 올라갔다. 다윗은 춤을 추면서 좋아하였다.

우리가 성체대회를 할 때에 이런 행렬을 할 수는 없을까? 성체는 주님께서 살아계신 표시의 빵이다. 그 안에 그리스도 새로운 방식으로 살아 계신다. 그분을 위하여 나팔을 불고 자바라를 치고, 수금과 비파를 타면서 함성과 함께 그분을 모셔야 한다.

우리의 성체대회는, 성체행렬은 너무 경직되고 흥이 없어 보인다. 대 합주단의 연주에 맞추어 다윗은 춤을 추었다. 어찌 임금만 춤을 추었겠는가?

그는 하느님의 현존 앞에서는 마치 어린 아이처럼, 춤을 추었다. 자신의 신분을 따지며 권위를 내세우지 않았다. 하느님 앞에서 우리는 모두 하잘 것 없는 존재, 어린이 같아져야 하는 것이다. 나는 어떠한가? 나는 춤을 출 수 있는가? 참으로 많은 것을 깨닫게 한다.

> 다윗은 번제물과 친교 제물을 다 바친 다음에 주님의 이름으로 백성에게 축복하였다. 그는 온 이스라엘 사람에게, 남녀를 가리지 않고 각 사람에게 빵 한 덩이와 대추야자 과자와 건포도 과자를 나누어 주었다(1역대 16,2-3).

제사를 바친 다음에는 나눔이 있다. 성체를 받아 모시는 것은 큰 나눔이다. 때로는 대축일에 어린이들에게 큰 선물이 제공된다. 부활절에는 계란도 제공된다.

유교에서도 제사 후에는 나눔이 있다.

본당이 잘 돌아가기 위해서는 이 나눔을 자주, 효과 있게 해야 한다. 미사는 큰 잔치이다. 큰 잔치가 있은 후에 신자들이 모여서 함께 감사하는 식사를 나눈다는 것은 참으로 의미 있는 것이다. 사람은 같이 먹고 마실 때에 서로 간의 사랑이 깊어지게 마련이다.

다윗은 자신이 향백나무 궁에 사는데, 주님은 천막에 사시니, 사실 집을 지어드리면 어떨지 나탄 예언자에게 여쭈어 달라고 하였다. 하느님께서는 만류하셨다. 하느님께서는 다윗의 그러한 제의를 갸륵하게 생각하시면서도, 당신은 어떤 건물 안에만 있을 수 없는 존재이며, 아니 있는 데 없이 다 존재하는 하느님임을 밝히신다. 한편 하느님께서는, 다윗이 성전을 지을 수 없음을 알리신다. 비록 그가 대왕이며, 하느님을 충실히 섬기는 충신이기는 하지만, 너무 많은 사람과 전쟁을 벌였고, 수많은 사람들을 죽였기 때문이다. 피 묻은 손으로 성전을 짓는 것을 좋게 보시지 않았다. "너는 전사였고 사람의 피를 많이 흘렸기 때문에 내 이름을 위한 집을 짓지 못한다"(1역대 28,3).

그러나 하느님께서는 다윗의 갸륵한 마음을 보답하시려고 축복을 약속하신다. 그는 비록 주님의 궁을 짓지 못하겠지만 그의 아들이 짓게 될 것이라고 말씀하신다. 이에 다윗은 감복하여 긴 감사의 기도를 드린다.

> "자, 브에르 세바에서 단에 이르기까지
>
> 이스라엘의 인구를 조사하여, 그들의 수를 알 수 있도록
>
> 나에게 보고하시오"(1역대 21,2).

다윗은 자신이 다스리고 있는 백성의 수를 알고 싶었다. 사탄의 수작에 말려든 것이다. 마치 자신이 온 나라 백성의 주인처럼 행세하고 싶었던 것이다. 나라와 민족의 참 주인은 하느님이시다. 요압 장군은 다윗에게 안 된다고 간언하였다. 그러나 다윗의 고집을 꺾을 수는 없었다. 결국 하느님께 벌을 받게 되는데, 흑사병이 이스라엘에 번져 칠 만 명이 쓰러졌다. 한 나라의 우두머리가 생각을 잘못함으로써 죄 없는 백성들이 무참히 죽는다. 그러므로 한 나라의 지도자가 어떻게 행동하느냐는 아주 중요하다. 그러므로 대통령을 뽑거나 국회의원을 뽑을 때, 신중하게 생각해야 한다. 다윗은 울부짖는다. 죄는 제게 있으니 저와 저의 아버지의 집안을 치시고 백성들에게서는 재난을 거두어 달라고 말이다.

하느님께서는 그의 뉘우침을 들으시고 재난을 거두셨다. 하느님께서 제일 무서워하는 것이 있다면 인간의 회개라고나 할까! 아무리 화가 나셨다가도 인간이 회개하면, 꼼짝 못하시고 당신의 뜻을 접으셔서 이르는 말이다. 우리의 무기는 회개이다.

내 아들 솔로몬아, 너는 네 아버지의 하느님을 바로 알고,
한결같은 마음과 기꺼운 마음으로 그분을 섬겨라. 주님께서
는 모든 마음을 살피시고 모든 생각을 꿰뚫어 보신다.
네가 그분을 찾으면 그분께서 너를 만나 주시고,
네가 그분을 버리면 너를 영영 저버리실 것이다(1역대 28,9).

아들에게 내리는 아버지의 교훈이다. 참으로 중요한 내용이다. 오늘날도 천주교 신자의 부모가 자식에게 이런 교훈을 내린다면 얼마나 좋겠는가? 오늘날엔 아마도 "돈 벌고 성공하려면 무슨 학교에 가야하고, 무슨 과에 가야하고 누구와 친해야 한다" 등등의 인간적인 것, 현세적인 것으로만 교훈을 내리는 사람들이 많을 것이다.

천주교 신자인 아버지가 아들에게 "이 아비가 네게 하는 말을 잘 들어라. 너는 죽을 때까지 한결같은 마음으로 하느님을 섬겨야 한다. 하느님께서 너를 언제나 보고 계시고 언제나 너와 함께 계시고자 하신다. 네가 하느님을 포기하지 않는 한 절대로 하느님께서는 너를 포기하지 않으신다"라는 내용을 가훈으로 내리고, 일장 훈시를 내린다면 얼마나 멋질까?

솔로몬이 왕이 됐다는 것이 놀랍다. 왜냐하면 그는 조강지처의 아들도 아니었다.

다윗 왕이 나라를 위해서 목숨 바쳐 봉사하던 용감한 군인의 부인을 빼앗아서 낳은 자식이다. 어찌 보면 서첩의 자식이라고나 할까? 여러 가지 사정을 고려해 본다면, 그는 왕이 될 수 없는 신분이었는데도 그가 뽑혀서 왕이 되었다.

참으로 하느님의 뜻은 오묘하시다. 부족한 신분의 자식을 뽑아서 일꾼으로 쓰시는 이유는 아무래도 섭정이 아니었을까? 만일 솔로몬이 조강지처의 자식이었다면 지혜와 지식을 청하였을까? 이미 권력의 맛이 들어 있었기에 더 큰 권력을 청했을 것이다. 신분의 고하가 하느님께는 중요하지 않다. 그분 마음대로 쓰시고자 하시면 쓰시는 것이다.

나에게 하느님께서 무엇을 청하느냐고 물으신다면 나는 무엇을 청한다고 말씀드릴까? 학교도 지어야 하고, 병원도 지어야 하고, 성당도 지어야 하고, 등등 현실적인 것들을 청했을 것이다.

낚시 좋아하는 사람은, 좋은 낚싯대, 차를 좋아하는 사람이라면 좋은 차를 청했을 것이다. 대부분의 사람들이 현실의 문제들을 해결할 수 있게 해 달라고 청하지 않았을까? 영적인 것을 청하는 것이 중요할 텐데 말이다.

예수님은 "무엇을 먹을까 마실까 생각하기 전에 하느님의 나라와 그의 덕을 청하라"고 하셨는데, 나의 부족함은 아직 그에 미치지 못하고 있음을 느낀다. 회개해야 한다. 나는 많은 회개를 해야 한다.

솔로몬이 지혜와 지식을 청하니 하느님께서는 갸륵히 보시고 부와 재물과 영광을 덤으로 주시겠다고 약속하였다. 나는 덤으로 주시려는 것을 먼저 청하니 어쩌면 좋은가!

> 레위인 성가대, 곧 아삽과 헤만과 여두툰과 그의 아들들과 형제들이 모두 고운 아마포 옷을 입고서, 자바라와 수금과 비파를 들고 제단 동쪽에 늘어서 있었다. 그들 곁에 나팔수 사제 백이십 명도 함께 서 있었다. 나팔수들과 성가대는 한 소리로 주님을 찬양하고 찬송하였다. 쇠 나팔과 자바라와 그 밖의 악기에 맞추어 주님을 찬양하는 소리를 드높일 때 구름이 그 집, 곧 주님의 집에 가득 찼다(2역대 5,12-13).

솔로몬이 성전을 예루살렘 모리야 산에 짓기 시작하였다. 그 땅은 하느님께서 다윗에게 나타나셨던 땅으로서 본디 여브스 사람 오르난의 타작마당이었다. 다윗은 이 땅을 집터로 잡아놓았었다. 여기에 성전을 지은 것이다.

성전을 다 짓고 나서, 다윗 성에 모셔져 있던 주님의 계약의 궤를 시

온, 곧 다윗 성에서 모셔 올라오는데 성가대가 자바라와 수금, 비파를 타고 나팔을 부는 사제 120명이 나팔을 불면서 찬양하였다. 찬양의 내용은 "정녕 주님께서는 선하시고, 그분의 자애는 영원하시다"였다.

본디 나팔이란 하나만 있어도 그 소리가 요란한데 120명의 사제들이 불었다면 얼마나 장엄하였을까? 오늘날 그 어떤 축제에 120개의 나팔이 동원되겠는가? 어찌 보면 오늘날 성체거동을 할 때, 너무나 초라한 준비가 아닌가 생각하게 한다. 계약의 궤보다는 예수님의 성체가 훨씬 더 귀중하지 아니한가? 성체거동을 하면서 120명의 사제들이 나팔을 불고 앞에서 자바라와 다른 악기를 불면서 주님을 찬미한다면 주님은 기뻐하실 것이다.

사제의 임무가 나팔수였다는 것을 잊어서는 안 될 것 같다. 오늘날의 사제는 그런 의미에서 너무나 고상한 직책으로만 남아 있는 것은 아닌지!

물론 신약의 사제가 구약의 사제와 같은 임무를 한다고 생각하지는 않는다. 왜냐하면 신약의 사제는 예수 그리스도를 대신하기 때문이다. 어쨌든 사제들 자신이 겸손하게, 봉사하는 마음을 가져야 한다는 데는 이론이 없을 것이다.

앞서 이미 묵상을 한 바 있다. 아무리 호기심이 많은 여왕이라고는

하지만, 까다로운 문제를 들고 남의 나라 임금을 시험하러 온단 말인가? 약간 정신이 오락가락 하는 사람이었다면 몰라도.

문제는 다른 데 있었을 것이다. 다윗, 솔로몬으로 이어지는 이스라엘의 파워가 주변 왕국들을 위협하였을 것이다. 아마도 스바 여왕도 일찌감치 솔로몬을 찾아와서 화평을 청하고 평화 조약을 맺지 않았을까 추측해볼 수 있다. 한마디로 스바 여왕은 꼬리 내리고 돌아갔다고 표현해야 맞을 것이다. 모든 것이 자기 나라와는 게임이 안 됐을 것이다. 그래서 감탄만 하다가 돌아갔다고 봐야 할 것이다.

어찌 보면 여왕의 기지가 드러난다. 미리 외교를 잘해 두는 것이 후환을 막을 수 있기 때문이다. 하느님의 특별한 은총을 받은 사람 솔로몬의 지혜를 감탄하지 않을 사람이 어디에 있겠는가? 결국 솔로몬이 칭송을 받아야 하는 것이 아니라 그 지혜를 주신 하느님께서 모든 칭송을 받으셔야 한다.

솔로몬은 자기 조상들과 함께 잠들어 자기 아버지
다윗의 성에 묻히고, 그의 아들 르하브암이
그 뒤를 이어 임금이 되었다(2역대 9,31).

솔로몬도 다윗처럼 40년간 통치하다가 잠들었다. 아무리 부귀영화가 가득하고 지혜가 가득한 임금이라 해도 백년을 다스리지는 못한다. 인간은 인간일 뿐이다. 그저 왔다 갈 뿐이다. 솔로몬의 영화가 컸다고는 하지만 들꽃 하나에도 못 미치는 이유가 거기에 있다. 솔로몬의 영화만큼 그렇게 화려하게 살아 보지도 못한 우리도, 언젠가는 이 세상을 떠날 것이다. 스러져가는 인생길, 우린 지금 결국 죽음의 길을 계속 가고 있는 것이다.

역대기에서는 열왕기에 나오는 내용보다는 간단하게 솔로몬의 최후를 서술하고 있다. 결국 하느님의 역사가 대단하지 인간의 역사는 아무 것도 아니며 하느님만이 역사의 초점이셔야 한다는 것이다.

하느님의 나라가 영원하지, 인간의 나라는 영원한 나라가 아니다. 인간은 언제나 그 한계를 인정해야 하고, 하느님의 섭리에 모든 것을 맡겨 드리며 살아가야 할 것이다.

태평성대에 늘 일어나는 일이다. 솔로몬의 아들로서 솔로몬이 저지른 잘못을 계속하지 않고 선정을 베풀기를 바랐던 백성들에게 그 아들 르하브암은 많은 실망을 주었기 때문에 예로보암은 10개 지파를 규합하여 떨어져나갔다. 나머지 유다와 벤야민 지파만으로 명맥을 유지하던 르하브암인데 조금 형편이 나아졌다고 하여 주님의 율법을 저버린 것이다.

이 이야기는 우리들이 저지를 수 있는 잘못이다.

그러나 르하브암은 예언자 스마야의 말을 듣고 하느님께 머리 숙여 빌었다. 그러자 주님께서는 진노를 거두셨다. 그래서 이스라엘을 아주 멸망시키지는 않으셨다.

여기서 또 생각하게 하는 것은 하느님께서는 인간의 뉘우침을 제일 무서워하신다는 것이다. 인간이 뉘우치며 머리 숙이면, 손을 번쩍 들어 벌하려 하시다가도 힘없이 내려놓으신다. 그것이 약점이시다. 인간으로서는 하느님의 분노와 벌을 피하기가 너무 쉽다. 그저 그분 앞에 무릎 꿇고 잘못을 청하기만 하면, 멸망하지 않기 때문이다.

이스라엘과 유다 사이에는 끊임없는 전쟁이 일어났다. 어느 나라이건 주님을 충실히 섬기는 나라가 승리하였다. 물론 때로는 다른 민족들과도 전쟁을 벌였다. 그때에도 마찬가지였다. 하느님께 충성을 다하고, 주님과 함께 있을 때에만 이스라엘이건 유다건 승리하였다.

우리가 이 세상의 죄악과 싸울 때에도 주님께 충실하며 그분의 도우심을 간청한다면 언제나 승리할 수 있다.

이스라엘이 유다와 갈라져서 두 개의 나라가 되었지만 여호사팟은 유다의 왕으로서 신실한 사람이었다. 그런데 이스라엘의 왕 아합은 하느님의 뜻에 어긋나는 생활을 하던 사람이었다. 이 두 사람은 정치적, 군사적 동맹이 필요했다. 주변 국가들이 자주 침범해왔기 때문이다. 그래서 여호사팟의 아들과 아합의 딸이 결혼을 하게 됨으로써 사돈이 되었다.

때마침 유다 왕이 사마리아의 아합 왕을 방문했을 때, 아람의 라못 길앗을 함께 치자고 하였다. 그런데 당시 이스라엘에는 많은 거짓예언자들이 있었다. 400명의 예언자들에게 물었으나 한결같이 쳐 올라가라고 하였다. 그러나 여호사팟은 그들은 믿을 수가 없었다. 그래서 다른 예언자는 없느냐고 물었다. 그런데 진실만을 말하는 미카야가 있기는 하지만 아합은 그를 미워하였다. 그래서 한 사람이 있으나 그는 언제나 반대만 하는 자라고 힐난하였다. 그러나 여호사팟은 그를 데려다가 물어보자고 강조하였다. 하는 수없이 미카야가 와서 예언을 하였는데 그 전쟁은 안 된다는 것이었다. 거짓 예언자들 400명의 예언과 반대였다. 화가 난 아합은 미카야를 감옥에 넣고 쳐 올라갔다. 그러나 미카야의 말대로 왕은 화살에 맞아 죽고 말았다.

"진실은 쓰고 거짓은 달다. 충고는 쓰고 아첨은 달다."

때로는 진실을 말하는 사람을 받아들이지 못하기 때문에 큰 손해를 보는 경우가 있다.

여호람은 자기 아버지의 왕위에 올라 자리를 굳힌 다음,

아우들을 모두 칼로 쳐 죽이고

이스라엘의 대신들도 더러 죽였다(2역대 21,4).

여호람은 유다의 왕이 되었다. 아버지 여호사팟은 하느님께 충실하였으나 말년에 악을 져지르던 이스라엘의 왕 아하즈야와 동맹을 맺는 등 하느님 뜻을 어기는 행위를 하였다.

그러나 대체적으로 열심히 하느님께 충성을 보였던 왕이다. 그런데 그 아들 여호람 왕은 자기 형제들 6명을 쳐 죽였다. 그는 못된 짓을 하며 살았기 때문에 하느님의 벌을 받았으니 그의 창자가 빠져나오는 병을 앓다가 죽었다.

아무리 자신의 권세가 좋기로서니, 자기 형제들을 다 죽일 수 있는가! 혹시라도 자신의 왕권을 빼앗길까 봐서 죽였을 것이다. 권력의 욕망은 대단하다. 그래서 권력 맛을 보면 자기 부인도 팔아먹는다고 하지 않던가!

성당에서도 단장이라든지, 구역장을 맡고 있다가, 여러 가지 사정을 고려하여 못하겠다고 본당신부에게 말을 하는 경우가 있다. 정말 일이 바빠서 혹은 사정이 있어서 그만두고 싶어 하는 사람도 있으나, 개중에는 자신의 주가를 올리기 위해서 일단 사표를 내보는 경우가 있기에 본당신부들은 조심해야 한다. 막상 "그만 두세요" 하며 아무개가 할 예정이라고 말해주면 은근히 투정을 부리는 경우를 본다. 막상 그만 두려고 하니 다른 사람들이 불러주던 "단장님", "구역장님" 하는 소리를 못 듣게 된다는 것이 아쉬운 것이다.

그리고 많은 경우에 전임 회장과 후임 회장 사이에도 보이지 않는 선이 보인다. 그것도 결국 권력의 긴장이라고나 할까?

요즘은 세상사에 많은 관심을 두다 보니까 성당에서 봉사하는 것 자체를 싫어하는 분위기가 형성되고 있다고들 한다. 걱정스러운 일이다.

하느님을 거슬리며 살던 여호람 왕이 창자가 빠져 나가는 고통 속에서 죽자, 그의 아들 아하즈야가 왕이 되었으나 그도 하느님의 뜻을 어겼으므로 한 해를 다스리다 죽었다. 그러나 그의 어머니 아탈야가 지배자가 되어 다른 왕족들을 죽이기 시작하였다. 그러던 중 여사제 여호세바가 왕자들 중 요아스를 숨겼다. 대를 잇기 위해서였다.

아탈야가 다스린 지, 6년 되던 해에 여호야다 사제가 용기를 내어, 사람들을 모아 혁명을 일으켰으니 결국 아탈야는 죽고 말았다.

여호야다 사제의 이야기는 참으로 흥미롭다. 구약시대에도 여사제가 있었기 때문이다. 그와 아탈야의 싸움에서 여호야다가 승리한다. 하느님을 의지하고 사는 여호야다 사제가 승리하는 것은 당연하다.

아마도 이런 대목을 두고 어떤 이들은 여사제를 주장하는지도 모른다. 그러나 현재 가톨릭교회는 예수님께서 12명의 제자들을 사도로 뽑으실 때 여성을 한 명도 뽑지 않았기 때문에 여사제를 뽑지 않는다는 주장을 하고 있다.

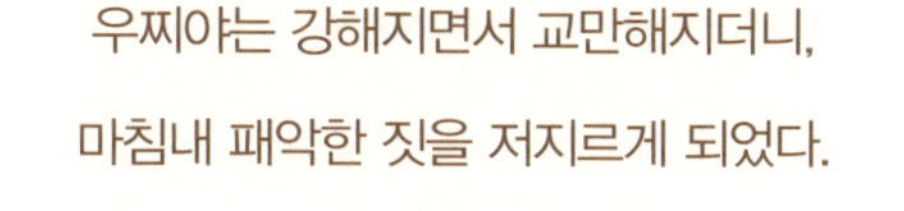

역대기는 이스라엘의 왕, 유다의 왕들의 역사를 서술하는데 대부분의 왕들이 하느님 뜻을 어기며 살아간다. 그 자식들이 선왕의 잘못 때문에 어찌 되었는지를 보았으면서도 하느님께 충성하기보다는 하느님과 반대방향으로 나가다가 멸망하는 경우가 대부분이다. 눈이 멀고 귀가 먹어도 보통이 아니다. 혹여 하느님께 충실하며 살다가도 자신의 위치가 공고해 지거나 나라가 튼튼해지면 오만해지기 시작한다. 결국엔 하느님을 또 배반하기 시작한다.

우찌야 왕은 강해지면서 교만해지더니, 결국은 자기가 이 우주의 왕이나 된 듯, 신이나 된 듯 우쭐거리기 시작하였다. 그는 사제들이 해야 할 분향제단에 가서 향을 피우려고 하였다. 용감한 사제들이 왕을 가로막고 아론의 자손들인 사제들이 향을 피워야 한다고 강조하였다.

우찌야는 화가 났다. 자신이 무엇이든 다 할 수 있다는 생각을 하고 있었는데, 난관에 부딪혔기 때문이다. 그가 화를 내는데 그의 이마에 부스럼이 돋기 시작하였다. 한센병이 생긴 것이다. 결국 그는 한센병으로 죽었다.

아무리 자신이 왕이라 하여도 하느님께서 마련하신, 명령하신 바를 지켜야 한다. 마치 자신이 신이 된 듯이 우쭐거리다가는 화를 당한다는 것을 잊어서는 안 될 것이다. 이 세상에 겸손한 사람만이 성공할 수 있다는 사실이 또 증명되고 있다.

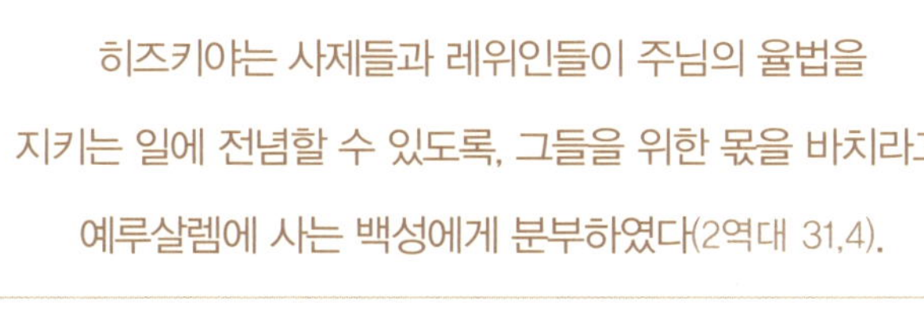

히즈키야는 훌륭한 왕이었다. 그는 하느님의 뜻을 따라서 살며 온 갖 우상을 몰아냈다. 또한 성대한 파스카 축제를 지내며 하느님의 크신 위업을 찬양하였다. 또한 종교를 개혁하였다. 그는 성전에서 드리는 번제와 친교제를 정성껏 드리게 하였다. 많은 사람들이 게을리 하던 제사를 정성껏 드리기 위해서는 많은 일손이 필요했다. 이를 위해서 사제들, 레위인들이 많은 봉사를 해야 했다. 이들을 위해서, 십일조를 바치게 하였다. 사람들은 자기가 키우는 소양의 십일조, 하느님께 바친 예물의 십일조를 가져와서 바쳤다.

지금도 십일조의 정신은 살아있다. 왜냐하면 구약의 율법이 완전히 사라진 것이 아니며 예수님도 율법의 준수를 강조하셨다. 자신의 수입 중에서 십분의 일은 사제의 몫으로 내 놓는다는 것이 쉽지 않다. 아깝다. 내가 번 것인데, 어찌 십분의 일을 바친단 말인가!

그러나 모든 재물의 주인은 하느님이시다. 교회에서 봉사하는 이들이 십일조를 통해서 의식주를 해결하고 남은 것은 가난한 이들의 몫으로 돌리는 것이 정석일 것이다.

"힘과 용기를 내어라. 아시리아 임금과 그가 거느린 모든
무리 앞에서 두려워하지도 당황하지도 마라.
그보다 더 크신 분이 우리와 함께 계시다. 그에게는 살로 된
팔밖에 없지만, 우리에게는 주 우리 하느님께서 계시어
우리를 도와주시고 우리 대신 싸워 주신다." 백성은
유다 임금 히즈키야의 말을 듣고 안심하였다(2역대 32,7-8).

히즈키야 왕이 아시리아의 침공을 받고, 당황하는 백성들에게 위로의 말을 한다. 주님께서 함께 계시니 두려울 것이 없다는 것이다. 어찌 그때만의 이야기이겠는가! 오늘에도 여러 가지 어려움에 처한 사람들에게 들려주고 싶은 내용이다. 주님만 함께 계신다면야 우리가 무슨 걱정을 하겠는가? 그것이 증명되는 내용이 20절부터 나온다. 히즈키야 왕과 이사야 예언자가 하늘을 향하여 부르짖으며 기도하자, 주님께서 천사를 보내시어, 전쟁의 판도를 완전히 바꾸어 결국 아시리아는 패하고 돌아갔다. 아시리아 임금이 자기 나라의 신전에 들어갔을 때 거기서 친자식 몇이 그를 칼로 쳐서 쓰러뜨렸다. 주님께서 대신 싸워주시어 이겨 주셨던 것이다.

히즈키야가 병이 들었을 때에, 그가 기도하자 주님께서 그의 병을 낫게 하셨건만 그는 교만하여 감사하지 않았다. 그래서 주님의 진노가 그와 유다에 내렸다. 그제야 히즈키야는 뉘우치고 자신을 낮추었다.

언제나 교만하지 않도록 조심해야 한다. 교만은 멸망의 원인이다. 겸손은 치유의 원천이고 축복의 원천임을 잊어서는 안 된다는 교훈을 얻게 된다.

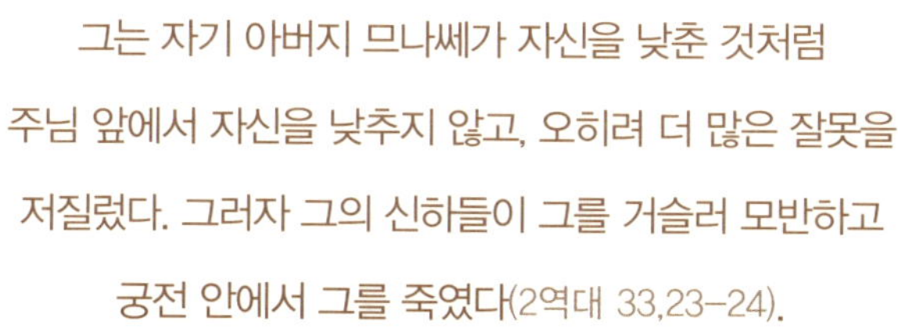

히즈키야의 아들 므나쎄가 왕이 됐을 때, 오만하여 하느님을 배반하고 살았다. 그러자 하느님께서 아시리아 장수들을 보내시어 그를 갈고리로 잡아서 청동 사슬로 묶어 바빌론으로 끌고 갔다. 그제야 그는 회개하고 하느님을 믿고 간청하였다. 하느님께서는 그를 다시 예루살렘으로 돌려보내셨다. 그 후 그는 하느님을 알고 따랐다. 그러나 그의 아들 아몬이 왕이 되자, 그는 하느님의 눈에 거슬리는 짓을 하였다. 그러다가 그의 신하들의 손에 죽었다.

부모가 자식을 교육하는 것이 힘든가 보다. 왕들이 왕자들에게, "하느님을 열심히 믿고 따르며 충성을 다해야 하며, 언제나 하느님 앞에서 겸손해야 한다"고 왜 강조하지 않았는지 모르겠다. 아니면 너무나 강하게 강조하여 반감을 가졌을까?

부모가 자식에게 많은 것을 유산으로 물려준다고 한들 그것이 그를 구원할 수는 없다. 부모는 무엇보다도 신앙을 물려줘야 한다.

요시야 임금의 뒤를 이어 여호아하즈가 왕이 됐으나 그도 하느님을 배반하고 살았다. 그 결과는 이집트 임금에 의해서 폐위되고, 그의 형제인 엘야킴을 여호아킴이라는 이름으로 왕이 되게 하였다. 그런데 그도 하느님을 배반하고 살았다. 그 결과 바빌론 임금에 의해서 끌려가게 되었다. 그의 아들 여호야킨이 뒤를 이어 왕이 되었다. 그러나 그도 주님의 눈에 거슬리는 생활을 하였다.

하느님께서는 그를 벌하시려고 바빌론 임금을 이용하셨다. 바빌론 임금이 군대를 보내어 그를 끌고 갔다. 그의 아들 치드키야가 유다의 왕이 되었다. 그도 목이 뻣뻣한 채 하느님을 배반하며 살았다. 그리하여 하느님께서는 칼데아인들의 임금을 보내시었다. 칼데아 임금은 성소의 집에서 젊은이들을 요절내게 하고, 주님의 집의 보물도 가져가고, 하느님의 집을 불태우고, 예루살렘 성벽을 허물고, 궁들을 불질러 버렸다. 또한 쓸만한 사람들은 다 데리고 가서 종이 되게 했다. 이렇게 되리라는 것은 이미 예레미야 예언자의 말을 통해 예언했던 바이다. 유다 나라는 70년간 폐허가 된 채 버려졌다. 하느님을 저버린 삶이 가져다 준 황폐의 현주소이다.

왜 유다 임금들은 하느님을 배반하며 살았을까? 계속되어 온 전통, 습관을 벗어 버리고 혁신한다는 것은 참으로 어려운 것임을 알게 한다. 하느님을 배반하면 어찌 된다는 것을 알면서도 왜 그리도 미련했을까? 참으로 하느님을 따라 산다는 것이 쉽지 않았나 보다.

역대기를 마치면서 우리는 이스라엘의 역사가 대부분 하느님께 반역하는 역사임을 알게 된다. 그러나 하느님께서는 끈기 있게 참아 주신다. 그런데도 회개의 기미가 보이지 않았다. 그래서 충격적이고 감히 상상할 수 없는 괴로움을 통해서만 회개할 수 있겠다고 생각하시어 이스라엘 백성들을 종살이 하게 하신다.

지도자의 위치란 참으로 중요하다. 왕이 정신을 차렸다면 백성들도 우상에 빠지지 않았을 것이다. 그러므로 지도자란 깨어있으면서 주님의 말씀을 듣는 사람이어야 한다는 것을 명심해야 한다.

인간의 나약함을 알게 한다. 인간의 힘으로 무엇을 이룰 수 없음을 알게 된다. 인간 구원은 주님의 은총으로 가능하다. 인간의 힘으로, 능력으로는 어림없음을 깨닫게 된다.

그러나 한 가지 해결책을 발견하게 된다. 하느님 앞에 무조건 머리 숙이며 낮추기만 하면 하느님은 꼼짝 못하신다는 사실을 여기저기서 배웠다. 이것이 인간이 승리할 수 있는 비법이다. "주님 자비를 베푸소서"라고 기도하는 인간을 매몰차게 외면하지 못하신다는 것을 우리는 알게 됐다. 그래서 우리의 기도는 장황하기 보다는 간단히 "주님 자비를 베푸소서. 주님 용서하소서" 하는 것으로도 우리의 마음을 충분히 전달할 수 있다.

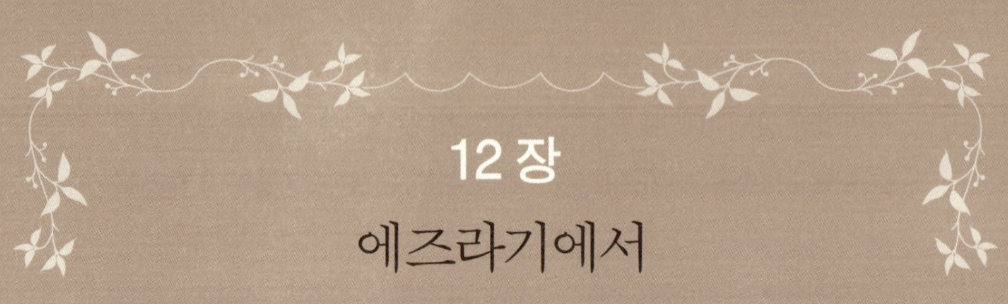

12 장
에즈라기에서

에즈라기와 느헤미야기는 유대인들이 바빌론 귀양살이에서 돌아오는 이야기에서부터, 그들이 돌아와서 어떻게 공동체를 이루고 살았는지를 잘 말해 준다.

본래 한 권으로 되어 있던 것을 오리게네스가 두 권으로 구분하여 제1에즈라, 제2에즈라라고 하였다고 한다. 그런데 뒤에 오늘처럼 에즈라기와 느헤미야기로 부르게 되었다.

에즈라기를 통해서 예레미야가 이미 예언한 바와 같이 바빌론 포로생활로부터의 귀환이 성취됨을 본다. 그러나 막상 그들이 귀환하여 성전을 복구하기까지는 많은 우여곡절을 겪는다. 많은 반대에 부딪힌다. 그러나 결국은 하느님의 은혜로 성전이 복구되고 태평성대가 찾아온다.

페르시아가 중동지방의 주권을 갖고 있던 때였다.

한 국가의 막강한 힘이 영구히 보존되는 것은 아니다. 왜냐하면 세계의 맹주 노릇을 한 나라들이 많았으나 로마를 제외하고는 그리 오래 계속되지는 못했다. 때로는 징기스칸이 세계를 지배하기도 했으나 망하였다. 바빌론이 중동의 맹주가 되기도 했고, 터키의 오스만이 맹렬하게 주변국들을 수중에 넣어 중동을 중심으로 맹주가 되기도 했다. 그러나 권력은 영원하지 못한 것이기에 그와 그의 나라도 망하고 말았다.

마케도니아를 중심으로 한 알렉산더가 세력을 계속 확장시켜 나갔다. 그는 젊은 나이에 죽었는데, 그의 신하가 가서 아뢰기를 "이제 점령할 땅이 없습니다"라고 말하자 눈물을 흘렸다고 할 정도로 전쟁광이었던 가보다. 그가 죽자 제국은 갈라지고 말았다. 아시리아도 힘을 쓰며 몇몇 나라들을 수중에 넣고 맹렬한 기세로 세력을 키워나갔으나 결국 오래 가지 못하였다.

이렇게 한 국가의 융성은 영원하지 못하다. 독일이 세계를 집어삼킬 기세로 날뛰더니 역시 오래 가지 못했으며, 대영제국도 소멸되고, 프랑스의 나폴레옹도 무서운 기세로 나라들을 집어삼킨 적이 있었으나 결국 망하였다.

동양은 어떠한가? 중국이 주변의 나라들을 날름거리며 삼키고 세도를 부렸다. 일본도 동아시아의 맹주를 꿈꾸며 여러 나라를 침략하여 차지하였었다. 그러나 결국 망하고 말았다.

이 세상의 권력, 힘, 주권은 무너지게 되어 있다. 만일 이 세상의 권력이 영원한 것이라면 하느님의 나라가 주는 의미가 무엇인가? 이 세상은 완벽한 나라가 아니라 언제나 흔들흔들하는 나라이다. 언제 넘어져서 피를 토할지 모른다.

한국은 아직 그 어느 나라를 침략한 적이 없다. 그저 당하기만 한 순한 백성이다. 이런 민족에게 하느님께서는 축복하시어 폐허가 된 우리에게 선진국에 근접한 발전을 가져다 주셨다. 순진한 백성들이기에 주신 축복이다.

과거의 세계 역사를 돌아보면서 우리는 이 세상의 힘, 이 세상의 부귀영화는 영원한 것이 아니라는 것, 변한다는 것을 알아야 하겠다. 또한 하느님의 군대가 있는 곳, 하느님의 천사들이 있는 나라, 그 나라는 영원히 무너지지 않을 것이며 사령관이신 주님께서 언제나 승리를 안겨주신다는 것을 잊지 말아야겠다.

이야기가 옆으로 흘렀다. 어쨌든 페르시아 임금 키루스가 온 나라에 어명을 내리고 칙서를 반포하였는데 이는 이미 예레미야 예언자가 예언한 대로(예레 25,12-13,29,10 참조) 이루어지는 것이었다.

그 칙서의 내용은, 페르시아에 유배 온 유다인들은 예루살렘으로 돌아가서 하느님의 집을 짓게 하라는 것이었다. 그리고 자기 백성들에게 유다인들이 돌아갈 때 은 , 금 , 물품, 짐승들을 주라고 하였다.

이는 마치 탈출기에 나오는 이야기와 비슷하다. 이스라엘 사람들이 노예에서 해방되어 나갈 때 사람들이 많은 것들을 주었던 것과 비슷하다(탈출 12,35-36 참조).

선택된 백성인 이스라엘이 많은 죄를 지어 남의 나라에 끌려가서 사는 신세가 되었었으나 하느님의 사랑은 변치 않으셨다. 그래서 다시 불러들이신다. 우리도 때로는 잘못하여 벌을 받을 수도 있을 것이다. 그러나 하느님은 나를 사랑하신다. 영원히 버리시지 않는다. 그러므로 우리가 아무리 어려움에 처해 있다 하더라도 하느님의 사랑을 믿고, 그분의 축복을 기대해야 한다. 하느님은 영원히 우리를 사랑하시기 때문이다.

> 키루스 임금은 네브카드네자르가
> 예루살렘에서 가져다가 자기 신전에 두었던
> 주님의 집 기물들을 꺼내 오게 하였다(에즈 1,7).

키루스 임금의 마음을 이렇게 바꾸어 놓으신 분은 하느님이시다. 키루스는 자기 백성들에게만 이스라엘 백성들에게 자비를 베풀라고 명한 것이 아니라, 앞선 임금이 뺏어 온 이스라엘의 귀중품들을 돌려주도록 명하였다. 그 물품들은 그 이방인 왕의 창고에 있어서는 안 되는 것이었다.

하느님께서는 이스라엘인들에게 경종을 울리기 위해서 이스라엘을 망하게 하시고 모든 성전 물건들도 잃게 하셨던 것이다. 고난과 어려움을 통하여 하느님께서는 오묘하게 섭리하신다는 내용이다. 우리에게도 때로는 많은 고난이 닥쳐온다. 고난이 나쁜 것만은 아니다. 특히 신앙인에게 고난은 약이다. 고난을 통해서 하느님을 더욱 믿고 사랑하게 되고 의지하게 되기 때문이다. 고난을 통해서 겸손을 배우고 사랑을 배우게 된다.

물론 볼모로 잡혀 갔던 유다인들 중에는 그곳에서 터를 잡고 돈은 많이 벌어 잘산 사람들이 있었을 것이다. 그들은 자신들의 재산을 포기하고 싶지 않아서 고향 가는 것도, 고향에 가서 성전을 복구하는 것도 포기하였다. 그 귀한 돈을 두고 갈 맘이 없었던 것이다.

유다인들은 어디를 가든 돈을 많이 버는가 보다. 히틀러가 6백만 명의 유다인들을 죽인 이유도 그들이 많은 돈을 가지고 있었기 때문이었다고 보는 학자들이 있다.

오늘날도 같은 이유로 조국을 포기하는 사람들이 있을 것이다. 그리고 급기야 그 나라 국적을 얻고 심지어 자기 조국의 영광을 위해서 일하기보다는 새로 얻는 시민권에 만족하며, 그 나라를 먼저 생각하는 경우가 있을 것이다. 돈이란 매력적이긴 하지만, 배신과 매국의 정신을 만들어 내기도 한다.

주님의 옛집을 보았던 많은 노인들은,

자기들의 눈앞에서 이 주님의 집 기초가 놓인 것을 보고

목 놓아 울었다(에즈 3,12).

고향으로 돌아 온 이스라엘 백성들이 성전을 짓기 위한 기초를 완성하고 나서 너무나 감격하였다. 특히 옛날 웅장하던 성전을 보았던 노인들은 너무나 감격하여 목 놓아 울었다. 사람이란 자신의 마음을 말로 표현하는데 한계가 있기에 너무 기쁘면 울게 마련이다. 어찌 너무 큰 기쁨을 말로 표현할 수 있는가? 그저 "기쁘다. 무지 기쁘다. 참 기쁘다"라고 말하는 것으로 끝이다. 그래서 더 이상 표현할 말이 없기에 우는 것이다.

물론 기초가 놓여 진 것을 보고 너무나 기뻐서 환호성을 올린 사람들도 많았지만, 아마도 목 놓아 우는 것이 더 기쁨을 많이 표현하는 것이라고 볼 수 있다.

우리는 어떠한가? 우리의 성전이 기초가 놓여 질 때, 목 놓아 우는가? 그만큼 성전을 높이 평가하고, 감사하고 있는가?

> 당신들과 함께 우리 하느님을 위한 집을 지을 수는 없소.
> 페르시아 임금 키루스께서 명령하신 대로, 주 이스라엘의
> 하느님을 위한 집을 짓는 것은 우리만의 일이오(에즈 4,3).

이스라엘 백성들이 성전을 짓는데 사마리아 사람들, 곧 혼혈 유다인들이 찾아와서 함께 짓자고 했다. 그러나 이스라엘 백성들은 순수 유다인인 우리들만의 힘으로 성전을 짓겠다고 했다. 왜 그랬을까? 함께 짓자는데 왜 반대했을까? 너무 이기적이지 않은가?

유다인들은 성전을 함께 짓고 함께 성전을 사용하다 보면 사마리

아인들의 나쁜 사상이 스며들 것을 겁냈던 것이다. 이에 사마리아인들이 가만히 있지 않았다. 그들은 성전을 짓지 못하도록 방해하기 시작하였다. 그들은 페르시아 왕에게 상소하였다.

그 내용은 이러하였다. "이스라엘 백성들은 본디, 반역을 일삼고 여러 지방에 손해를 끼쳤으며 예로부터 반란을 일으킨 위험분자들입니다. 만일 이들이 성전을 완성하고 나면 서부지방은 임금님의 차지가 아닐 것입니다."

이 상소를 들은 페르시아 왕은 명을 내려 작업을 중지시켰다. 키루스 임금이 통치하던 때에는 더 이상 공사를 못하였다. 다음 왕인 페르시아의 다리우스 통치 제 이년에 가서야 다시 시작할 수 있었다. 원래 좋은 일에는 나쁜 일이 스며들기 마련이다. 호사다마라는 것이다. 너무도 기뻤던 바빌론으로부터의 귀환, 성전 복구 시작 등의 좋은 일에 반대파들이 등장하였던 것이다.

우리가 살아가는 인생에도 좋은 일에 꼭 마가 끼기 마련이다. 그렇다고 실망하고 좌절해버려서는 안 된다. 언젠가는 다시 좋은 일이 생기기 때문이다. 그리고 성전을 짓는다는 것은 너무도 위대하고, 좋은 일인데 순조로우면 어쩐지 보람이 덜할 것이다. 고난 중에 힘을 모아서 성전을 끝마쳐야 더욱 고맙고 값진 성전이 될 것이다.

저의 하느님, 너무나 부끄럽고 수치스러워서, 저의 하느님, 당신께 제 얼굴을 들 수가 없습니다. 저의 죄악은 머리 위로 불어났고, 저의 잘못은 하늘까지 커졌습니다(에즈 9,5).

에즈라는 하느님께서 주신 모세의 율법에 능통한 학자였다. 하느님께서 그를 보살펴주셨기에 페르시아 임금은 그의 청을 다 들어 주었다. 그는 임금의 응원을 받으며 이스라엘로 돌아왔다. 그는 예루살렘에 와서 하느님께 찬양의 기도를 하였다.

그런데 에즈라가 살펴보니 유다백성들 뿐 아니라, 지도자들인 사제들, 레위인들 마저도 이방인들과 혼인했던 것이다. 그의 자식들도 이방인들과 서로 피를 섞는다는 것을 에즈라가 알고는 너무나 기가 막혀 단식하며 기도하였는데, 자신의 잘못도 크다고 한탄하였다.

결혼은 한 가정을 이루는 것인데 이방인과의 혼인으로 형성된 가정은 모든 것을 공유하게 마련이었다. 그때 자연히 이방신을 믿는 사람들의 풍습, 예절들이 들어오는 것이고 결국에는 하느님을 멀리하는 경우가 생기는 것이 다반사였을 것이다. 남자들은 여자들의 유혹에 잘 넘어가기 때문에 필경 하느님을 멀리 했을 것이 뻔하다. 그러므로 에즈라는 비통해 하고 있는 것이다.

에즈라의 명을 받고 많은 사람들이 아내와 자식들을 떠나보냈다. 하느님의 뜻을 따르기 위해서 눈물을 머금었을 것이다. 무엇인가 잘못된 것을 바로잡기 위해서는 눈물이 요구될 수도 있으나 용기를 내야 한다.

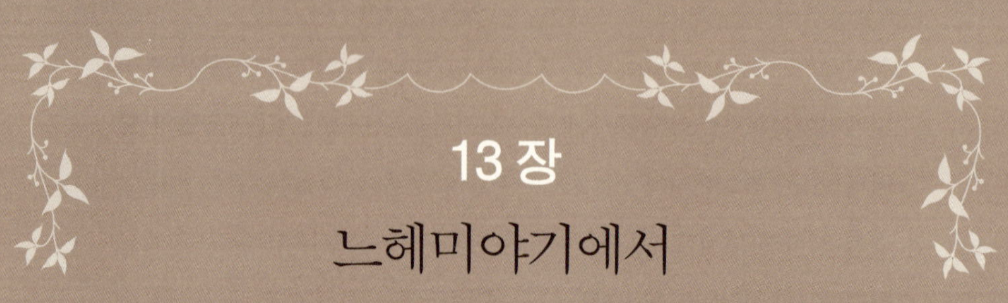

13 장
느헤미야기에서

느헤미야는 페르시아 왕의 궁궐에서 술 따르는 일을 하였는데 이는 당시의 권력 체계에 의하면 꽤나 영향력이 있었던 자리다. 그가 유다인들이 겪고 있는 이야기를 듣고 수심에 잠겨 있다가, 왕의 허락을 받고 총독의 자격으로 예루살렘을 방문한다. 그리고 민족과 함께 동고동락하면서 성전을 짓는 데 최선을 다한다.

느헤미야가 페르시아 왕의 궁궐에 있으면서, 임금에게 술을 따르는 귀한 일을 하고 있을 때였다. 유다에서 몇 사람이 와서 유다 나라의 여러 가지 어려운 현실을 알려주었다. 페르시아로 끌려가서 사는 사람들도 고생을 하겠으나 유다 땅에 있는 유다인들은 너무나 많은 고난 속에서 불행한 나날, 수치스러운 나날을 지내고 있다는 소식을 들었던 것이다. 또한 민족의 자존심이었던 성전의 벽이 무너지고 성문들은 불에 탔다는 소식을 들었던 것이다.

이에 민족을 사랑하던 느헤미야가 울면서 하느님께 기도하였다. 그리고 슬픔 속에서 임금에게 술을 올리는데 임금과 왕후가 알아채고 무슨 근심이 있는지 말하라고 하였다.

그는 "제 조상들의 묘지가 있는 예루살렘이 폐허가 되고 성문들은 불타버렸다니 어찌 슬프지 않겠습니까?" 하고 말씀드렸다. 그러면서 고향으로 돌아가 폐허된 성을 고치고 다시 돌아오게 해 달라고 하였다.

임금은 그를 보냈다. 참으로 고마운 임금이었다. 아마도 술을 따르는 느헤미야를 너무도 사랑하였기에 내린 결정이었을 것이다. 느헤미야는 임금께, 자신이 고향으로 돌아갈 때 어려움을 겪지 않도록 편지를 써달라고 하였다. 물론 임금은 허락하였다. 임금은 느헤미야를 보호하기 위해서 보병과 기병 장교들도 딸려 보냈다.

그러나 호론 사람 산발랏과 암몬 사람 관료 토비아와 아라비아 사람 게셈이 이 소식을 듣고 와서는, 꼴값 한다고 비웃었다. 그러나 그들의 비웃음은 의미가 없게 되었다. 결국 느헤미아의 소망이 다 이루어졌기 때문이다.

오늘 우리의 현실은 어떠한가? 오늘도 느헤미야처럼 하느님의 말씀에 순종하면서 살면 소망을 이룬다. 많은 축복을 얻는다.

느헤미야가 보니 유다인들이 서로 돈놀이를 하고 있었다. 사채놀이를 한 셈이다. 사채를 얻어 쓴 사람들은 오죽하면 그랬겠나!

그런데 사채를 놓는 사람들은 때때로 지독하기까지 하다. 요즘도 사채업자들과 조폭들이 짜고 가난한 채무자에게 생명의 위협을 가하기도 한다. 그것을 못 견뎌 어떤 채무자들은 자살에까지 이르게 된다.

어쨌든 느헤미야는 동족끼리 사채놀이는 안 된다는 것을 분명히 하였다. 어찌 가족끼리 사채놀이를 하겠는가? 유다인들은 다 한 형제인데 어찌 형제끼리 사채놀이를 하겠느냐는 것이다.

오늘날도 가족끼리는 사채를 놓지 않는다. 그런데 따지고 보면 우리 민족은 다 한 형제다. 어느 변호사의 말이 내 주변을 다 따져보면 26촌을 넘지 않는다는 것이다. 사돈의 팔촌 안에 거의 다 연결되고 있다는 것이다. 그러므로 형제끼리의 사채는 곤란하다.

느헤미야는 페르시아 임금의 사랑을 받았으므로 유다 땅에서 지방관으로 있었다. 그러면서도 지방관의 녹을 받지 않았다. 그 지방민의

삶이 너무 가난하였기 때문이었다. 느헤미야야말로 모범적인 공무원이었다. 물론 그가 의식주는 해결할 수 있었기에 가능했을 것이다. 그는 하느님을 경외했기에 남들을 무시하고 상전 노릇을 하지 않았다.

> 산발랏과 게셈은, "오노 들판에 있는 크피림으로 오시오. 거기에서 만납시다."라는 전갈을 보내왔다. 그러나 그들은 나를 해치려는 흉계를 꾸미고 있었다(느헤 6,2–3).

산발랏과 게셈은 느헤미야가 유다인들과 함께 성벽을 다 쌓자, 느헤미야를 죽일 음모를 꾸몄다. 그는 다섯 번이나 공식적으로 느헤미야를 만나자고 제의하였다. 그러나 느헤미야는 그들의 계략을 알고 만나 주지 않았다. 그들의 계략은 느헤미야를 암살하려는 것이었다.

그들은 온갖 나쁜 루머를 퍼트렸다. 심지어 느헤미야가 반역을 하려 한다고도 음해하였다. 그러나 느헤미야는 그들의 계략을 잘 헤쳐 나갔다. 그는 기도하면서 하느님의 도우심으로 성벽 공사를 끝낼 수 있었다.

호사다마라는 말이 여기에도 해당한다. 느헤미야가 성공적으로 일을 해 나가니까 심통이 난 사람들이 어떻게 해서라도 방해를 하려했다. 오늘날도 하느님의 일을 하는 사람에게 때로는 고난이 닥친다. 그래도 주님께 의지하면 주님께서는 함께하시면서 보호해 주신다.

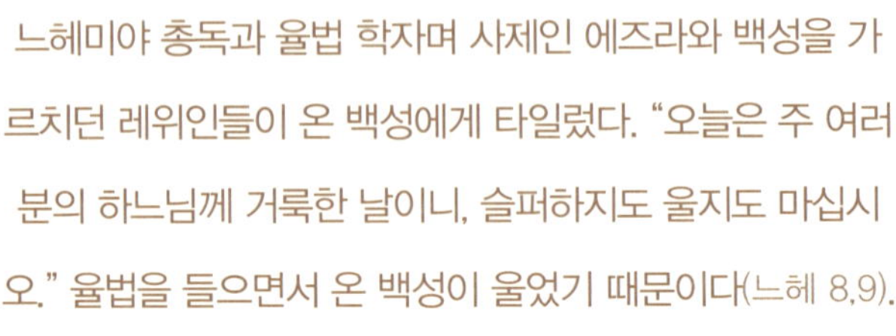

에즈라가 읽어주는 율법을 들으면서 백성은 울고 또 울었다. 감격
해서 울었을 것이고, 자신의 잘못을 뉘우치면서 울었을 것이다.

과연 나는 주님의 말씀을 듣고 얼마나 울었는가? 그만큼 감격하여
복음을 듣고 있는가? 반성하게 된다.

백성들이 너무나 서럽게 우는 것을 보다 못한 총독 느헤미야와 사
제인 에즈라, 그리고 레위인들이 나서서 "주님의 날이고, 하느님의
사랑의 말씀을 들었는데 울다니 말도 안 됩니다. 가서 맛있는 음식을
먹고, 단 술을 마십시오"라고 말했다. 그들은 율법의 말씀을 가슴 깊
이 새기고 가서, 맛있는 음식을 먹고 마시며 기뻐하였다 .

인간은 영혼이 주님의 말씀으로 채워져야 기뻐할 수 있다. 그러나
육신도 채워져야 한다. 하느님은 영과 육이 채워지기를 원하신다.

초막절 행사가 끝나고 사흘이 지난 뒤 유다 백성들은 단식을 선포
하고 통회하는 시간을 가졌다. 아마도 초막절 행사가 먹고 마시는 축

제의 행사였기에 과식이나 과음도 있었을 것이다. 이에 대한 반성의 기도시간을 갖지 않았을까? 생각케 한다.

흥미로운 것은 자루옷을 입고 흙을 뒤집어 쓰고는 모두 성전으로 모여와 단식을 하였다는 것이다. 물론 그들의 죄를 고백하기도 했으나 자기 조상들의 죄도 고백하였다. 하루의 사분의 일은 율법서를 읽고, 사분의 일은 죄를 고백하며 하느님을 경배하였다는 것이다. 참으로 대단한 고행이 계속되었다.

과연 오늘 우리에게 이런 고행을 시키면 어떻게 할까? 그대로 따라 하는 신자들도 있겠으나 딴 종교를 찾아가겠다며 나서는 신자들도 많을 것이다. 회개의 뜻으로 통바지를 입고, 즉 약간 부족한 사람처럼 보이는 형색을 한 채로 흙을 뒤집어쓰고 성당으로 단식하러 오라고 하면, 과연 몇 명이나 올까?

우리의 신앙에 있어서도 고행은 필요하다. 희생 없는 종교는 자칫 깊은 인생의 의미를 사람들에게 전달하기보다 현세적인 것에 중심을 두는 오류에 빠질 가능성이 있다. 제2차 바티칸 공의회 이후, 교회 안에 많았던 희생의무가 사라졌다. 단식이 많이 사라졌으며 금육에 있어서도 많은 신자들은 금요일에 육식을 하지 말아야 한다는 것을 망각하고 사는 것 같다.

외적인 단식이나 금식 등이 중요하다기보다는 마음의 단식이나 금식이 더 중요하기에, 외적인 것보다는 내적인 것을 더 강조했다고 생각하며 남을 위한 희생과 사랑의 실천을 많이 해야 할 것 같다. 단식이나 금식을 하면서도 남을 미워한다면, 남을 해한다면, 그 단식의 의미는 무엇이겠는가?

지금도 예루살렘에 가면 많은 이스라엘 사람들이 통곡의 벽, 곧 이스라엘 성벽에 서서 많은 기도를 올린다. 어떤 이들은 울면서 기도하는가 하면, 어떤 이들은 머리를 계속 흔들어대면서 기도한다. 어떤 이들은 자신들의 소망을 종이에 적어 성벽에 꽂아 두고 간다.

바로 그 성벽이 완성됐을 때 성대하게 봉헌식을 거행하였다. 성벽 위에 성전을 세워야 했기 때문에 기초가 되는 성벽을 완성하고서 축하를 했던 것인데, 그들이 얼마나 성전을 중요하게 생각했는지를 생각게 하는 대목이다.

오늘 우리는 성전, 즉 성당을 얼마나 귀하게 생각하는가?

예수님께서 성체 안에 머물러 우리를 기다리시고 계시는 곳임을 알기는 하는가?

아무 생각 없이, 마치 저잣거리의 강당처럼 가볍게 생각하며 그 안에서 떠들고 장난치고 있지는 않는가. 그래서는 안 될 것이다.

성전은 주님의 집. 주님의 현존이 엄연히 머물러 계시는 거룩한 곳. 늘 옷깃을 여미며 경건한 마음으로 들고 나야 할 것이다.

이상 창세기부터 느헤미야기까지 말씀에 머물러 묵상을 마친다.

우리를 끔찍이도 사랑하시는 우리 주, 하느님!

나약한 인간이기에 잠시 한눈팔며 주님께 불충했다 할지라도

다시 마음 돌려 회개하면 자애로이 용서해 주시는 하느님!

우리도 항상 그분을 흠숭하며 찬미와 영광을 드리자.

충성을 드리자!

행복을 부르는 말씀
하느님께, 충성합니다 1

2008년 1월 12일 1판 1쇄 발행
2011년 3월 3일 1판 4쇄 발행

글 | 최기산

펴낸이 | 백인순
펴낸곳 | 위즈앤비즈
주소 | 서울시 마포구 합정동 624-11
전화 | 02-324-5677
홈페이지 | www.erainbowbook.co.kr
출판등록 | 2005년 4월 12일 제 313-2005-000070호

ISBN 978-89-92825-18-4 03230
     978-89-92825-17-7 (세트)

값 10,000원